'아… 내가 개원할 때는 왜 이런 책이 없었지?' 하는 안타까움이 책을 읽는 내내 느껴졌다. 대부분의 개원의와 페이닥터는 대학병원에서 의사로서의 기본적인 자질인 진료만 배우고 나온다. "병원세무의 재발견"은, 그런 수많은 의사들에게 복잡한 병원 세무분야에서만큼은 큰 낭패를 겪지 않도록 개원의로서 겪게 되는 상황에 대해 알기 쉽게 풀어 놓고 있다. 병원을 경영하면서 어쩔 수 없이 생기는 수많은 병원 세무 문제에서 벗어나 진료에만 집중하며 병원을 경영하기를 꿈꾸는 의사분들에게 이 책을 주저하지 않고 추천한다.

대한 병원경영관리자 협회 대표, 연세휴치과 네트워크 원장 **안상훈**

다양한 학회에서 주관하는 수많은 학술대회를 통해 병원장들에게 비타민 C를 주제로 강의를 펼치고 암 전문 기능의학 비타민 클리닉을 운영하고 있다. 환자분이 간절하게 바라는 것은 깊은 신뢰를 바탕으로 몸과 마음을 맡길 수 있는 의사이다. 세무 역시 마찬가지다. 누구에게도 말하기 쉽지 않은 병원 세금에 대해 믿고 신뢰할 수 있는 병원 전문 세무사를 만나는 것은 큰 행운이라 생각한다. 이 책은 바로 나의 소중한 병원경영을 상담하고 의논할 수 있는 세무사를 만나는 방법이다. 개원을 생각하는 많은 병원장께서도 저자와의 신뢰를 만들어 보시길 권한다.

MBN 매경헬스 건강의료자문위원, 강남힐락의원 전문의 원장 **어해용**

12개 이상의 병의원 개원을 지원하고 병원 관리를 하고 있으며 지금도 더 큰 목표와 비전을 향해 대진 중이다. 그 과정 중에 수많은 시행착오와 엄청난 대가를 통해 알게 된 병의원 개원 노하우와 병원세무의 경험담은 개원을 꿈꾸고 있는 후배 의사들에게 로망의 대상이다. 그런데 온갖 고생을 하면서 알게 된 개원비결이 이 책 "병원세무의 재발견-성공한 병원에는 그들만의 세무비법이 있다" 속에 총망라되어 있음을 보고 깜짝 놀랐다. 새로 개원을 준비하는 후배 의사분들에게는 개원 준비의 필독서로서, 바쁘고 귀찮음을 핑계로 세무 부분에 무심했던 개원의 선생님들께는 꼭 읽어보셔야 할 병원 운영의 실무 지침서로서 추천드린다.

우성안과의원 원장, 이앤유 인베스트 대표 **이상흔**

병·원·세·무·의·재·발·견

성공한 병원에는 그들만의 세무비법이 있다

성공한 병원에는 그들만의 세무비법이 있다

2017년 3월 20일 초판 1쇄 발행
2017년 7월 10일 초판 2쇄 발행
2017년 10월 30일 초판 3쇄 발행
2018년 3월 13일 2판 발행
2019년 1월 29일 3판 발행
2020년 1월 7일 3판 2쇄 발행
2022년 3월 28일 4판 1쇄 발행

지 은 이 | 김연주(金均注) · 임준찬(林埈鑽)
발 행 인 | 이희태
발 행 처 | 삼일인포마인
등록번호 | 1995. 6. 26 제3-633호
주 소 | 서울특별시 용산구 한강대로 273 용산빌딩 4층
전 화 | 02)3489-3100
팩 스 | 02)3489-3141
가 격 | 22,000원

ISBN 979-11-6784-067-7 93320

병 · 원 · 세 · 무 · 의 · 재 · 발 · 견

성공한 병원에는 그들만의 세무비법이 있다

김연주 · 임준찬 공저

개정 증보판

SAMIL | 삼일인포마인

개정판을 내면서

"성공한 병원에는 그들만의 세무비법이 있다"가 출간되고 7쇄가 발행되었습니다.

이 책에 그 동안 많은 관심과 사랑을 담아주신 Viit선생님, 병원을 경영하는 원장님과 병원장님을 vip 고객으로 모시는 GFC · FC분들, 제약회사 영업인, 의료제약회사 관계자, 경희대학교 경영대학원 의료경영MBA, 그 외 많은 독자분들께 깊은 감사드립니다.

병원세무를 보다 쉽게 이해하고 다가갈 수 있도록 마련된 이 책의 장점과 다양한 독자층의 needs가 맞닿아 풍성한 결실을 맺게 되었습니다.

한결같은 응원과 격려에 머리숙여 감사올립니다.

참 고맙습니다.

이번 개정판에는 2022년 개정세법을 적극 반영하였습니다.

"납세자가 있는 곳에 납세자의 권리가 있다"입니다.

과세관청은 그 동안 세정의 투명성을 확보하기 위해 노력한 만큼, 납세자의 권리를 강화하고 지키기 위해 보다 다양한 제도와 납세자 보호를 위한 방안을 명문화하였습니다. 이외에도 많은 부분의 세법개정이 있었으나, 병원을 경영하는 원장님과 보다 밀접한 관계가 있는 파트에 집중하여 개정법안을 반영하였습니다.

병원개원부터 병원세무조사까지의 전반적인 흐름을 아주 쉽게 이해할 수 있는 "성공한 병원에는 그들만의 세무비법이 있다" 이 책을 통하여, 병원경영과 그 본질인 병원세금을 한눈에 들여다 볼 수 있는 감각을 충전해보시길 바랍니다.

개정판을 내면서

책의 발간에 힘써주신 삼일인포마인 대표이사님과 전무님 그리고 관계자분들과 좋은 책이 되도록 아낌없는 고견을 쏟아주신 親舊와 茶人께드 깊은 감사드립니다.

언제나 큰 사랑주시는 가족과 아들 그리고 1997년을 시작으로 20년 이상을 한결같이 '건강과 행복 그리고 풍요의 빛viit'을 담아주시고 '이집을 찾는 사람 세금걱정은 아웃, 超光力과 함께!' 휘호를 남겨주신 Viit선생님께 진심의 감사마음 올립니다.

특히 "8생의 복을 누려야 만날 수 있다"는 침향을 가르쳐 주시고 침향을 통해 보다 건강하고 풍요로운 삶을 채울 수 있도록 큰길을 열어주신 Viit선생님께 감사드립니다.

'이 모든 것에 감사합니다.'

沈香향기 가득한 청담동 사구실에서

2022년

金均注 · 林埈鑽

머리말

병의원 세무의 재발견
성공한 병원에는 그들만의 세무비법이 있다.

"세무사님! 조금 전에 세무서에서 세무조사 나온다고 통지가 왔어요! 신용카드랑 매출을 있는 대로 다 신고했는데 왜 그러는 거죠?"

당황하신 병원장님의 목소리가 크게 울려퍼집니다.

동시에 세무조력을 하는 저희들의 머릿속에는 여러 가지 생각이 떠오릅니다.

병원의 매출누락, 비용과다, 의료품원가의 불합리성, 신고한 소득을 초과한 소비와 자산 취득 등...

병원을 개원하여 자리를 잡아가는 과정 중에 세무서에서 요청하는 자료소명과 세무조사는 넘어야 할 절기 중에 하나입니다. 봄, 여름, 가을, 겨울 사계절의 절기를 잘 알고 미리 대비한다면 아무리 추운 엄동설한의 겨울일지라도 큰 무리 없이 잘 넘길 수 있으리라 생각합니다.

이 책은 병원장님과의 세무 상담에서 많이 발생하는 일을 상황별로 쉽게 정리하였습니다.

개원을 앞둔 병원장님께서 창업과정에 반드시 주의하셔야 할 사항과 병원이 성장하면서 확인하셔야 할 수입과 지출항목, 그리고 의료기관 설립을 목표로 매진하는 동안 아셔야 할 일련의 프로세스를 수록하였습니다. 그리고 병원을 운영하면서 생각하지 않을 수 없는 세무조사에 대해 이야기하였습니다. 세무조사가 나온다 하여 병원에 갑자기 들이닥치거나 막연하게 조사가 이루어지는 것이 아니라, 법적인 근거와 원칙을 기준으로 이루어지고 있음을 알아둔다면 세무조사에 대한 막연한 두려움은 사라질 것입니다. 다소 원론적인 부분으로 낯설게 느껴질 수 있겠지만 세무조사의 흐름과 납세자로서 보호받는 권리를 알게 된다면 병원을 운영하는 데 큰 힘이 될 것입니다.

머리말

또한 병원장님을 가장 큰 고객으로 모시는 의료업 관계자 분들께도 병원영업을 하시는 데 많은 도움이 되리라 확신합니다. "병원세무와 병원영업이 무슨 관계가 있지?"라고 생각을 하실 수 있습니다. 그러나 제약회사 · 의료기기 등 의료업계의 최고 고객이신 병원장님의 최대 관심사인 세금!

이 세금이 매겨지는 최소한의 흐름을 알고 병원장님을 만나신다면 더욱 원활한 소통이 이루어질 것입니다. 예컨대 세무서가 의약품 매출원가를 왜 눈여겨보는지, 세금계산서를 왜 중요하게 생각하는지 등의 세금 전반에 대한 구조를 안다면 의료업계의 최대 고객인 병원장님과의 만남이 더욱 당당한 자신감으로 채워질 것입니다. 또한 병원세금의 흐름을 교양과목으로 알아둔다면 병원장님과의 적극적인 교류가 가능할 것입니다.

개인병원을 시작으로 병원사업을 성공적으로 확장해나가는 많은 병원장님과의 상담을 통해 "성공한 병원에는 그들만의 세무비법이 필요함"을 다시금 생각하게 됩니다. 그동안의 상담내용을 정리하여 만든 "병의원세무의 재발견"이라는 책이 성공한 병원을 만들어 가는 데 큰 길잡이가 되기를 간절히 바랍니다. 그리고 흔쾌히 책의 발간에 힘써주신 삼일인포마인 대표님과 상무님 그리고 관계자분들과 좋은 책이 되도록 아낌없는 고견을 쏟아준 親舊와 茶人께도 깊은 감사를 드립니다.

글을 쓴다는 것은 상당한 체력과 집중력이 필요한 여정으로, 집필기간 동안 하루 5분 인터넷 빛명상(www.viitcafe)과 「행복순환의 법칙」, 「나도 기적이 필요해」 책을 통해 활기와 생기를 충전하였습니다. 이 책을 접하시는 독자제현께서도 인터넷 빛명상과 「행복순환의 법칙」, 「나도 기적이 필요해」 책을 통해 살아있는 빛viit에너지를 섭취하여 행복하고 건강하며 풍요로운 일상을 만들어 보시길 권해드립니다.

언제나 큰 사랑을 주시는 가족들과 사랑하는 아들 그리고 1997년을 시작으로 20년 동안 한결같이 '건강과 행복 그리고 풍요의 빛viit'을 담아주시고 '이 집을 찾는 사람 세금걱정은 아웃, 超光力과 함께!' 휘호를 남겨주신 Viit 선생님과 건조한 생활에 茶의 생기를 가득 채워주신 다회회장님께 진심의 감사마음 올립니다.

'이 모든 것에 감사합니다'

茶향기 가득한 청담동 사무실에서
2017년 공동저자 일동

차 례

Ⅰ "Dr.김" CEO 되다 / 11

Ⅱ "Dr.김" 똑똑한 병원 수입금액 신고 / 47

Ⅲ "Dr.김" 합리적인 비용처리 / 83

차 례

Ⅵ "Dr. 김" 일사천리 세무조사 / 265

차 례

I

"Dr. 김" CEO 되다

01

병원을 직접 차려야 하나, 기존의 잘되는 병원을 인수해야 하나?

펠로우 과정을 거친 "Dr.김"은 개원을 생각 중이고 개원형태에 대해 고민이 많다. 먼저 개원을 하여 자리를 잡고 있는 선배 임 원장에게 직접 개원을 하는 것은 어떤지 의견을 물어보았다. 직접 개원을 한 임 원장은 개원초기에 고객확보가 쉽지 않아 상당한 고충을 겪었다고 한다. 투자비용이 많이 들어가더라도 기존의 잘되는 병원을 인수해 볼 것을 권하는 임 원장. "Dr.김"은 병원을 직접 차리는 것이 나은지 아니면 기존의 잘되는 병원을 인수하는 것이 좋은지에 대해 아직 결정을 내리지 못하였다. 선배 임 원장과 나눈 이런저런 이야기를 생각하며 병의원전문 김 세무사에게 세무상담을 요청하였다.

개원을 생각하면 가장 먼저 떠오르는 것이 고객유치의 문제다. 이러한 고객확보의 어려움과 병원경영의 불안정성을 해결하기 위하여 한번쯤 기존 병원의 인수를 생각하게 된다.

병원을 인수하면 기존의 환자나 매출이 확보되어 안정적인 개원이 가능하나 주의해야 할 사항도 있다. 병원을 경영하는 입장에서 보면 잘 운영되고 있는 병원을 양도하는 것이 그리 쉬운 일은 아니다. 따라서 병원을 인수하는 경우 매매를 하는 이유와 병원의 상태를 정확하게 파악하여야 한다.

주변입지 조건의 큰 변화는 없는지, 임대건물의 변동은 발생하지 않는지 등에 대해 꼼꼼히 따져볼 필요가 있다. 잘되는 병원을 인수한다고 해서 기존의 병원고객이나 병원매출이 바로 내 것이 될 수는 없다. 그리하여 기존고객의 이탈이 없도록 인수하는 병원에서 세심한 고객관리를 하여야 한다. 여러 가지 정황을 보아 인수하여도 충분히 관리가 가능하고 유지 발전시킬 수 있다면 병원인수도 개원의 안정적인 방법이다.

직접 개원하는 것이 나은지 아니면 병원을 인수하여 시작하는 것이 좋은지는 각각의 장단점을 살펴본 후 결정하자.

"Dr.김"이 직접 개원하는 경우

병원은 개원하는 장소의 입지조건에 많은 영향을 받는다. 개원하려는 장소의 주변 상권과 유동인구의 흐름 등을 파악하여 잠재고객을 철저히 분석해야 한다. 이를 통해 직접 개원을 하여도 큰 무리가 없는지 먼저 검토해야 한다.

개원 후에는 병원을 관리하는 경영시스템과 영업방침 그리고 "Dr.김"의 특화된 진료 과목에 따라 병원성장의 성패가 좌우된다.

잘되는 병원인수를 통해 개원하는 경우

이미 자리 잡은 병원을 인수하는 경우 기존 고객의 확보가 가능하다. 이로써 개원초기의 고객부족으로 인한 불안정한 상황이 보완되어 안정적인 개원을 할 수 있다.

우선 잘되는 병원을 양도하려는 이유와 병원 상태에 대한 구체적인 파악이 필요하다. 눈에 보이는 외형만 검토하거나 양도자의 말만 믿고 덜컥 계약을 체결하는 경우 다양한 문제점이 발생한다.

예를 들면 병원인수에 따른 거액의 자금만 투입되고 자금을 회수하기 전에 당초의 고객이 이탈될 수 있다. 기존 고객이 많고 아무리 잘되는 병원이라 하더라도 바로 나의 고객으로 이어지는 것은 아니다. 그리고 인수한 병원을 완전히 파악하고 나만의 고유한 성격을 가진 병원으로 만들기까지는 기존 병원의 능력과 특성에 지대한 영향을 받게 된다.

따라서 기존의 고객이탈을 막고 고객유치의 활성화를 위하여 보다 적극적인 고객관리가 필요하다. 또한 건물주와의 문제로 불가피한 이전이 발생하는 등 예견하지 못한 일들이 일어날 수 있다. 특히 병원인수 후 건물주와의 임대차 연장 등에 대해 면밀히 검토하여야 한다.

02

병원을 양수도하는 경우 병원가치평가의 문제와 이에 따른 세금문제

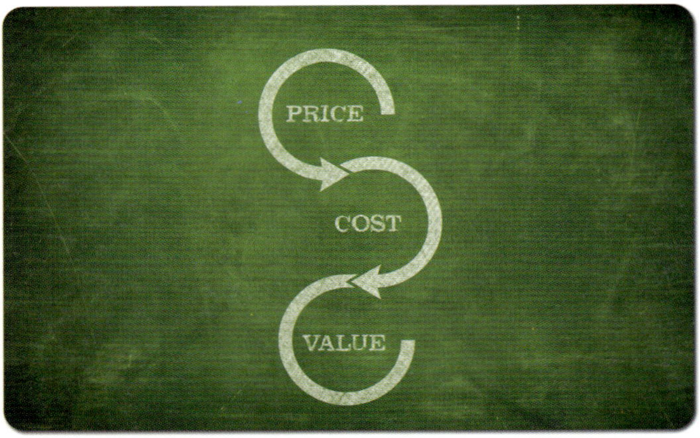

> 선배 임 원장으로부터 병원인수를 결정하게 된 "Dr.김"은 병원을 얼마에 매입을 해야 하는지 궁금하다. 양수도의 거래과정과 인수하는 금액의 구성은 어떻게 되는 것일까? "Dr.김"은 기존의 비품과 의료기기 등의 중고품 외에도 소위 영업권이라는 권리금의 세무처리가 궁금하다. 병의원전문 김 세무사에게 병원양수도와 관련한 전반적인 사항에 대해 의견을 구하였다.

잘나가는 병원을 인수하는 데 투입되는 비용은 상당하다. 기존 병원에 있는 의료장비 및 인테리어와 비품 등의 고정자산에 대해 임의로 가격책정을 해서는 곤란하다. 이외에 추가로 지급되는 권리금을 세법상 인정받기 위해서는 다음의 요건이 필요하다.

의료장비 및 비품 그리고 인테리어에 대한 평가

사업양수도가 결정되면 계약서의 작성이 이루어진다. 계약서는 모호함 없이 구체적이고 상세하게 작성하는 것이 좋다. 아는 선배나 동료일수록 병원 운영에 필요한 구체적인 사항을 계약서상 세부적으로 명시하는 것이 병원 경영을 해나가는 데 큰 도움이 된다. 애매한 사항을 명쾌하게 정리함으로써 그동안 쌓아온 신뢰관계도 유지할 수 있다.

의료장비 및 비품 그리고 인테리어의 경우에는 이미 사용된 자산이므로 이를 인수하는 "Dr.김" 입장에서는 중고자산이 된다. 인수하는 의료장비 및 비품 등에 대한 평가가 필요하며, 평가된 가액은 개원하는 병원의 감가상각 기초금액이 된다. 따라서 사업양수도 계약서를 작성하고 별지목록을 만들어 개별자산의 종류와 평가금액을 반드시 기록해야 한다. 이는 향후 개원하는 병원의 감가상각처리에 대한 구체적인 근거자료가 되며 비용처리에 있어 중요한 역할을 한다.

양수도 자산가치의 평가

병원 양수도가 일어나는 경우 자산가액의 평가를 임의로 해서는 아니 된다. 실질적인 영업권이나 권리금의 평가, 자산의 평가는 감정평가를 통해 이루어져야 한다. 기존의 의료장비, 비품, 인테리어에 대한 가액이 실제 장부가액이나 시가보다 많이 책정된 경우에는 그 차액을 일반적으로 권리금 즉 영업권으로 보게 된다.

양수도에 따른 권리금의 대가

구체적인 유형자산 평가액을 초과하여 지급하는 권리금을 세법에서는 다음과 같이 처리하고 있다. 부동산과 함께 영업권을 양도하는 경우 양도소득으로 분류하고, 영업권만 넘기는 경우에는 80%의 필요경비를 인정하는 기타소득으로 과세하고 있다.

인수하는 "Dr.김"은 영업권에 해당하는 기타 소득금액의 20%를 원천징수하고 원천징수한 후의 금액을 양도하는 원 원장에게 지급하면 된다. 또한 원천징수한 영업권에 대해 기타 소득으로 세무서에 신고하면 신고한 영업권에 대해 5년간 상각할 수 있다.

그러나 대부분의 현실은 그러하지 못하다.

양도하는 병원장은 양수도 중에 발생하는 영업권에 대한 노출을 꺼린다. 이러한 영업권에 대해 세무서에 신고하는 것이 쉽지 않고 신고되지 아니한 영업권에 대해서는 비용으로 처리하는 것이 어렵다.

사업양수도계약서 작성

병원 양수도가 결정되면, 사업양수도계약서를 반드시 작성해야 한다.

사업양수도계약서는 사업전반에 대해 포괄적으로 주고 받는 내역을 작성하는 계약서이다.

병원의 의료장비, 비품, 인테리어 등에 대한 구체적인 자산목록 리스트를 작성한다. 그리고 개별적 인수가액을 산정하고 인수시점을 기준으로 양수도에 따른 책임소재를 명확히 해야 한다.

인수한 "Dr.김"은 양수가액을 기초로 내용연수기간 동안 감가상각을 통해 비용으로 처리할 수 있다.

사업의 일체를 포괄양수도하는 경우에는 부가가치세법상 재화의 공급에 해당되지 않아 계산서 등의 발급을 하지 않아도 된다. 그러나 실무상 포괄양수도의 지출근거 마련을 위해 계산서를 발급하는 것이 좋다.

미리 받은 진료비가 있는 경우 양수도 이후의 책임귀속과 의무사항을 명확히 규정해야 한다.

또한 양수도 시 직원의 고용승계문제가 발생할 수 있다. 그러나 이는 의무가 아닌 협의사항이다. 기존의 직원을 고용하는 경우에는 퇴직금 등을 정산하고 급여 등을 새롭게 산정해야 한다.

03

병원을 혼자 운영하나, 동료와 동업을 해야 하나!

페이닥터보다는 개원을 통해 전문직으로서 성장하고 싶은 "Dr.김". 처음에는 당연히 단독개원을 생각하였다. 그러나 막대한 개원투자 자금과 급변하는 의료시장의 대응을 생각하니, "Dr.김"은 뜻이 맞는 동료의사인 임 원장과 공동개원을 하는 것도 좋겠다는 생각이 든다. "Dr.김"은 단독개원과 공동개원 중 어떤 것이 유익한지 알아보기 위해 병의원전문 김 세무사와 상담일정을 잡았다.

병원오픈을 생각하면 다양한 형태의 개원을 발견하게 된다. 요즘같이 경쟁이 치열한 때에 단독으로 오픈하면 잘 할 수 있을까? 마음이 잘 맞는 파트너를 찾아서 공동개원을 하는 건 어떨까?

같이 하면 좋은 점도 있지만, 공동으로 운영하는 경우 주의해야할 사항은 무엇일까?

공동개원의 장점

개원초기에 투입되는 막대한 투자자금의 합리적인 배분으로 자금융통의 부담을 줄일 수 있다.

그리고 공동개원의와 함께 진료범위를 전략적으로 확대하여 의료서비스의 질적인 발전이 기대된다. 이를 토대로 특화된 의료서비스를 선호하는 고객들의 니즈(needs, 요구 · 수요)에 대응이 가능하다. 또한 병원의 대형화와 전문화를 바탕으로 시장을 선도적으로 만들어 내고 의료정보 공유를 통해 다양한 형태의 진료사례를 연구할 수 있다.

단독개원 시의 심리적인 불편함을 보완할 수 있으며 함께 일하는 파트너와 함께 시간안배를 통해 개인시간의 활용이 가능하다.

공동개원의 단점

공동개원을 하는 경우 이러한 장점도 있지만 다음의 사항도 미리 예견해 볼 필요가 있다.

일반적으로 소득의 분배는 개인의 투자지분율에 따르는 것이 기본이다. 그러나 당초에 자본부족으로 지분율을 많이 확보하지 못한 경우에는 소득분배에 따른 한계점이 올 수 있다. 또한 공동사업장에서 발생하는 각종의 세금인 갑근세 및 사업소득세 등의 연대납세의무가 발생한다. 따라서 공동사업에 대한 소득분배가 합리적인지, 공동사업을 진행하기 전에 면밀히 검토해야 한다.

또한 함께 하는 편안함이 무사안일로 빠져 당초의 의기투합으로 이루고자 했던 공동사업의 비전이 무너질 수 있다. "잘되면 내 탓 못되면 남의 탓"의 책임을 회피하는 마음이 생겨나, 공동사업의 원활한 진행이 어렵게 될 수 있다.

그리고 공동사업자의 관계가 지속되면 좋지만, 불가피한 상황으로 변경 혹은 탈퇴가 있는 경우 지분 재평가의 문제가 발생한다.

04

공동개원을 하는 경우 반드시 확인되어야 할 사항

많은 고민 끝에 공동개원을 결정한 "Dr.김"은 마음이 홀가분해졌다. 함께 하는 임 원장이 있어 개인적 시간도 활용할 수 있고 의료 전문분야의 시너지도 낼 수 있는 공동개원을 선택하였기 때문이다. 이러한 장점도 있지만 둘 이상의 대표를 거쳐 공동의견을 수렴하고 결정을 내려야 하는 형태라 신경써야 할 점도 많을 것이다. "Dr.김"이 공동개원을 하는 경우 주의해야 하는 사항에 대해 병의원전문 김 세무사의 자세한 설명을 들어보자.

일반적으로 공동개원을 준비하는 병원장들의 관계는 학연 또는 지연에서 출발한다. 그러다 보니, 뜻을 같이하는 도원결의는 쉽게 이루어지나 사업에서 발생하는 중요하고 세밀한 부분을 막연하게 처리하거나 방치하는 경우가 많다.

이러한 일들이 반복되면, 처음의 마음은 사라지고, 불만과 불신이 가득하여 공동개원이 불가능한 상황까지 초래된다. 따라서 친하고 막역한 사이일지라도, 사업에서 예상되는 업무나 법적인 문제에 관해서는 보다 상세하고 정확하게 명문화하는 것이 좋다.

문제는 정서상으로 친한 동료나 선후배에게 앞으로 일어날 법적 문제들을 먼저 꺼내어 이야기한다는 것이 그리 쉬운 일은 아니라는 점이다. 그러나 어색하고 어렵지만, 먼저 법적 문제에 대한 서류를 작성하는 것이 성공한 공동개원의 초석이 된다.

공동계약서를 작성할 때 검토할 사항

업무영역의 구분

병원의 업무 영역과 진료 분야는 어떻게 나눌 것인가?

예컨대 직원 채용 등의 인사문제, 병원 원재료 등의 구매 관리, 병원의 경리 문제 등에 관해 어떻게 나누어 관리할 것인지 구체적으로 정하여야 한다. 그리고 진료영역에 대해서도 과목을 구분하여 맡아야 한다.

병원자본금의 구성

개원을 준비할 때 자본금의 구성과 그에 따른 지분율의 산정은 어떻게 할 것인가?

개원을 진행하면 생각보다 많은 자본이 투여된다. 이러한 자본금을 어떻게 배분할 것인지와 그에 따른 지분율을 어떻게 결정할 것인지의 문제가 대두된다.

일반적으로 지분율에 따라 소득금액이 배분되고 세금 전반에 대한 신고 및 납부가 이루어지므로 지분율의 산정은 참으로 중요하다.

부채조달에 따른 이자비용

부채를 통해 개원 자금을 조달하는 경우 이자비용의 경비처리가 발생한다.

개원초기에 자기 돈을 투자하여 개원을 준비하기도 하지만 레버리지 효과[1])를 이용하거나 자금융통을 위해 대출을 받는 경우가 있다. 이때 타인자본의 발생시점과 투입되는 시점에 따라 금융비용의 처리여부가 달라진다.

공동개원을 위해 출자한 출자금의 이자비용은 인정이 되지 않는다. 반면 개원 이후 사업과 관련되어 지출한 자금의 이자비용은 금융비용으로 처리된다. 따라서 대출을 발생시키는 시점

1) leverage 효과 : 지렛대 효과. 기업이나 개인 사업자가 차입금 등 타인의 자본을 지렛대처럼 이용하여 자기 자본의 이익률을 높이는 일

이 중요하며 이 시점에 따라 비용인정 여부가 달라진다.

이익배분의 기준

공동개원의가 부담한 자본 비율에 따라 지분율이 정해지는 것이 일반적이다. 그러나 반드시 이에 따르는 것은 아니며, 필요에 따라 달리 정할 수 있다. 따라서 구체적인 지분율을 정하고 이익배분의 세부적인 기준을 마련해야 한다.

의료사고의 책임귀속

의료용역을 제공하는 도중에 발생하는 의료사고 책임의 귀속과 사후처리 문제를 어떻게 할 것인가? 병원을 개원하기도 전에 이런 문제를 이야기하는 것이 유쾌하지는 않다.

그러나 의료서비스를 제공하다보면 예상치 못한 의료사고가 발생할 수 있다. 따라서 이에 따른 배상책임과 사후처리에 대한 구체적인 명시가 반드시 필요하다.

동업계약 해지 후

동업계약이 해지되고 난 후의 지분 정리와 소득금액 정산을 어떻게 할 것인가?

불가피하게 동업관계를 끝내야 하는 경우에는 각자에게 분배되었던 지분을 정리해야 한다. 이에 따른 소득금액정산의 문제가 발생하며 후속적인 세금문제 등에 대해 합리적인 방법을 구체적으로 제시하여야 한다.

그리고 공동개원의 구성원이 탈퇴한 후에, 진료권 내의 지역에서 개원하거나 진료를 하지 않는다는 등의 사항을 논의해야 한다. 또한 공동개원기간 동안 발생한 영업권 정산에 대해서도 생각할 필요가 있다. 이처럼 세부적이고 명문화된 협의가 선행된다면 상호간의 신뢰를 더욱 견고하게 할 수 있다.

공동사업장 소득

종합소득세를 신고하는 경우, 공동개원으로 신고한 공동사업장에서 발생하는 소득금액을 산출하여 당초 세무서에 신고한 지분율에 따라 각 개인의 소득금액을 계산한다.

자금만 투자하는 경우

공동개원을 진행하지만 자금만 투자하고 실질적인 사업에 참여하지 않는 경우에는 병원에서 발생하는 사업소득으로 보지 않는다. 이는 자금투자의 성격이므로 투자금의 배당을 가져가는 것으로 간주해 배당소득으로 과세된다. 이때 지급하는 금액의 15.4%를 원천징수한 후 나머지 금액을 지급하고 배당소득 원천징수 신고를 해야 한다. 배당을 받은 자는 금융소득종합과세 대상자로서 타 소득이 있는 경우 배당받은 소득과 합산하여 종합소득세 신고를 하여야 한다.

허위의 공동사업자

실질적인 공동사업이 아니라 세금을 줄이기 위한 허위의 공동사업자등록을 한 경우에는 거주자 1인과 공동사업자 구성원

간에 특수관계가 있는 경우에는 특수관계자의 소득금액을 지분율이 가장 큰 공동사업자의 소득으로 보아 합산 과세하도록 하고 있다.

예컨대 부부가 모두 의사로서 조세회피를 목적으로 공동사업자 명의로 형식상의 공동개원을 하는 경우, 부부 중 지분율이 높은 자의 지분에 공동사업자의 지분이 합산되어 과세된다. 따라서 실질적인 병원운영에 따른 지분율 등을 산정하고 이를 근거하여 세무서에 신고하여야 한다.

공동계약서의 공증

공동개원의 사업자등록을 내는 경우 공동계약서에 각각의 지분비율과 동업자별 구체적인 출자액을 명시하고 사전에 공동계약서의 공증을 받아두는 것이 좋다.

05

단독 개원과 네트워크형 개원의 선택

"Dr.김"은 개인브랜드를 걸고 개원을 생각하였다. 그러던 중 급변하는 의료시장에 발빠르게 대응하기 위해서는 네트워크형 개원이 대세라는 임 원장의 제안을 받았다. "Dr.김"은 단독으로 개원을 하는 것이 좋은지 아니면 인력(man power)을 활용할 수 있는 네트워크형 개원이 좋은지 아직 결정하지 못하였다. "Dr.김"의 고민 해결사인 병의원전문 김 세무사는 어떤 의견을 제시하였을까?

병의원을 개원할 때 하나의 병원을 독자적으로 개원하는 경우와 이외에 2개 이상의 병원과 연합하여 개원하는 네트워크형 병원이 있다.

단독으로 개원하는 경우의 장단점

장점

"Dr.김"이 병원경영에 따른 의사결정을 단독으로 할 수 있다.

병원운영의 체계와 관리시스템에 "Dr.김"의 뜻이 100% 반영되므로 자유로운 선택과 결정을 내릴 수 있다. 추가적인 공동경비 등이 소요되지 않아 비용이 절감된다.

단점

개원초기에 거액의 투자비용을 "Dr.김" 혼자서 모두 감당해야 한다. 타인자본을 많이 사용하는 경우 금융비용이 과다하게 투입될 수 있다. 또한 고객유치를 위한 마케팅 비용이 많이 소요되며 개원초기의 이런 저런 시행착오로 인해 비용출혈이 발생한다. 이로 인해 자리를 잡는 데 상당한 시간이 걸리고 트자 자금회수가 늦어진다.

그리고 특화된 진료 분야의 전문화와 경영관리 시스템, 두 가지 영역 모두를 체계화하는 데 엄청난 에너지가 요구된다.

네트워크병원으로 개원하는 경우의 장단점

장점

두 개 이상의 병원을 네트워크 병원으로 운영하는 경우 다음과 같은 장점이 있다.

네트워크형 병원은 공동의 비전과 목표를 공유하며 체계적인 마케팅과 합리적인 경영관리를 통해 운영된다. 그리고 대규모의 브랜드가치와 병원 상호간의 의료정보를 공유한다. 더불어 의료물품 등의 공동구매를 통한 비용절감과 체계화된 직원들의 직무교육이 가능하다.

또한 병원 공동 마케팅과 병원 공동 PR로 병원홍보를 적극적으로 할 수 있고 개원 초기에 병원경영관리 시스템을 안정화할 수 있다.

이를 근간으로 고객들의 니즈에 적극적인 대응이 가능하고 네트워크 병원 상호간의 특화된 의료서비스를 통해 시너지 효과를 가질 수 있다.

단점

네트워크 병원의 장점도 있지만 다음과 같은 애로점도 있다.

먼저 네트워크병원에 가입하기 위해서는 가맹비 등의 투자금이 필요하다. 당초의 기대치와 달리 실질적인 효과가 미미할 경우 가입한 병원 간의 갈등이 생길 수 있다.

합의된 계약서에 따라 병원관련 의사결정을 내려야 하는 경우가 많고 즉각적인 결정이 필요한 경우 적시성이 떨어진다.

"Dr.김"의 고유한 방침은 접어두어야 하는 경우가 있어, "Dr.김"만의 특별한 병원경영을 생각하는 경우에는 네트워크 병원은 제고하여야 한다.

네트워크 병원의 세무처리

네트워크 병원의 총괄 관리 및 병원경영을 지원하는 회사

가입비

가입비는 계약기간 동안의 브랜드사용과 서비스이용에 대한 수수료이다.

병원경영을 지원하는 회사는 지급받은 가입비를 계약기간 동안의 기간배분을 거쳐 수익으로 처리해야 한다. 가입비를 지급받는 시점에 선수수익으로 처리하고 이를 계약기간으로 나누어 수익으로 인식한다.

가맹병원은 지급한 가입비를 계약기간 동안의 기간배분을 거쳐 비용으로 처리해야 한다. 가입비를 지급하는 시점에 선급비용으로 처리하고 이를 계약기간 동안 나누어 비용으로 인식한다.

입회보증금

반환이 보장되는 보증금의 경우 병원경영을 지원하는 회사는 계약기간이 종료되는 시점에 보증금이 반환되어야 하므로 부채로 계상한다. 이에 반해 가맹병원은 계약이 종료되는 시점에 보증금을 돌려받게 되므로 자산으로 처리한다.

월 수수료

계약상 수령하기로 한 월 수수료는 병원경영을 지원하는 회사에는 매출에 해당되므로 부가세가 부과되는 매출세금계산서를 발행한다. 가맹병원은 계약서상의 약정에 따라 수수료를 지급하고 매입세금계산서를 받는다.

06

병의원 사업자등록

병원개원을 위해 자금 대출을 받아야 하는 "Dr.김"은 당장 사업자등록이 필요하다. "Dr.김"은 아직 의료기관 개설신고필증이 나오기 전인 상태이고 부동산 임대차계약서만 지참하고 세무서에 방문하면 사업자등록증이 바로 발급되는 줄 알았다. 사업자등록 일정을 미리 알았더라면 개원을 진행하는 데 한결 수월할텐데... 모든 수고를 직접하고 나서야 세무전문가의 중요성을 절감한 "Dr.김". 선배 임 원장에게 소개받은 병의원전문 김 세무사에게 바로 전화하였다.

병의원 사업자등록을 내기 위해서는 의료기관 개설신고필증 사본이 반드시 첨부되어야 한다. 의료기관 개설신고가 먼저 선행된 경우에는 사업자등록신청 및 카드단말기 신청 그리고 요양기관 개설신고를 진행하는 데 문제가 없다. 의료기관 개설신고의 선행이 중요한 이유가 여기에 있다.

보건소에 신청하는 의료기관 개설신고필증 발급을 위해 필요한 서류

- 의료기관 개설신고서
- 진료과목 및 병원시설 등에 대한 설명서
- 의료인 면허증, 전문의 자격증 사본
- 건물 평면도 및 구조 설명서
- 의료보수표

사업용 자금 대출을 위해 세무서의 사업자등록이 필요한 경우

의료기관 개설신고필증이 나와 있는 경우에는 이를 첨부하여 사업자등록을 신청하면 된다.

다만 의료기관 개설신고필증이 나오기 전 사업자등록증이 필요한 경우에는 다음의 서류를 갖추어 관할 세무서에 사업자등록을 신청하면 된다.

- 의료기관 개설신고 신청서 사본1부(보건소에 접수된 신청서 사본을 말함)
- 사업계획서
- 의사면허증 사본
- 사업장도면(건물 공부상 일부만 임차한 경우로서 확정일자 신청을 위함)

- 인테리어공사 계약서 등의 실질적 사업개시를 입증할 수 있는 서류

공동개원으로 사업자등록을 내는 경우 공동계약서에 지분비율과 동업자별 구체적인 출자액을 명시하여 공동계약서를 제출해야 한다. 이 때 공동계약서에 미리 공증을 받아두면 좋다.

신청을 받은 세무서는 실제적인 사업여부를 확인하기 위하여 직접 사업장을 방문하여 사업장을 확인한 후 사업자등록을 발급하는 경우도 있다. 이후 보건소로부터 의료기관 개설신고필증을 발급받으면 세무서에 제출하도록 한다.

사업자등록이 나오면 바로 신청하는 카드단말기

- 의료기관 개설신고필증 사본
- 사업자등록증 사본
- 의사 면허증, 신분증 사본
- 신용카드매출액이 입금될 사업용 계좌 사본

건강보험심사평가원에 청구하게 될 공단부담금에 대한 요양기관 개설신고

- 의료기관 개설신고필증 사본
- 사업자등록증 사본
- 공단부담금이 입금될 사업용 계좌 사본
- 요양기관 현황 통보서
- 의료장비 구입 세금계산서 및 매매계약서, 세부내역서

07

건물주와의 임대차계약서

개원장소의 입지선정에 분주한 "Dr.김". 앞으로 쌓게 될 병원의 명성과 브랜드가치를 생각하면 개원장소 선정에 신중해진다. "Dr.김"은 장기적인 임차를 위해서는 특히 건물주와의 관계가 중요하다고 생각한다. 병의원전문 김 세무사에게 개원성공을 위한 부동산선정에 있어 주의할 사항과 임대차계약 시 유의해야 할 점은 무엇인지에 대해 자문을 구하였다.

부동산 선정 시 주의사항

병원개원을 준비하면서 가장 먼저 시작하는 일은 개원장소를 선정하는 것이다. 개원장소를 중심으로 움직이는 유동인구와 주변상권의 밀집정도를 파악하여야 한다. 또한 아파트 단지의 세대수와 거주예상인원을 통해 병원의 시장성을 효과적으로 분석해야 한다.

이를 토대로 최적의 입지장소를 선정하여야 하고 임차할 부동산을 확보해야 한다. 이후 건물주와의 부동산임대차 계약서를 작성하게 되는데, 다음과 같은 상황에 주의하여야 한다.

임대차계약 시 주의사항

임대차계약을 체결하는 시점에 궁금하거나 모호한 상황은 건물주에게 반드시 확인하여 서면으로 명확하게 정리하는 것이 중요하다. 대충 넘어가다보면 결정적인 순간에 "Dr.김"이 손해를 보고 건물을 떠나야 하는 상황이 발생될 수도 있다. 장기적인 관점에서 꼼꼼하게 살펴보아야 한다.

또한 건물주가 세금 부담을 줄이거나 임대차보호법상 담보가치하락방지를 위해 실제 임차료보다 낮은 금액의 이중계약서를 요구하는 경우가 있다. 이러한 경우 다음의 문제가 발생할 수 있다.

건물주가 일반과세자인 경우

건물주에게 임차료 전액에 대해 세금계산서 발행이 가능한지를 확인하고 부가세를 부담하더라도 실제 임차료에 대한 세금계산서를 요청하고 발급받아야 한다.

어떤 경우에는 건물주가 부동산 임대수입금액을 조정하기 위하여 실제 받는 임대료보다 낮은 임대료가 기재된 다운계약서의 작성을 요구할 수 있다. 또한 계약서상의 금액만을 신고해줄 것을 부탁하는 경우도 있다. 이러한 경우 계약서상 임차료와 실제 지급하는 임차료가 다른 경우에도 사업용 계좌로 실제 부담한 임차료는 경비처리가 가능하다.

그러나 세무서에서는 건물주가 신고하는 임대료 매출액과 병원경비로 들어가는 임차료가 다른 경우 그 차액에 대해 소명을 요구할 수 있다. 이런 일이 발생하면 세무서에서 통지를 받은 건물주는 부동산계약 연장을 꺼릴 수 있다. 연장이 되지 않는 경우 그동안 한 장소에서 쌓아온 병원의 신뢰와 이미지 그리고 병원시설 투자에 대해 보상받을 길이 없다. 따라서 부동산 임차료에 대해 실질 그대로 신고하는 건물주를 찾는 것이 장기적으로 유리하다. 그렇지 못하고 다운계약서상의 임차료만을 비용처리할 때는 결국 "Dr.김"이 실질적인 세 부담을 안게 된다.

건물주가 간이과세자인 경우

건물주가 간이과세자인 경우에는 세금계산서발행 자체가 불가능하다. 이 경우에는 부동산 임대차계약서와 송금한 임차료에 대해 송금영수증을 보관하고 있으면, 송금한 임차료 전액에 대해 비용처리를 할 수 있다.

어떤 경우에는 건물주가 부동산 임대수입금액을 조정하기 위하여 실제 받는 임대료보다 낮은 임대료가 기재된 다운계약서의 작성을 요구할 수 있다. 또한 계약서상의 금액만을 신고해줄 것을 부탁하는 경우도 있다. 이러한 경우 계약서상 임차료와 실제 지급하는 임차료가 다른 경우에도 사업용 계좌로 실제 부담한 임차료는 경비처리가 가능하다.

그러나, 앞에서 살펴보았듯이, 세무서에서 임대료와 임차료의 차액에 대한 소명을 요구할 수 있으며, 이로 인해 계약연장에 실패하거나 다운계약서에 따를 경우에는 "Dr.김"의 실질적인 손해를 피할 수 없다.

관리비

건물주가 부동산 임대수입 전액의 노출을 꺼려 임차료의 일부를 관리비 명목으로 대체하여 별도로 구분 청구하는 금액이 존재할 수 있다. 이렇게 책정된 관리비에 대하여 임차료 부분만 세금계산서를 발행하고 관리비는 영수증처리를 요구하는 경우도 있다. 이때, 관리비에 대해서도 부가세를 부담하고 세금계산서 발급을 요청하는 것이 비용관리 측면에서 보다 효율적이다.

사업자등록 시 주의사항

사업자등록을 신청하는 경우 반드시 임대차계약서상 확정일자를 받도록 한다. 임대차계약서의 사업장소재지와 등기부등본 등 공부상 소재지가 다르게 기재된 경우에는 상가건물 임대차보호법을 적용받지 못할 수 있으니 반드시 소재지가 일치하는가를 확인하여야 한다.

상가건물 임대차보호법

상가를 임차한 사업자가 상가임대차보호법을 적용받기 위해서는 사업자등록을 하는 때에 반드시 사업장관할 세무서에서 확정일자를 받아야 한다. 상가건물 임대차보호법은 건물을 임대차한 영세 사업자를 보호하기 위한 법 규정이다. 이 규정은 법적 요건에 해당되는 건물 임대료의 상승폭에 대한 증액을 제한하고 임대기간에 대해 5년간 계약갱신을 요구할 수 있는 권리를 포함하고 있다.

임차인이 보호받을 수 있는 요건

모든 임차인에게 적용되는 것이 아니라, 환산한 보증금액이 지역별로 다음 금액 이하인 경우에만 적용된다.

해당 지역	환산금액*
서울특별시	9억 원 이하
인천, 수도권 중 과밀억제권역 (서울특별시 제외)	6억9천만 원 이하
광역시(군지역, 인천광역시 제외), 안산, 용인, 김포, 광주	5억4천만 원 이하
기타 지역	3억7천만 원 이하
*환산금액 = 월임차료×100+보증금	

임차인의 혜택

보증금에 대한 우선변제권을 가진다

사업자등록 시 확정일자를 받은 사업자는 경매 등으로 건물이 매각되는 경우 환가대금에서 확정일자를 기준으로 후순위권리자보다 우선하여 보증금을 변제받는다. 보증금이 소액으로 일정금액 이하인 경우에도 최우선변제를 받을 수 있다.

대항력이 생긴다

건물의 소유권이 이전되어 건물주가 바뀌더라도 사업자등록을 한 임차인은 임차권자의 권리를 주장할 수 있다.

10년 범위 내에서 임대차기간의 계약갱신요구권이 있다

임차인의 임대차 존속기간을 보장받을 수 있다. 최초 임대차기간을 포함한 전체 임대차기간이 10년을 초과하지 않는 범위 내에서 계약갱신을 요구할 수 있다. 다만 임차료의 3차 연체 등 일정한 사유에 해당되는 경우는 제외된다.

과도한 보증금과 임대료 인상이 제한된다

임차보증금 및 임차료 증액에 대한 제한선이 정해진다. 기존의 임차료 또는 보증금의 5%를 초과하여 인상할 수 없다. 또한 보증금을 월 임대료로 전환하는 경우 산정하는 이자율이 일정률로 제한된다.

확정일자

확정일자란 임차한 사업장에 대한 건물소재지 관할 세무서장이 임대차계약서의 존재 사실을 인정하여 임대차 계약서에 기입한 날짜를 말한다. 건물을 임차하고 사업자등록을 한 사업자가 확정일자를 받으면 등기를 한 것과 같은 효력을 발휘한다.

임차한 건물이 경매나 공매로 넘어갈 때 확정일자를 기준으로 보증금에 대한 우선변제를 받는다. 확정일자를 받아놓지 않는 경우 건물에 근저당권 등이 설정되면 변제의 우선순위가 후순위가 되어 보증금을 돌려받지 못하는 경우가 발생할 수 있다. 따라서 사업자등록을 신청하는 경우 임대차 계약서에 반드시 확정일자를 받아두어야 한다.

08

병원개원 시 자금조달방법

"Dr.김"은 개원에 소요되는 투자자금 확보에 많은 관심을 두고 있다. 그런데 예상했던 자금보다 추가로 소요되는 금액이 많다. 이러한 운용자금을 자기 돈으로만 충당하는 것이 나은지, 부모로부터 증여받는 것이 나은지 아니면 금융권에서 차입하는 것이 나은지 "Dr.김"은 아직 결정을 내리지 못하였다. "Dr.김"은 병의원전문 김 세무사에게 다양한 자금조달방법에 따른 장단점에 대한 설명을 들어본 뒤 최종 결정을 내리고자 한다.

개원초기에는 거액의 투자자금이 필요하고 개원 이후에도 병원운영과 관련된 상당한 자금이 소요된다. 따라서 개원시점부터 개원초기의 투자자금과 더불어 병원경영에 필요한 운용자금

전반에 대한 자본조달계획을 반드시 준비하여야 한다.

예상되는 자금흐름을 파악해 본다

개원초기에 필요한 투자자금과 병원경영에 필요한 운영자금을 파악한다. 은행에서 차입하지 않고 자기자본으로 조달 가능한 금액이 얼마인지 파악한다. 자기자본으로 부족한 금액과 타인자본으로 조달 가능한 금액을 추산하여 자금조달계획을 세워야 한다.

부족한 자금에 대한 타인자본의 차입여부를 결정하고 구체적인 차입조건을 확인한다. 이때 금리와 차입형태 및 차입기관에서 제공하는 혜택이 무엇인지 면밀히 검토해야 한다.

자기자본으로 조달하여 개원하는 경우의 장단점

외부에서 차입하지 않고 자기 돈으로만 충당하는 경우 재무구조의 안정성과 금융비용의 부담이 없다. 그러나 타인자본을 이용한 금리의 레버리지 효과를 얻을 수 없다.

타인자본 및 은행차입금을 이용하여 개원하는 경우의 장단점

금융권의 자금조달

금융권에서 자금을 차입하는 경우 병원사업과 관련된 차입이자는 전액 비용으로 인정된다. 즉 타인자본을 이용한 레버리지 효과를 적극적으로 활용할 수 있다.

병원사업과 관련된 각종의 자산 등을 구입하기 전에 금융권에서 먼저 차입을 하고 그 차입금에서 병원관련 투자비용이 지출되도록 하여야 한다. 차입금이 가사용이 아니라 개원과 관련된 투자금액임이 분명해야만 차입금 이자를 비용으로 인정받을 수 있다. 즉 차입금이 병원사업에 사용한 용도가 명확할 때 차입금 이자비용으로 전액 처리할 수 있는 것이다.

부모 등 친족으로부터 자금을 조달

부모 등으로부터 개원자금을 조달받는 경우 증여로 볼 여지가 있다. 부모에게서 증여받는 경우에는 10년간 5천만 원이 공제된다. 배우자로부터 증여받는 때에는 10년간 6억 원을 공제받을 수 있다. 친족에게서 자금을 차입하는 경우 세법상 비영업대금이익에 해당된다. 이에 해당하는 이자를 지급할 때는 원천징수(소득세율 25% 주민세율 2.5%)를 한 후 지급하고 이를 세무서에 신고해야 한다.

부모명의의 자산에 대해 담보대출을 받는 경우

부모명의의 자산을 담보로 대출을 받아 개원자금으로 활용하는 경우 반드시 본인명의로 대출을 받아야 한다. 또한 실제 이자지급을 본인명의의 통장에서 나가게 해야 한다. 즉 실질적으로 본인이 대출을 받고 이자를 부담하는 것을 입증하여야 이자비용으로 공제받을 수 있다.

일반적으로 개원 후 3년이 지나면 비용으로 처리할 금액이 크게 없다. 그래서 개원을 하는 시점에 본인명의로 대출을 받아 병원 사업과 관련된 이자비용으로 처리하는 것을 고려해 볼 필요가 있다.

자금출처금액 중 소명이 부족한 금액에 대한 증여추정의 배제기준

구분	취득재산		채무 상환	총액 한도
	주택	기타재산		
30세 미만인자	5천만 원	5천만 원	5천만 원	1억 원
30세 이상인 경우	1억5천만 원	5천만 원	5천만 원	2억 원
40세 이상인 경우	3억 원	1억 원		4억 원

재산을 취득하거나 증식할 때 조달한 금액에 대해 해당 자금의 출처를 조사하는 경우가 있다. 그러나 모든 거래에 대해 자금출처조사를 하는 것은 쉽지 않으므로 일정액까지 자금출처를 배제한다. 다만 실질적으로 자금증여가 명확한 경우는 그러하지 아니한다.

Ⅱ

"Dr. 김" 똑똑한 병원 수입금액 신고

01

병원 수입금액의 구조

병원을 운영하다 보면, 직원이나 직원가족 혹은 거래처에 정상가액보다 할인하여 의료서비스를 제공하는 경우가 발생한다. "Dr.김"은 지인이나 관계자들에게 진료비를 감액해주는 것을 통상적이라 생각하였으나, 세법입장에서는 결코 그런 것이 아니었다.
병의원전문 김 세무사에게 세법상 병원관계자나 거래처 등에 할인하여 제공하는 진료가액을 어떻게 책정하여야 하는지 자문을 구해보았다.

일반적으로 병의원의 수입금액은 건강보험이 적용되는 보험매출과 건강보험이 적용되지 않는 비보험매출, 자동차 사고로 인한 자동차보험매출이 있다. 이외에 산업재해로 인한 산재보험매출과 보건소위탁매출, 질병보건통합관리시스템에 의한 예방접종매출, 산부인과의 고운맘카드매출 등으로 구성된다.

병의원을 운영하다 보면 병원진료비를 감액하거나 무상으로 진료를 해주는 경우가 다양하게 발생한다. 이때 병원 수입금액은 어떻게 산정해야 하는지 살펴보자.

직원에게 할인한 경우

직원의 복리후생을 위하여 임직원과 그의 가족들에게 진료비 등을 할인해 주는 경우에는 정상가액과의 차액을 총수입금액에 산입한다. 그 할인액만큼 근로자에게 귀속된 것으로 보아 근로소득으로 과세한다.

약정에 따라 일반인에게 할인하거나 병의원 거래처 관련자에게 할인한 경우

병원의 내부규정에 따라 일반인에게 진료비를 할인해주는 경우, 규정에 근거한 실질내용에 따라 할인한 금액을 수입금액으로 산정한다. 그러나 업무와 관련 없는 타인에게 제공되는 할인가액은 기부금 등으로 처리하며 병원과 관련된 특정한 거래처의 관계자들에게 진료비를 경감해준 경우에는 병원사업과 관련된 거래처이므로 접대비로 본다. 따라서 진료비를 감액해준 그 실질적인 내용에 따라 판단하여야 한다.

사회적 저소득층이나 경제적 빈곤 등으로 인하여 진료비를 할인한 경우

국세청은 '의료업을 영위하는 거주자가 의료용역을 제공하고 당해 환자들로부터 수령할 금액 중 의료보험 본인부담금을 경감해줌으로써 그 지급받지 아니하는 금액은 당해 의료업자의 총수입금액에 산입하지 아니하는 것'으로 해석하고 있다.

환자로부터 감액확인서를 받은 경우 '진료비를 감액하고 감액확인서에 의해 확인된 금액은 수입금액에서 감액한다.' 고 보고 있다.

"Dr.김"의 가족 등에게 무상으로 진료를 제공하는 경우

"Dr.김"의 가족이나 친지들에게 진료비를 아예 받지 않거나 아주 저렴하게 받는 경우에는 일반인에게 제공하고 받는 정상적인 진료가액을 수입금액으로 본다. 저렴하게 진료비를 받는 경우는 정상적인 진료가액과의 차액을 수입금액으로 산입한다.

02

현금영수증 발행 의무

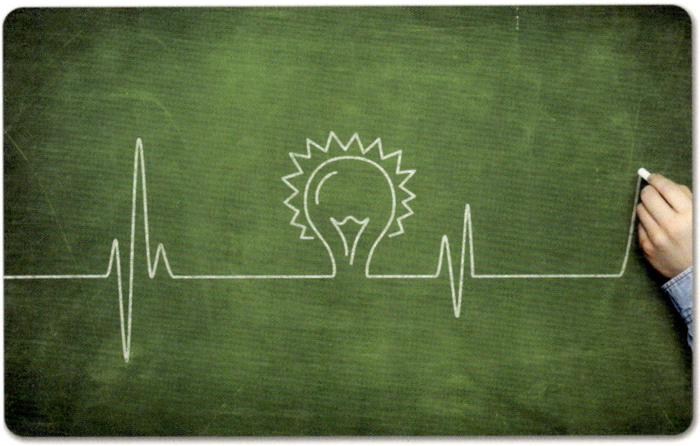

현금영수증은 신용카드와 함께 전 국민의 생활화가 되고 있다. "Dr.김"은 현금결제 후 현금영수증을 요구하는 고객에게 당연히 현금영수증을 발급하고 있어 전혀 문제가 없다고 생각하였다. 그런데 병의원전문 김 세무사와의 상담을 통해, 현금영수증 발급을 요구하는 고객뿐 아니라 현금결제 후 특별히 발급을 요구하지 않는 고객에게도 현금영수증을 발행해야 되는 의무가 있다는 사실을 알게 되었다. 병의원전문 김 세무사는 현금영수증을 자발적으로 발행하지 않는 경우에 어떤 문제가 생긴다고 알려주었을까?

현금영수증 발행의무

병원의 수입금액은 전 국민의 신용카드 생활화로 대부분 노출되고 있다. 뿐만 아니라 고소득 전문직 등 일부 업종에 대해서는 「소득세법」상 현금영수증 발급을 의무화하고 있다. 이러한 규정은 고액으로 이루어지는 현금거래에 대한 수입금액 누락을 원천적으로 막고, 병의원 등의 전문직 업종에서 발생하는 현금거래에 대해 국세청에서 보다 적극적으로 관리해나간다는 의미이다.

또한 「소득세법」에서는 현금영수증 발급에 대해 20% 가산세를 부과하고 있다. 그리고 발급의무 위반 가산세를 적용받는 경우에는 현금영수증 불성실 가산세는 적용하지 아니한다. 이는 2019년 세법개정을 통해 현금영수증 미발급에 따른 과태료를 가산세로 전환하고, 발급위무 위반에 따른 제재수준을 합리적으로 조정한 결과이다.

현금영수증 의무발행 요건에 해당하는 날이 속하는 달의 말일부터 60일 이내에 신용카드단말기 등에 현금영수증 발급장치를 설치함으로써 현금영주증가맹점으로 가입하여야 하고, 국세청장이 정하는 바에 따라 현금영수증가맹점을 나타내는 표지를 게시하여야 한다.

해당 업종

해당 업종	업태
전문직 업종	변호사업, 회계사업, 세무사업, 변리사업, 건축사업, 법무사업, 감정평가사업 등
의료 업종	의사, 치과의사, 한의사, 수의사, 요양병원 등
기타 업종	입시학원, 부동산 중개업 및 부동산 투자자문업 등

병의원 진료총액이 건별 10만 원 이상인 수입금액에서(보험공단 청구금액을 제외) 병원이 직접 수납하는 진료비에 대해서는 소비자의 요청에 관계없이 무조건 현금영수증을 발급하여야 한다. 만약 현금영수증을 발급하지 아니하고 신고하거나 누락한 경우, 「소득세법」에서는 현금영수증 발급에 대해 20% 가산세가 징수된다.

그리고 사실과 다른 현금영수증을 발급하는 등의 불성실 발급을 하는 경우 위장 · 가공 영주증으로 보아 발급금액의 5%의 가산세를 부과하고 있다.

현금영수증 관련 가산세

현금영수증 미가맹 가산세

현금영수증가맹점 가입대상업종* 수입금액 × 1%

* 보건업, 소매업, 숙박 및 음식점업, 운전학원 등 교육서비스업
* 단, 다음의 금액은 가산세 대상 수입금액에서 제외한다.
  - 세금계산서 발급금액
  - 매입자발행 세금계산서 발급금액
  - 계산서 발급금액 등

현금영수증 불성실 가산세

현금영수증을 발급거부하거나 사실과 다르게 발급한 금액 × 5%

현금영수증 미발급 가산세

현금영수증 미발급 거래대금 × 20%

03

사업용 계좌의 의무사용관리

"Dr.김"은 법인과 달리 개인사업자는 통장관리를 특별히 하지 않는 것으로 알고 있었다. 그래서 신용카드 매출 금액이나 보험공단에서 들어오는 진료비 수입에 대하여 별도의 통장을 두지 않고 개인 통장으로 거래하였다. 또한 주요하게 지출되는 의약품매입대금과 병원 임차료 및 직원들의 인건비 등에 대해서도 개인통장에서 송금해주었다. 개업한 지 얼마 지나지 않아 세무서로부터 사업용 계좌를 신고해야 한다는 안내문을 받고 깜짝 놀랐다. 미신고의 경우 가산세까지 부과한다는 내용이다. 개인사업자가 통장관리를 해야 하는 사업용 계좌는 무엇일까? 병의원전문 김 세무사가 설명해준 사업용 계좌에 대해 알아보자.

사업용 계좌

사업용 계좌란 사업과 관련하여 발생하는 수입금액과 지출금액을 별도로 관리하는 통장을 말한다. 사업과 관련된 금융거래는 국세청에 신고된 사업용 계좌를 통해 입출금해야 한다. 병의원을 포함한 전문직 종사자와 업종별 일정수입금액 이상인 사업자들은 사업용 계좌가 의무사항이다. 그러므로 사업장 관할 세무서에서 사업자등록을 신청할 때 동시에 사업용 계좌를 신고하면 좋다. 그렇지 못한 경우에는 최소한 과세기간 개시일로부터 6개월 이내에 사업용 계좌를 신고해야 한다.

사업용 계좌를 통해서 반드시 거래가 이루어져야 하는 항목들

병원 진료수입금액이 입금되어야 한다.

공단을 통해 받게 되는 보험수입금액과 카드로 결제되는 진료수입금액은 사업용 계좌를 통해 입금되어야 한다. 병원진료와 관련된 매출액이 사업용 계좌를 통해 입금되게 하면 추후 세무조사가 발생하는 경우에도 병원 수입금액에 대해 적극적으로 대처할 수 있다.

병원 진료에 쓰이는 원재료 및 의약품 관련 매입비용은 사업용 계좌를 통해서 결제하도록 한다.

병원 임직원의 인건비 상당액은 직원당사자의 금융계좌로 이체하도록 하고 원천징수된 4대보험의 납부도 사업용 계좌를 통해 이체한다.

병원 임차료와 관리비, 사업과 관련된 전기, 수도, 통신료 등 병원사업과 관련된 비용 등은 사업용 계좌를 통해 이체하여야 한다.

지출된 비용을 가급적 사업용 계좌 안에서 처리하면 향후 세무조사가 발생하는 경우에도 증빙자료로 적극 활용할 수 있다.

사업용 계좌등록은 의무사항이다

과세기간 개시 후 6개월 이내에 반드시 신고해야 한다. 사업용 계좌를 무신고하는 경우 사업용 계좌를 통하지 아니하고 거래한 인건비, 임차료 등의 금액에 대해 0.2%의 가산세가 부과된다. 따라서 사업자등록을 신청하면서 동시에 사업장 관할 세무서에서 사업용 계좌를 신고하면 된다. 다만, 신규사업장 사업용계좌를 신고하지 아니하고 기존 사업장계좌를 사용하는 경우, 사업용계좌에 대한 미신고 가산세를 적용하지 아니한다.

04

사업장현황신고의 중요성

올해 개원한 "Dr.김"은 면세사업을 영위하고 있다. "Dr.김"은 병원 관련 세금은 다음 연도 5월의 종합소득세만 잘 신고하면 되는 것으로 알고 있다. 병의원전문 김 세무사와의 상담을 통해 5월보다 앞선 2월에, 종합소득세의 가이드라인을 제시하는 중요한 신고가 선행되어야 함을 알게 되었다. 종합소득세의 전체적인 윤곽을 정하는 2월의 신고는 무엇일까? 또한 병의원전문 김 세무사가 강조하는 그 신고는 어떤 내용일까?

사업장현황신고

사업장현황신고는 면세만 영위하는 개인사업자가 1년 동안 벌어들인 수입금액의 상세한 내역과 이에 대응되는 주요경비의 세부적인 매입현황을 구체적으로 기재하여 신고하는 것을 말한다. 다음 연도 5월의 종합소득세를 신고하기 전에 사업장현황신고서를 통해 면세사업의 전반적인 흐름을 신고하게 되는 것이다. 또한 병원의 주요한 비보험진료의 평균진료가액을 세무서에 보고해야 하므로, 사업장현황신고서를 작성하는 때에는 많은 관심을 가져야 한다.

당해 연도 과세기간(1/1~12/31)에 대한 사업내역을 그 다음 해 2월 10일까지 신고해야 한다. 치과, 피부과, 성형외과 등의 과세사업자는 제외하고, 순수한 면세 진료 병원은 반드시 사업장 현황신고서를 작성하여 제출해야 한다. 병의원이 휴업 또는 폐업하는 경우에도 작성하여 제출해야 한다.

수입금액검토부표의 중요성

수입금액 측면

수입금액검토부표는 수입금액을 구성하는 항목을 보다 정밀하게 기록하므로 세심한 주의가 필요하다. 특히 주요 비보험수입은 진료 유형별로 구분하여 인원 수를 기재하게 되어 있다. 이러한 구성내역을 기재하다 보면 자연스럽게 단위당 평균진료단가가 산출된다. 세무서는 수입금액검토부표에 나와 있는 내역을 통해 병원 간의 단위당 평균수가를 비교할 수 있다. 따라서 병원의 의료수가가 다른 병원이나 지역 평균에 대비하여 현저하게 차이가 나는 경우 세무서의 관심을 받게 된다.

의료매출원가 측면

신용카드와 현금영수증의 보편화로 실제 발생하는 매출액이 거의 노출되고 있어 병원진료수입에 대응되는 의료매출원가(당기 사용 의료품)의 산정이 중요하다.

매출액이 발생하면 그에 상응하는 원가 투입은 당연하다. 의료수입금액에 대비한 의료매출원가의 계산이 제대로 이루어지지 않으면, 매출을 누락하거나 인위적인 재고조정으로 원가를 책정한 것으로 볼 수 있다. 그래서 의료매출원가의 산정이 중요하다는 것이다.

예컨대 같은 병과의 다른 병원과 비교하여 평균의료매출원가가 현저히 높은 경우에는 매출액을 조정하거나 누락한 것으로도 추정할 수 있다. 이처럼 의료매출원가의 산정이 적정하지 못한 경우에는 세무서의 관심을 받게 된다.

다음의 산식을 보면 매입세금계산서와 매입계산서의 금액이 의료매출원가를 계산하는 기본임을 알 수 있다. 또한 전기의 의료품재고금액을 반드시 확인하고 기초금액에 정확하게 이월시켜야 한다.

기초의료품재고액
\+ 당기 의료품매입세금계산서
\+ 당기 의료품매입계산서
− 기말의료품재고액

= 당기 의료품매출원가

제출해야 하는 서류

면세사업자인 병의원은 종합소득세를 신고하기 전에 사업장 현황신고를 통해 1년 동안 벌어들인 매출액과 이에 대응되는 매입액의 전체적인 내역을 신고하게 된다. 따라서 당해 과세기간의 전체 수입금액 내역과 수입금액의 세부사항을 확인할 수 있는 부표 및 매입 관련 서류를 제출해야 한다. 다만 사업장 현황신고서의 시설현황에 대해서는 기재하지 아니한다. 치과, 피부과 등 면세사업에서 과세사업자로 전환된 병의원은 사업장현황신고를 하지 아니하고 6개월마다 부가가치세 신고를 해야 한다.

제출해야 하는 서류는 다음과 같다.

① 사업장현황신고서

② 의료업자 수입금액검토표

③ 수입금액검토부표

④ 매입처별 세금계산서 합계표

⑤ 매입, 매출처별 계산서 합계표

〈서식〉

- 사업장현황신고서
- 의료업자 수입금액검토표
- 수입금액검토부표
- 매입처별 세금계산서 합계표
- 매입, 매출처별 계산서 합계표

소득세법 시행규칙 [별지 제19호 서식] (2016.3.16. 개정)

홈택스(www.hometax.go.kr)에서 도 신청할 수 있습니다.

사업장현황신고서

※ 뒤쪽의 작성방법을 읽고 작성하시기 바라며, [ ]에는 해당되는 곳에 √표를 합니다. (앞쪽)

관리번호			처리기간 즉시
과세기간	년 월 일 ~ 년 월 일		
사업자	상호	사업자등록번호	공동사업 [ ]여 [ ]부
	성명	주민등록번호	
	사업장 소재지		전화번호
	전화번호	휴대전화	전자우편주소

① 수입금액(매출액) 명세 (단위: 원)

	업 태	종 목	업 종 코 드	합 계	수입금액	수입금액 제외
(1)						
(2)						
(3)						
	합 계					

② 수입금액(매출액) 구성 명세 (단위: 원)

합 계	계산서발행금액	계산서발행금액 이외 매출		
		신용카드 매출	현금영수증 매출	기타 매출

③ 적격증명(계산서 · 세금계산서 · 신용카드) 수취금액 (단위: 원)

합 계	매입 계산서		매입 세금계산서		신용카드 · 현금영수증 매입금액
	전자계산서	전자계산서 외	전자세금계산서	전자세금계산서 외	

④ 기본사항(과세기간 종료일 현재) (단위: ㎡,원,대,명)

시 설 현 황				종업원 수
건물면적(전용면적)	임차보증금	차량	그 밖의 시설	

⑤ 기본경비(연간금액) (단위: 원)

합 계	임차료	매입액	인건비	그 밖의 경비

⑥ 폐 업 신 고	폐업연월일	. .	폐업사유	

첨부서류 (해당 내용 표기)	
매출처별계산서합계표 ☐ 전자신고 ☐ 전산매체 ☐ 서면 ☐ 해당없음 매입처별계산서합계표 ☐ 전자신고 ☐ 전산매체 ☐ 서면 ☐ 해당없음 매입처별세금계산서합계표 ☐ 전자신고 ☐ 전산매체 ☐ 서면 ☐ 해당없음 수입금액검토표 ☐	신고인은 「소득세법」 제78조 및 같은 법 시행령 제141조에 따라 신고하며, 위 내용을 충분히 검토하였고 신고인이 알고 있는 사실 그대로를 정확하게 작성하였음을 확인합니다. 년 월 일 신고인: (서명 또는 인) 세무대리인은 조세전문자격자로서 위 신고서를 성실하고 공정하게 작성하였음을 확인합니다. 세무대리인: (서명 또는 인) **세무서장** 귀하

세무대리인	성 명		사업자등록번호		전화번호	

210mm×297mm[백상지 80g/㎡ 또는 중질지 80g/㎡]

(뒤쪽)

※ 공동사업자인 경우만 작성합니다.

⑦ 공동사업자의 수입금액 부표

상 호		사업자등록번호	
수입금액 분배내용			
공 동 사 업 자		분배비율(%)	수입금액(원)
성 명	주민등록번호		
	합 계		

첨부서류	1. 매입처별계산서합계표 2. 매출처별계산서합계표 3. 매입처별세금계산서합계표 4. 수입금액검토표	수수료 없 음

작 성 방 법

이 신고서는 한글과 아라비아 숫자로 작성하며, 금액은 원 단위까지 표시합니다.

▒ 란은 사업자가 적지 않습니다.

1. 이 서식은 부가가치세면세사업자(납세조합가입자는 제외합니다)가 사업장별로 각각 작성하며, 공동사업자는 공동사업자 대표자가 수입금액 등의 합계를 신고하고 ⑦의 **"공동사업자의 수입금액 부표"**에 **구성원 수입금액 등을 분배비율에 따라 작성**함으로써 구성원은 신고한 것으로 봅니다.

2. 수입금액(매출액) 명세란: **업태 · 종목별로 구분**하여 수입금액을 적습니다. **수입금액 제외**란은 고정자산 매각 등 **소득세 수입금액에서 제외되는 금액**을 적습니다.

3. 수입금액(매출액) 구성 명세란:
   - 합계란은 ①의 **"수입금액(매출액) 명세"의 수입금액 합계와 일치**한 금액을 적으며, 계산서발행금액과 신용카드·현금영수증·기타 매출이 **중복된 경우에는 계산서발행금액에만** 적습니다.
   - 수입금액의 구성 명세는 계산서발행금액과 계산서발행금액 이외의 신용카드매출액(「여신전문금융업법」에 따른 직불카드, 외국에서 발행된 신용카드, 「조세특례제한법」 제126조의2제1항제4호에 따른 기명식 선불카드, 직불전자지급수단, 기명식선불전자지급수단 또는 기명식전자화폐를 포함), 현금영수증매출액 및 기타매출액으로 구분하여 각각 적습니다.
   - **계산서발행금액**은 ①의 "수입금액(매출액) 명세"의 **"수입금액 제외"를 뺀 수입금액** 중에서 계산서 발행금액을 적습니다.

4. 적격증명(계산서 · 세금계산서 · 신용카드) 수취금액란:
   가. 해당 과세기간의 사업 관련 매입금액 중 계산서 및 세금계산서를 받고 매입한 금액, 신용카드 등으로 매입한 금액을 구분하여 각각 적으며, 수취한 계산서 및 세금계산서는 반드시 합계표를 작성하여 제출해야 합니다.
   나. **"전자계산서" 및 "전자세금계산서"**는 매출처가 과세기간 종료일의 다음 달 11일까지 국세청에 전송한 분을 적습니다.

5. 기본사항란: 과세기간 종료일 현재를 기준으로 작성하되, 건물면적란에는 전용면적을 적습니다.

6. 폐업신고란: 과세기간 중 폐업자는 폐업연월일과 폐업사유를 작성하고, 사업자등록증을 첨부하여 제출하면 폐업신고를 대신할 수 있습니다.

7. **공동사업자의 수입금액 부표란:**
   - **분배비율 합계란은 100%가 되어야 하며**, 수입금액 합계란은 **①의 "수입금액(매출액) 명세"란의 수입금액 합계** 및 **②의 "수입금액(매출액) 결재수단별 구성명세"란의 합계**와 **동일한 금액**을 적습니다.

[별지 제19호의 2 서식] (2013.2.23. 개정)

의료업자 수입금액 검토표
(일반병의원 · 한의원 공통)

(앞쪽)

1. 기본사항

① 사업자등록번호		② 상호		③ 성명	
④ 생 년 월 일		⑤ 병과		⑥ 업종코드	
사업장시설	⑦ 진 료 실 ( )㎡	인원현황	⑫ 고용의사 ( )명		
	⑧ 수 술 실 ( )㎡		⑬ 외래의사 ( )명		
	⑨ 병 실 ( )㎡ ⑩ 병상 ( )개		⑭ 간 호 사 ( )명		
	⑪ 대기실 외 ( )㎡		⑮ 기 타 ( )명		

2. 총수입금액 및 차이조정 명세 (단위 : 원)

구 분	당 해 과 세 기 간					
	⑯ 합계	⑰ 비보험	⑱ 건강보험	⑲ 손해보험 공제조합등	⑳ 의료급여	㉑ 기타수입
㉒ 합 계 (㉓-㉔+㉕)						
㉓ 해당과세기간 수 령 금 액						
㉔ 직전과세기간 진료분수령액						
㉕ 해당과세기간 진료분미수령액						

3. 의약품(한약재) 등 사용검토 (단위 : 원)

구 분	㉖ 전기이월액	해 당 과 세 기 간		㉙ 차기이월액
		㉗ 매입액	㉘ 사용액	
㉚ 치료의약품				
㉛ 의료소모품				

4. 마취제 취급량 (단위 : 원, ㎖)

종 류	전기이월		해 당 과 세 기 간					차기이월	
			매입금액		㊱ 마취건수 (건)	사용(지급)금액			
	㉜ 용량	㉝ 금액	㉞ 용량	㉟ 금액		㊲ 용량	㊳ 금액	㊴ 용량	㊵ 금액
㊶ 국부마취제									
㊷ 전신마취제									
㊸ 출장마취비									

( ) 의료업에 대한 수입금액 및 의약품 등 사용액을 신고합니다.

년 월 일

사업자 (서명 또는 인)

세무대리인 (서명 또는 인)

세무서장 귀하

210㎜×297㎜(백상지 80g/㎡)

(뒤 쪽)

작 성 방 법

※ 의료업자 수입금액 검토표를 불성실하게 작성하거나 제출하지 않는 경우, 현지확인 또는 조사 대상자로 선정되는 등 불이익을 받을 수 있으므로 성실하게 작성하여 주시기 바랍니다.

1. 작성대상 : 「의료법」 제2조에 따른 의료인을 말하며 수의사는 제외됩니다.

2. 기본사항

과세기간 종료일 현재를 기준으로 사업장 시설과 종사인원 현황을 작성합니다.

※ 사업장시설은 반드시 ㎡(병상은 개수)로 적습니다.

※ 한의원은 고용의사란에 "한의사"를, 외래의사란에 "약제사"를 적습니다.

3. 총수입금액 및 차이조정 명세

해당 과세기간 중 수입금액을 비보험, 건강보험, 손해보험 · 공제조합, 외료급여, 기타수입 등의 종류별로 나누어 적고, 정산내역별 수입금액 작성방법은 아래와 같습니다.

⑰ 비보험은 건강보험이 적용되지 않는 비급여대상 수입금액을 해당 과세기간 진료기준(용역의 제공을 완료한 날)으로 작성합니다.

⑱ 건강보험은 국민건강보험공단에서 요양기관으로 통보하는 「연간 요양급여비용 지급내역 통보서」를 참고하여 아래와 같은 방법으로 작성합니다.

⑲ 손해보험 · 공제조합 등의 작성방법도 이와 같습니다.

⑳ 의료급여란은 국민건강보험공단에서 통지되는 내역을 참고하여 작성합니다.

㉑ 기타수입란은 모자보건사업지원금 등 각종 보조금을 적습니다.

㉓ 해당과세기간수령금액은 「연간 요양급여비용 지급내역 통보서」의 본인부담금과 공단부담금 합계액을 원천징수세액을 포함한 전체 금액으로 적습니다.

㉔ 직전과세기간진료분수령액은 직전 과세기간에 진료를 하고 건강보험심사평가원에 심사청구한 금액(본인부담금과 공단부담금 합계액)을 적습니다.

㉕ 해당과세기간진료분미수령액은 해당 과세기간에 진료하고 건강보험심사평가원에 심사청구한 공단부담금과 당기에 기수령한 본인부담금의 합계액을 적습니다.

4. 의약품(한약재) 등 사용검토

㉚ 치료의약품에는 의료업자의 전체 치료의약품(마취제를 포함합니다) 가액을 적고, 그 중에 특히 마취제에 대해서도 ㊶및 ㊷란에 별도로 적습니다.

5. 마취제 취급량

마취제의 매입금액 · 사용(지급)금액 등을 적고, 출장마취비는 용량과 지급액을 적습니다.

안과 병·의원 수입금액검토부표

(1) 인적사항

①사업자번호		②상호		③성명	

(2) 주요 의료기기 현황(고가순으로) (단위 : 대, 천 원)

종 류		⑤대 수	⑥취득일	⑦취득가액	⑧리스일	⑨리스가액
코드	④명 칭					

(3) 진료유형별 비보험 수입금액(고액순으로) (단위 : 명, 천 원)

구 분		당해 과세기간		구 분		당해 과세기간	
코드	⑩유 형	⑪인원	⑫수입금액	코드	⑩유 형	⑪인원	⑫수입금액

안과에 대한 수입금액 및 의료기기 현황 등을 신고합니다.

년 월 일

사 업 자 : ㉑

세무대리인 : ㉑

(관리번호)

세무서장 귀하

작 성 요 령

※ 안과 수입금액검토부표를 불성실하게 작성하시거나 제출하지 않는 경우, 현지확인 또는 조사대상자로 선정되는 등 불이익을 받을 수 있으므로 성실하게 작성하여 주시기 바랍니다.

1. 인적사항

인적사항을 기재합니다.

2. 주요 의료기기 현황

사용하고 있는 주요 의료기기를 종류별로 구분하여 고가순으로 작성합니다.

코드	의료기기 명칭	코드	의료기기 명칭
01	엑시머레이저	11	안저카메라
02	자동굴절검사기	12	유니트체어
03	자동안압검사기	13	적외선치료기
04	미세각막절삭기	14	각막지형도검사기
05	초음파수술기	15	고압멸균소독기
06	세극등검사기	16	렌즈측정기
07	수술용현미경		
08	YAG레이저		
09	라식레이저		
10	Argon레이저	91~93	기타

3. 진료유형별 비보험 수입금액

보험에 적용되지 않는 미용성형 등 진료유형별 수입금액을 합계하여 고액순으로 기재하고, 인원란은 진료차트를 기준으로 진료·치료·수술·미용 등 연인원을 기재합니다.

코드	진료유형별 비보험수입금액	코드	진료유형별 비보험수입금액
01	라식	05	콘텍트렌즈
02	라섹		
03	엑시머레이저		
04	미용쌍거풀	91~93	기타

[소득세사무처리규정 제26호 서식] (2010.3.31. 개정)

한방 병·의원 수입금액 검토부표

(1) 인적사항

①사업자번호		②상호		③성명	

(2) 주요 의료기기 현황(고가순으로) (단위 : 대, 천 원)

종 류		⑤대 수	⑥취득일	⑦취득가액	⑧리스일	⑨리스가액
코드	④명 칭					

(3) 진료유형별 비보험 수입금액 (단위 : 명, 천 원)

구 분		당해 과세기간		구 분		당해 과세기간	
코드	⑩유 형	⑪인원	⑫수입금액	코드	⑩유 형	⑪인원	⑫수입금액

(4) 주요한약재 사용현황 (단위 : 천 원)

약 재 명	⑬전기이월금액	⑭당해과세기간 매 입 금 액	⑮당해과세기간 사 용 금 액	⑯차기이월금액
감 초				
녹 용				
당 귀				
기 타				

한의원에 대한 수입금액 및 의료기기 현황 등을 신고합니다.

년 월 일

사 업 자 : ㊞

세무대리인 : ㊞

(관리번호)

세무서장 귀하

210㎜×297㎜(신문용지 54g/㎡)

작 성 요 령

※ 한방 병 · 의원 수입금액 검토부표를 불성실하게 작성하시거나 제출하지 않는 경우, 현장확인 또는 조사대상자로 선정되는 등 불이익을 받을 수 있으므로 성실하게 작성하여 주시기 바랍니다.

1. 작성대상

한방병원 또는 한의원이 작성합니다.

2. 주요 의료기기 현황

사용하고 있는 주요 의료기기를 종류별로 구분하여 고가순으로 작성합니다.

코드	의료기기 명칭	코드	의료기기 명칭
01	초음파치료기	06	전기자극 치료기
02	물리치료기	07	고밀도 측정기
03	전침 · 무통 전자침	08	목 · 허리 견인치료기
04	혈관 레이저침	09	추나치료기
05	간섭파 치료기	91~93	기타

3. 진료유형별 비보험 수입금액

보험이 적용되지 않는 진료유형별 수입금액을 합계하여 고액순으로 기재하고, 인원란은 진료차트의 비보험 진료건수를 기재합니다.

코드	진료유형별 비보험수입금액	코드	진료유형별 비보험수입금액
01	보약	05	혈관레이저요법
02	추나요법(추나치료)	06	물리치료
03	통증치료		
04	불임치료	91~93	기타

4. 주요 한약재 사용현황

당해 과세기간의 주요 한약재 사용현황을 감초, 녹용, 당귀, 기타로 나누어 기재합니다.

210㎜×297㎜(신문용지 54g/㎡)

[별지 제39호 서식(1)] (2013.6.28. 개정)

홈택스(www.hometax.go.kr)
에서도 신청할 수 있습니다.

매입처별 세금계산서합계표(갑)

년 제 기 (월 일 ~ 월 일)

※ 아래의 작성방법을 읽고 작성하시기 바랍니다. (앞쪽)

1. 제출자 인적사항

① 사업자등록번호	② 상호(법인명)
③ 성명(대표자)	④ 사업장 소재지
⑤ 거래기간 년 월 일 ~ 년 월 일	⑥ 작성일 년 월 일

2. 매입세금계산서 총합계

구 분		⑦ 매입처수	⑧ 매수	⑨ 공급가액 조	십억	백만	천	일	⑩ 세 액 조	십억	백만	천	일
합 계													
과세기간 종료일 다음 달 11일 까지 전송된 전자 세금계산서 발급받은 분	사업자등록번호 발급받은 분												
	주민등록번호 발급받은 분												
	소 계												
위 전자 세금계산서 외 의 발급받은 분	사업자등록번호 발급받은 분												
	주민등록번호 발급받은 분												
	소 계												

* 주민등록번호로 발급받은 세금계산서는 사업자등록 전 매입세액 공제를 받을 수 있는 세금계산서만 적습니다.

3. 과세기간 종료일 다음 달 11일까지 전송된 전자세금계산서 외 발급받은 매입처별 명세
(합계금액으로 적음)

⑪ 번호	⑫ 사업자 등록번호	⑬ 상 호 (법인명)	⑭ 매수	⑮ 공급가액 조	십억	백만	천	일	⑯ 세액 조	십억	백만	천	일	비고
1														
2														
3														
4														
5														

⑰ 관리번호(매입)	-

210mm×297mm[백상지 80g/㎡ 또는 중질지 80g/㎡]

(뒤쪽)

작성방법

이 합계표는 아래의 작성방법에 따라 한글과 아라비아숫자로 정확하고 선명하게 적어야 하며, 공급가액과 세액은 원 단위까지 표시하여야 합니다.

①~④: 제출자의 사업자등록증에 적힌 사업자등록번호(또는 고유번호), 상호(법인명), 성명(대표자), 사업장 소재지를 적습니다.

⑤: 신고대상기간을 적습니다(예시: 2010년 1월 1일 ~ 2010년 6월 30일).

⑥: 이 합계표를 작성하여 제출하는 연월일을 적습니다.

⑦~⑩: 합계란에는 과세기간 종료일 다음 달 11일까지 전송된 전자세금계산서 발급받은 분 소계와 위 전자세금계산서 외의 발급받은 분 소계의 단순합계를 적습니다.

과세기간 종료일 다음 달 11일까지 전송된 전자세금계산서 발급받은 분에는 전자세금계산서로 발급받고, 과세기간(예정신고대상자의 경우 예정신고기간) 종료일 다음 달 11일(토요일, 공휴일인 경우 그 다음 날)까지 국세청에 전송된 매입세금계산서에 대한 매입처 수, 총매수, 총공급가액 및 총세액을 적습니다. 위 전자세금계산서 외의 발급받은 분에는 종이세금계산서, 전자세금계산서로 발급받았으나 그 개별명세가 과세기간(예정신고대상자의 경우 예정신고기간) 종료일 다음 달 11일(토요일, 공휴일인 경우 그 다음 날)까지 국세청에 전송되지 않은 전자세금계산서에 대한 매입처 수, 총매수, 총공급가액 및 총세액을 적습니다.

⑪: 과세기간 종료일 다음 달 11일까지 전송된 전자세금계산서 외 발급받은 매입처별 명세는 위 전자세금계산서 외의 발급받은 분에 대한 각각의 매입처별로 1번부터 부여하여 마지막까지 순서대로 적고[매입처별 세금계산서합계표(갑)서식을 초과하는 매입처별 거래분에 대해서는 매입처별 세금계산서합계표(을)서식에 이어서 적습니다], 주민등록번호로 발급받은 세금계산서는 사업자등록 전 매입세액 공제를 받을 수 있는 세금계산서만 적으며, 매입자가 세무서장에게 요청하여 발급하는 매입자발행세금계산서는 별도의 「매입자발행세금계산서 합계표」에 적고, 전자세금계산서 외의 발급받은 분에는 포함하지 않습니다.

⑫·⑬: 위 전자세금계산서 외의 발급받은 분 세금계산서의 거래처(공급자) 사업자등록번호와 상호(법인명)를 적습니다.

⑭~⑯: 위 전자세금계산서 외의 발급받은 분 세금계산서를 거래처(공급자)별로 합하여 세금계산서 매수, 공급가액, 세액을 적습니다. 수정세금계산서의 경우에도 매수와 금액을 더하여 적습니다(예정신고 누락분을 확정신고 시 제출하는 경우 거래처에 더하여 적습니다).

⑰: 사업자가 적지 않습니다(권번호-페이지번호).

※ 3. 과세기간 종료일 다음 날 11일까지 전송된 전자세금계산서 외 발급받은 매입처가 6개를 초과하는 경우 『매입처별 세금계산서합계표(을)』[별지 제39호서식(2)]에 이어서 작성합니다.

[별지 제39호서식(2)] (2013. 6. 28. 개정)

홈택스(www.hometax.go.kr)
에서도 신청할 수 있습니다.

매입처별 세금계산서합계표(을)

년 제 기 (월 일 ~ 월 일)

사업자등록번호	

⑪ 번호	⑫ 사업자 등록번호	⑬ 상 호 (법인명)	⑭ 매수	⑮ 공급가액 조	십억	백만	천	일	⑯ 세액 조	십억	백만	천	일	비고

작성방법

이 서식은 과세기간 종료일 다음 날 11일까지 전송된 전자세금계산서 외 발급받은 매입처가 6개 이상으로서 『매입처별 세금계산서합계표(갑)』[별지 제39호 서식(1)]을 초과하는 경우에 사용합니다.

( )쪽

⑰ 관리번호(매입)	-

210mm×297mm[백상지 80g/㎡ 또는 중질지 80g/㎡]

[별지 제29호 서식 (2)] (2013.2.23. 개정)

홈택스(www.hometax.go.kr)
에서도 신청할 수 있습니다.

매입처별 계산서합계표(갑)
(년 기)

(앞쪽)

1. 제출자 인적사항

(1)사업자등록번호	- -	(2) 상호(법인명)	
(3)성 명(대 표 자)		(4) 사업장소재지	
(5) 거래기간	년 월 일~ 년 월 일	(6) 작성일자	년 월 일

2. 매입계산서 총합계

구 분	(7) 매입처수	(8) 매수	(9) 매 입 금 액				
			조	십억	백만	천	일
합 계							
과세기간 종료일 다음 달 11일까지 전송된 전자계산서 발급받은 분							
위 전자계산서 외의 발급받은 분							

3. 과세기간 종료일 다음 달 11일까지 전송된 전자계산서 외 발급받은 매입처별 명세
(합계금액으로 적음)

(10) 번호	(11) 사업자 등록번호	(12)상 호 (법인명)	(13) 매수	(14) 매 입 금 액					비고
				조	십억	백만	천	일	
1									
2									
3									
4									
5									

( )쪽

(15) 관리번호(매입)	-

210mm×297mm[백상지 80g/㎡ 또는 중질지 80g/㎡]

(뒤쪽)

작성방법

이 합계표는 아래의 작성방법에 따라 한글과 아라비아숫자로 정확하고 선명하게 적어야 하며, 매입금액은 원 단위까지 표시하여야 합니다.

(1)~(4): 제출자의 사업자등록증에 적힌 사업자등록번호(또는 고유번호), 상호(법인명), 성명(대표자), 사업장 소재지를 적습니다.

(5): 신고대상기간을 적습니다(예시: 2012년 1월 1일 ~ 2012년 12월 31일).

(6): 이 합계표를 작성하여 제출하는 연월일을 적습니다.

(7)~(9): 합계란에는 과세기간 종료일 다음 달 11일까지 전송된 전자계산서 발급분 소계와 위 전자계산서 외의 발급분 소계의 단순합계를 적습니다.

과세기간 종료일 다음 달 11일까지 전송된 전자계산서 발급받은 분에는 전자계산서로 발급받고, 과세기간 종료일 다음 달 11일(토요일, 공휴일인 경우 그 다음 날)까지 국세청에 전송된 매입계산서에 대한 매입처수, 총매수, 총매입금액을 적습니다.

위 전자계산서 외의 발급받은 분에는 종이계산서, 전자계산서로 발급받았으나 그 개별명세가 과세기간 종료일 다음 달 11일(토요일, 공휴일인 경우 그 다음 날)까지 국세청에 전송되지 않은 전자계산서에 대한 매입처 수, 총매수, 총매입금액을 적습니다.

(10): 과세기간 종료일 다음 달 11일까지 전송된 전자계산서 외 발급받은 매입처별 명세는 위 전자계산서 외의 발급받은 분에 대한 각각의 매입처별로 1번부터 부여하여 마지막까지 순서대로 적습니다[매입처별계산서합계표(갑)서식을 초과하는 매입처별 거래분에 대해서는 매입처별계산서합계표(을)서식에 이어서 적습니다].

(11)·(12): 위 전자계산서 외의 발급받은 분 계산서의 거래처(공급자) 사업자등록번호와 상호(법인명)를 적습니다.

(13)·(14): 위 전자계산서 외의 발급받은 분 계산서를 거래처(공급자)별로 합하여 계산서 매수, 매입금액을 적습니다. 수정계산서의 경우에도 매수와 금액을 더하여 적습니다

(17): 사업자가 적지 않습니다(권번호-페이지번호).

[별지 제29호 서식 (2)] (2013.2.23. 개정) (앞쪽)

매입처별 계산서합계표(을)
(　　　년　　　기)

사업자등록번호	-　　　-

번호	사업자등록번호	상호 (법인명)	매수	매입금액 조　십억　백만　천　일	비고

※ 이 서식은 매입처가 10개 이상으로 매입처별계산서합계표(갑)을 초과하는 경우에 사용합니다

(　　)쪽

관리번호(매입)	-

210mm×297mm[백상지 80g/㎡ 또는 중질지 80g/㎡]

[별지 제29호 서식(1)] (2013.2.23. 개정)

홈택스(www.hometax.go.kr)
에서도 신청할 수 있습니다.

매출처별 계산서합계표(갑)
(　　　　년　　　기)

(앞쪽)

1. 제출자 인적사항

(1) 사업자등록번호	-　　-	(2) 상호(법인명)	
(3) 성 명(대 표 자)		(4) 사업장	
(5) 거래기간	년 월 일 ~ 년 월 일	(6) 작성일	

2. 매출계산서 총합계

구 분		(7) 매출 처수	(8) 매수	(9) 매 출 (수 입) 금 액				
				조	십억	백만	천	일
합 계								
과세기간 종료일 다음 달 11일까지 전송된 전자계산서 발급분	사업자등록번호 발급분							
	주민등록번호 발급분							
	소 계							
위 전자계산서 외의 발급분	사업자등록번호 발급분							
	주민등록번호 발급분							
	소 계							

3. 과세기간 종료일 다음 달 11일까지 전송된 전자계산서 외 발급분 매출처별 명세
(합계금액으로 적음)

(10) 번호	(11) 사업자 등록번호	(12) 상 호 (법인명)	(13) 매수	(14) 매 출 (수 입) 금 액					비고
				조	십억	백만	천	일	
1									
2									
3									
4									
5									

(　　)쪽

(15) 관리번호(매출)	-

210mm×297mm[백상지 80g/㎡ 또는 중질지 80g/㎡]

(뒤쪽)

작성방법

이 합계표는 아래의 작성방법에 따라 한글과 아라비아숫자로 정확하고 선명하게 적어야 하며, 매출(수입)금액은 원 단위까지 표시하여야 합니다.

(1)~(4): 제출자의 사업자등록증에 적힌 사업자등록번호(또는 고유번호), 상호(법인명), 성명(대표자), 사업장 소재지를 적습니다.

(5): 신고대상기간을 적습니다(예시: 2012년 1월 1일 ~ 2012년 12월 31일).

(6): 이 합계표를 작성하여 제출하는 연월일을 적습니다.

(7)~(9): 합계란에는 과세기간 종료일 다음 달 11일까지 전송된 전자계산서 발급분 소계와 위 전자계산서 외의 발급분 소계의 단순합계를 적습니다.

과세기간 종료일 다음 달 11일까지 전송된 전자계산서 발급분에는 전자적으로 발급하고, 과세기간 종료일 다음 달 11일(토요일, 공휴일인 경우에는 그 다음 날)까지 국세청에 전송된 매출계산서에 대한 매출처 수, 총매수, 총매출(수입)금액을 적습니다.

위 전자계산서 외의 발급분에는 종이로 발급한 계산서, 전자적으로 발급하였으나 그 개별명세를 과세기간 종료일 다음 달 11일(토요일, 공휴일인 경우에는 그 다음 날)까지 국세청에 전송하지 않은 전자계산서에 대한 매출처 수, 총매수, 총매출(수입)금액을 적습니다.

(10): 과세기간 종료일 다음 달 11일까지 전송된 전자계산서 외 발급분 매출처별 명세에는 위 전자계산서 외의 발급분에 대한 각각의 매출처별로 1번부터 순위를 부여하여 마지막까지 순서대로 적습니다[매출처별 계산서합계표(갑)서식을 초과하는 매출처별 거래분에 대해서는 매출처별 계산서합계표(을)서식에 연속하여 적습니다].

(11)·(12): 위 전자계산서 외의 발급분 계산서의 거래처(공급받는 자) 사업자등록번호와 상호(법인명)를 적습니다.

(13)·(14): 위 전자계산서 외의 발급분 계산서를 거래처(공급받는 자)별로 더한 계산서 매수, 매출(수입)금액을 적습니다. 수정계산서의 경우에도 매수와 금액을 더하여 적습니다

(15): 사업자가 적지 않습니다(권번호-페이지번호).

[별지 제29호 서식(1)]

매출처별계산서합계표(을)
(　　　년　　　기)

사업자등록번호	- -

번호	사업자등록번호	상호 (법인명)	매수	매출(수입)금액 조	십억	백만	천	일	비고

※ 이 서식은 매출처가 10개 이상으로 매출처별계산서합계표(갑)을 초과하는 경우에 사용합니다

(　　)쪽

관리번호(매출)	-

210mm×297mm[백상지 80g/㎡ 또는 중질지 80g/㎡]

(뒤쪽)

작성방법

이 합계표는 아래의 작성방법에 따라 한글과 아라비아숫자로 정확하고 선명하게 적어야 하며, 매입금액은 원 단위까지 표시하여야 합니다.

(1)~(4): 제출자의 사업자등록증에 적힌 사업자등록번호(또는 고유번호), 상호(법인명), 성명(대표자), 사업장 소재지를 적습니다.

(5): 신고대상기간을 적습니다(예시: 2012년 1월 1일 ~ 2012년 12월 31일).

(6): 이 합계표를 작성하여 제출하는 연월일을 적습니다.

(7)~(9): 합계란에는 과세기간 종료일 다음 달 11일까지 전송된 전자계산서 발급분 소계와 위 전자계산서 외의 발급분 소계의 단순합계를 적습니다.

과세기간 종료일 다음 달 11일까지 전송된 전자계산서 발급받은 분에는 전자계산서로 발급받고, 과세기간 종료일 다음 달 11일(토요일, 공휴일인 경우 그 다음 날)까지 국세청에 전송된 매입계산서에 대한 매입처수, 총매수, 총매입금액을 적습니다.

위 전자계산서 외의 발급받은 분에는 종이계산서, 전자계산서로 발급받았으나 그 개별명세가 과세기간 종료일 다음 달 11일(토요일, 공휴일인 경우 그 다음 날)까지 국세청에 전송되지 않은 전자계산서에 대한 매입처 수, 총매수, 총매입금액을 적습니다.

(10): 과세기간 종료일 다음 달 11일까지 전송된 전자계산서 외 발급받은 매입처별 명세는 위 전자계산서 외의 발급받은 분에 대한 각각의 매입처별로 1번부터 부여하여 마지막까지 순서대로 적습니다. [매입처별계산서합계표(갑)서식을 초과하는 매입처별 거래분에 대해서는 매입처별계산서합계표(을)서식에 이어서 적습니다]

(11)·(12): 위 전자계산서 외의 발급받은 분 계산서의 거래처(공급자) 사업자등록번호와 상호(법인명)를 적습니다.

(13)·(14): 위 전자계산서 외의 발급받은 분 계산서를 거래처(공급자)별로 합하여 계산서 매수, 매입금액을 적습니다. 수정계산서의 경우에도 매수와 금액을 더하여 적습니다

(17): 사업자가 적지 않습니다(권번호-페이지번호).

05

과세대상 의료용역

병의원에서 제공하는 용역을 면세대상으로만 알고 있는 "Dr.김". 그러나 2011년 세법개정 이후 미용 등을 목적으로 하는 의료용역이 과세로 전환되었다. "Dr.김"은 과세대상 의료용역의 구분이 무척 궁금하다. 병의원전문 김 세무사는 "Dr.김"의 궁금증을 해결해주기 위해 2014년 2월에 공포된 「부가가치세법 시행령」 제35조를 설명해주었다.

일반적으로 의료용역을 제공하는 경우 면세에 해당된다. 그러나 국민의 기본적인 후생과 건강을 위한 면세 목적을 넘어 미용 목적에 해당하는 경우 과세대상에 속한다.

피부과, 성형외과, 안과, 치과 등에서 다음과 같은 진료를 제공하는 경우 과세대상이 되므로 반드시 확인하여 부가세를 포함한 공급대가를 산정하여야 한다.

과세대상 수술의 범위

눈, 코, 치아 등의 과세수술

쌍꺼풀수술, 코성형수술, 유방확대, 축소수술 등(유방암 수술에 따른 유방 재건술은 제외한다)

지방흡인술, 주름살제거술, 안면윤곽술, 치아성형 등(치아미백, 라미네이트와 잇몸성형술을 말한다)

성형수술(성형수술로 인한 후유증 치료, 선천성 기형의 재건수술과 종양 제거에 따른 재건수술은 제외한다)과 악안면 교정술(치아교정치료가 선행되는 악안면 교정술은 제외한다)(2014. 1.1. 개정)

피부 및 모발 등의 과세수술

색소모반, 주근깨, 흑색점, 기미치료술, 여드름치료술, 제모술, 탈모치료술, 모발이식술, 문신술 및 문신제거술, 피어싱, 지방융해술, 피부재생술, 피부미백술, 항노화치료술 및 모공축소술(2014.1.1. 개정) 등, 「국민건강보험」 제41조 제3항에 따라 요양급여의 대상에서 제외되는 진료용역 등

Ⅲ

"Dr. 김" 합리적인 비용처리

01

병의원에서 지출되는 주요비용 항목 분석

병원에서 지출되는 비용은 결산서에 반영되어 세무서에 신고된다. "Dr.김"은 이러한 비용이 어떤 항목으로 구성되는지 알고 싶지만 무척 어렵게 느껴지는 전문용어이다. 그러나 병원을 경영하는 "Dr.김"에게는 알아두면 유익한 정보일 것이다. 병의원전문 김 세무사가 병원에서 지출되는 항목에 대해 다음과 같이 자세히 설명해주었다.

1년 동안 지출된 비용이 어떤 항목으로 손익계산서를 구성하는지 살펴보면 다음과 같다.

- 급여 : 명칭에 관계없이 병원 근로자 등의 근로대가를 지급한 금액과 병원에서 근무하는 의사에게 지급된 금액
- 상여 : 병원 근로자 등에게 지급하는 상여 성격의 금액
- 퇴직급여 : 병원 근로자가 퇴사 시 지급하는 퇴직금 상당액
- 잡급 : 아르바이트나 일용직에 대해 지급하는 금액
- 사업소득 : 고용관계가 없는 인적용역을 제공한 자에게 용역을 제공받고 3.3% 원천징수 후 지급한 금액
- 복리후생비 : 병원에 근무하는 직원 등의 후생(피복비, 간식비, 회식비 등)을 위하여 지급된 비용과 4대보험의 건강보험관련 병원부담분 등의 지출비용
- 여비교통비 : 업무와 관련하여 발생되는 출장비, 택시비, 교통비 등으로 지출한 비용
- 접대비 : 병원과 관련된 거래처 등에 식사와 선물 등을 제공하는 비용과 각종의 경조사비
- 통신비 : 전화사용료, 단체문자발송비용(SMS), FAX, 각종 통신관련비용
- 수도광열비 : 수도사용비용, 상하수도 관련 각종 비용
- 전력비 : 전기사용비용
- 세금과공과금 : 병원과 관련하여 비용처리되는 각종 면허세, 주민세, 재산세 등과 4대보험의 국민연금관련 병원부담금으로 지출한 비용
- 감가상각비 : 병원에서 사용하는 의료장비, 시설장치 등을 일정기간 동안 배분하여 상각한 비용
- 지급임차료 : 매월 발생하는 병원사업장의 임차료

- 보험료 : 병원과 관련하여 가입된 화재보험료, 의료사고보험료 등의 보험료, 4대보험의 고용산재보험료 중 병원부담금으로 지출한 비용
- 차량유지비 : 병원 업무와 관련된 차량을 유지 및 관리하는 데 지출된 비용
- 운반비 : 병원 업무와 관련하여 물품배송을 위한 퀵서비스, 택배비, 운송 관련된 비용
- 교육훈련비 : 병원직무와 관련(직무보수교육, 고객만족교육, CS교육 등)하여 지출된 교육비
- 도서인쇄비 : 병원진료관련 전문도서구입, 병원대기실에 비치하는 잡지책 등의 구입, 처방전 등의 인쇄를 위한 비용
- 소모품비 : 병원행정업무나 병원운영 등에 필요한 각종의 소모품 등(복사용지, 필기류, 토너 등)을 구입한 금액
- 지급수수료 : 진료비의 카드 결제 시 발생하는 카드수수료, 세무사 지급비용 등 수수료성격의 지출비용
- 광고선전비 : 병원광고를 위한 온라인마케팅, 지하철 광고, 버스 광고 등 병원 홍보를 위해 지출한 비용
- 수선비 : 병원에서 사용하는 의료장비에서 발생되는 각종 수선비용
- 리스료 : 병원진료를 위한 의료장비 등의 렌털료 등 지출비용
- 기공료 : 치과병원에서 계산서 등을 수취하고 받은 기공료
- 의료소모품비 : 병원진료와 관련하여 발생하는 의료소모품으로, 반드시 일반 소모품과 구분하여 계상한 비용

- 이자비용 : 병원사업과 관련하여 대출받은 차입금에 더한 이자금
- 기부금 : 공익적 성격을 지닌 각종의 법정기부금, 지정기브금

02

적격증빙자료 수취 및 적격증빙비율의 의미

"Dr.김"은 병원에서 발생하는 비용의 대부분을 카드로 쓰고 있다. 신용카드를 이용하면 영수증을 받지 못해 비용처리를 못하는 경우는 없다. 그리고 비용이 3만 원을 초과하는 경우에 신용카드 등을 사용하여야 한다는 규정에도 부합하여 증빙수취에 대한 스트레스가 사라진다.
병의원전문 김 세무사는 "Dr.김"이 왜 신용카드를 사용해야 하고 신용카드 사용이 어떻게 유익한지 그리고 세금계산서 등을 반드시 수취해야 하는 이유에 대해 꼼꼼하게 상담해주었다.

병원의약품을 구입하는 경우 세금계산서의 수취는 기본이다. 업무관련 경비를 신용카드로 사용하는 것은 적격증빙자료에 해당되어 적격증빙비율을 높인다. 그리고 적격증빙자료로 지출한 비용의 손익계산서상 계정 분류가 중요하다. 이를 토대로 매출액에 대비한 비용계정의 합리적인 비율관리가 가능하기 때문이다.

적격증빙자료 수취

사업과 관련하여 발생한 비용이 건당 3만 원을 초과하는 거래에 대해서는 적격증빙을 수취하여야 한다. 적격증빙이라 함은 세금계산서 및 계산서와 신용카드매출전표(직불카드, 선불카드) 및 현금영수증을 말한다. 그리고 신용카드 사용에 대한 월결이용대금명세서를 받은 경우에도 적격증빙을 수취한 것으로 본다.

3만 원을 초과하는 거래의 경우 간이영수증을 받아도 비용으로 인정은 된다. 다만 증빙불비가산세와 영수증미제출가산세에 따른 불이익을 적용받는다. 또한 3만 원을 초과하는 거래에 대해, 하나의 금액을 3만 원 이하로 여러 장 나누어 받는 경우에도 하나의 거래로 보아 증빙불비가산세 대상이 된다.

적격증빙비율의 중요성

세무서에서는 병의원 소득세를 신고할 때 제출한 손익계산서 등을 기초하여 비용내역을 분석한다.

전체 경비 중 적격증빙인 세금계산서와 계산서 그리고 카드매입분이 병원지출에서 차지하는 비율 즉 적격증빙비율을 검토하고, 인건비로 신고된 금액도 적격증빙의 하나이므로 이를 포함하여 매출액과 대비하여 분석한다.

적격에 해당되는 증빙 비율이 낮으면, 임의 경비(간이영수증 등)를 많이 사용한 것으로 보아 적격증빙이 아닌 부분에 대해 소명을 요청하기도 한다. 자발적인 수정신고를 권장하는 경우도 있으나, 소명이 미흡하거나 요청하는 사항에 부합하지 못하는 경우에는 세무조사를 진행할 수 있다.

국세청 홈택스의 사업용 신용카드 등록제

국세청 홈택스의 사업용 신용카드 등록제란 개인사업자가 사업용 물품을 구입하는 데 사용하는 신용카드를 국세청 홈택스에서 등록하는 제도이다.

국세청 홈택스에 회원가입 후 로그인하여 현금영수증박스의 사업용 신용카드 메뉴에서 "Dr.김" 명의의 신용카드를 최대 50개까지 쉽게 등록할 수 있다. 사업용 신용카드로 등록하면 적격증빙자료는 물론이고 신용카드 사용 영수증을 제때 챙기지 못하는 경우에도 지출증빙으로 인정받을 수 있다. 따라서 지출증빙을 관리하는 데 많은 시간과 노력이 절감되어 증빙수취에 따른 스트레스가 없고 등록된 사업용 카드에 대해서는 카드지출내역을 전부 조회할 수 있다.

1월부터 6월까지 사용한 내역을 7월에 조회할 수 있고 7월에서 12월까지 사용한 내역을 다음 연도 1월에 조회하여 1년 동안 병원 사업과 관련하여 지출한 내역에 대해 빠짐 없이 확인이 가능하다.

03

손익계정분류의 중요성

개원초기에 병원에서 발생되는 비용의 증빙만 잘 챙겨서 세무서에 신고하면 되는 줄 알고 있던 "Dr.김". 병원을 운영하면서 병의원전문 김 세무사와의 주기적인 세무 상담을 통해 새로운 사실을 알게 되었다. 세무서로부터 지출증빙에 대한 소명 등을 요구받지 않으려면 증빙을 잘 준비하는 것은 기본이고 경비의 분류, 즉 계정과목의 분류가 잘 이루어져야 함을 알게 되었다. 도대체 왜 이런 복잡한 일들이 발생하는지 병의원전문 김 세무사에게 자문을 구하여 보았다.

세무서에 신고 되는 비용 중 주요계정항목이 아닌 기타계정항목으로 처리되는 금액이 많거나 병원특성상 과다하게 신고되는 비용이 있는 경우, 병의원은 이에 해당하는 금액에 대해 세무서로부터 소명을 요구받을 수 있다. 다음의 경우를 살펴보자.

예를 들어 소모품비 계정으로 처리한 금액이 매출액에 대비하여 많은 경우 소모품비와 유사한 항목인 사무용품비 계정으로 처리할 수 있다. 그러나 이러한 경우 병원사업과 관련하여 지출한 비용이 소모품비-주요계정항목이 아닌 사무용품비-기타계정항목으로 분류되어 표준손익계산서가 신고된다. 이처럼 기타계정으로 분류된 금액이 과다한 경우 소명을 요구받을 수 있으므로 실질적인 계정과목을 선정하여 신고하여야 한다.

세무서에서는 다른 사업에 비추어 병원업종의 특성상 거래처에 접대를 많이 한다고 보지 않는다. 신고한 표준손익계산서에 접대비로 계상한 금액이 과다한 경우 실질내역에 대한 소명을 해야 할 수 있다. 또한 접대비로 처리하는 금액이 거래처에 실제 제공한 접대비인지 아니면 개인적으로 사용한 가사용 경비인지를 먼저 검토해볼 필요가 있다.

실제 지출은 의료품사용이 아니나, 의료품으로 산정되어 세무서로부터 의료품의 실질내역을 소명하라는 요청을 받을 수 있다. 이러한 소명내역이 부실한 경우에는 세무조사대상으로 선정될 수 있으므로 상당히 주의하여야 한다.

상당한 금액을 투자하여 일정기간 동안 직무교육을 받거나 외부인사를 초빙하여 수강하는 등의 실질적인 직원교육이 이루어지는 경우가 많다. 이와 같은 교육훈련이 실시되는 경우 직무교육과 관련된 병의원 내부규정을 마련하면 합리적인 비용처리가 이루어질 수 있다.

04

의료업계 관계자도 알아야 할 의료재고관리와 의료품매출원가의 속성

신용카드 사용의 보편화, 현금영수증의 일반화로 "Dr.김"의 수입금액은 거의 다 노출되고 있다. 드러난 매출이 모두 신고되지만, "Dr.김"은 제약회사 영업직원으로부터 의료품의 세금계산서를 받을 때마다 신중해진다. 세무서에서는 동일병과 병원 간의 매출액과 의료매출원가 비율을 체크하여 병원 간에 비교하고 있음을 병의원전문 김 세무사와의 상담을 통해 알게 되었기 때문이다. "Dr.김"이 제약회사로부터 받는 의료품과 관련된 매입세금계산서에 고심하는 이유는 무엇일까? 병의원전문 김 세무사에게 그 이유를 들어보자.

현금영수증의 보편화로 매출이 거의 현실화되고 있으나 여전히 현금매출은 존재하고 있다. 매출액을 100% 노출시키지 않은 상태에서 의료재료비의 매입액을 전액 경비 처리하는 경우에, 상대적으로 매출액과 의료재료비의 매입액 즉 매출 대 매입의 비율이 적정하지 않게 된다. 매입비율과 의료품매출원가가 과다하게 산정되어 상대적인 매출누락정황이 예상되는 것이다.

의료매출원가가 다른 병원이나 지역평균에 대비하여 현저하게 차이가 날 경우 세무조사 검토대상에 들어갈 확률이 높아진다. 따라서 신고된 진료수입금액에 대응되는 의료매출원가(당기사용의료품)의 산정이 중요하다. 실제 매입한 재고를 당기에 모두 사용하지 못하고 재고로 남아 있는 경우에 반드시 재고현황을 파악하여 의약품원가를 책정하여야 한다.

05

세금계산서, 계산서 등을 받지 못하는 경우

> 개업을 준비하느라 분주한 "Dr.김". 아직 사업자등록증을 발급받기 전이다. 의료기관개설, 사업자등록신청 등으로 세무서, 보건소 등의 관공서를 다니면서 택시비 등의 여비와 금융권 수수료 등이 발생하였다. 지금 현재, 개업 준비로 지출한 비용을 현금으로 지급하고 간이영수증을 받은 게 전부이다. 부동산수수료도 간이영수증을 받았다. 병의원전문 김 세무사는 이렇게 지출된 금액을 전부 비용처리할 수 있다고 한다. 어떻게 이러한 비용들을 경비로 인정받을 수 있는 것일까?

개원을 준비하다 보면 사업자등록이 나오기 전부터 사업과 관련된 실질적인 비용이 많이 발생한다. 개업을 위해 세무서, 보건소, 금융기관 등을 비롯하여 여기저기 많은 곳을 방문하게 된다. 이때 발생하는 택시비, 인지세, 수수료 등 개원을 준비하는 기간 동안 발생한 비용도 기간에 상관없이 개업일이 속하는 연도의 사업소득금액상 필요경비로 산입할 수 있다.

원칙적으로 경비처리를 위해서는 적격증빙인 세금계산서, 계산서, 신용카드매출전표, 현금영수증 등이 필요하다. 그러나 사업자등록 전이거나 개업을 준비하는 기간에 사업과 관련하여 발생한 지출도, 거래사실이 있고 이를 확인할 수 있는 간이영수증, 거래명세서, 송금이체내역 등의 증빙자료가 있는 경우 비용처리가 가능하다.

사업자등록이 없는 상태에서 사업상 비용처리가 가능한지에 대한 의문은 다음의 규정으로 인한 것이다. 부가가치세법상 과세사업을 영위하는 사업자가 공급기간이 속하는 과세기간이 끝난 후 20일 이내 사업자등록을 신청한 경우 사업자등록신청일부터 공급시기가 속하는 과세기간 기산일까지 역산한 기간 이내의 세금계산서 관련 부가가치세액만 환급이 가능하다는 규정이 있기 때문이다.

따라서 소득세를 계산하는 비용처리에 있어 사업자등록발급시점에 관계없이 개업일이 속하는 연도의 실질적인 거래증빙이 있는 경우에는 비용으로 처리할 수 있다. 또한 면세사업을 영위하는 병의원사업자가 부담한 부가가치세는 매입세액 공제를 받지 아니하고 사업상 경비에 포함하여 비용처리하면 된다.

06

의료업계 관계자도 알아야 할 세금계산서 및 계산서의 수취

"Dr.김"은 사업자등록이 나오기 전부터 부동산을 임차하고 개원준비를 시작하였다. 인테리어를 설치하는 데 큰 금액이 투입되어 자금상황이 그리 만만치가 않다. 마침 인테리어 사업자가 "면세사업을 운영하는 개인병원인데 굳이 10%의 부가세를 물면서까지 세금계산서를 끊을 이유가 있느냐, 그냥 계약서와 송금영수증으로 대체하자."고 제안한다. "Dr.김"도 매입세액공제도 받지 못하는데 10%나 부담하는 매입세금계산서의 필요성이 그리 느껴지지 않는다. 병의원전문 김 세무사는 세금계산서 없이 처리하는 비용에 대해 어떤 조언을 주었을까?

사업자등록이 나오기 전부터 개원을 준비하는 경우가 많다. 거액의 인테리어 비용과 시설장치 등의 지출이 발생하는데, 세금계산서 등의 적격증빙을 받지 않더라도 간이영수증, 자금이체 내역서 등으로 비용처리는 가능하다.

그러나 거래금액이 큰 경우 세무서로부터 해당 자산의 거래내역에 대한 소명을 요청받는 경우가 있다. 즉 세무서에 인테리어 등의 실질적 거래를 확인할 수 있는 계약서, 견적서, 거래내역서, 송금영수증 등을 제출하여 적극적으로 입증해야 하는 경우가 발생한다.

이러한 소명자료 제출로 인해 인테리어 사업자 등이 거래금액을 누락하거나 세금계산서를 발행하지 않는 것이 적발되는 경우, 매출 누락으로 인한 인테리어 사업자 등의 세금이 추가로 추징 될 수 있다. 따라서 부가세를 부담하더라도 반드시 세금계산서를 발급받아 비용 처리하는 것이 보다 합리적인 절세의 방법이다.

의료장비 등을 매입하는 경우에도 유사한 상황이 발생된다. 거액의 의료장비와 비품 등을 구입하는 경우에도 공급처에서 세금계산서를 발급하지 않으면 매입가액을 할인해주겠다는 제안을 자주 받는다.

이러한 경우 세금계산서 없이 간이영수증 등으로 비용처리는 가능하나, 의료장비 등의 경우 금액이 큰 경우가 많다. 따라서 추후 세무서로부터 의료장비 구매에 대한 실제 거래를 입증할 수 있는 계약서, 견적서, 거래내역서, 송금영수증 등을 제출하여 소명을 요청받는 경우가 발생할 수 있다.

이러한 소명자료 제출로 인해 의료장비 판매사업자 등이 거래금액을 누락하거나 세금계산서를 발행하지 않는 것이 적발되는 경우, 매출 누락으로 인한 의료장비 판매사업자 등의 세금이 추가로 추징될 수 있다.

결론적으로 의료장비 등의 거액의 자산을 구입하는 때에는 부가세를 부담하더라도 반드시 세금계산서를 발급받아 비용 처리하는 것이 보다 합리적인 절세의 방법이다.

사업자등록이 나오기 전에는 사업자의 고유한 등록번호가 없기 때문에 사업자등록번호를 통한 세금계산서의 발급이 어렵다. 이 경우 간이영수증이나 송금내역보다는 "Dr.김"의 주민등륵번호를 통해 세금계산서를 교부받는 것이 좋다. 추후 사업자등록을 발급받으면 부가세를 부담하더라도 반드시 적격증빙인 세금계산서를 수취하고 비용 처리하도록 한다. 이러한 적격증빙수취를 통한 경비처리가 병원을 경영하는 데 있어 실질적으로 유익하다.

07

병원전용 기업카드의 사용

"Dr.김"은 병원에서 지출되는 경비를 주로 개인카드를 통해 결제한다. 또한 직원들이 병원소품이나 사무용품 등을 직원개인카드로 구입하고 별도의 대금을 청구하는 경우도 많다. 이때 직원카드 사용분에 대한 경비처리가 가능할까? 그리고 병원명의의 카드를 따로 발급받아 병원전용 기업카드로 사용하는 것이 좋다고 하는데, 굳이 그렇게까지 할 필요가 있을까? 병의원전문 김 세무사에게 비용처리를 위한 신용카드 사용에 대해 문의하였다.

병원업무와 관련된 비용을 결제하는 경우 병원전용 기업카드뿐 아니라 병원장 개인카드나 직원카드를 사용해도 비용처리는 가능하다. 단 직원카드를 사용하는 경우에는 지출대금을 지급하고 직원이 사용한 신용카드매출전표 등을 보관해야 한다.

고액의 의료용품 등을 "Dr.김" 개인카드를 사용하는 경우, 국세청에 신고한 소득보다 자산취득에 소요된 금액과 신용카드 사용금액이 큰 경우에는 실제로 병원의 의료용품 구입이지만 "Dr.김" 개인의 소비 지출로 과다하게 잡힐 수 있다.

이는 소득으로 신고한 금액이 상대적으로 작게 비추어질 수 있어 세무조사의 관심대상이 된다. 따라서 병원전용 기업카드로 결제하면 사업관련성이 확실하고 적격증빙의 요건을 모두 갖출 수 있다. 이때 세금계산서를 이미 발급받은 금액과 카드결제 금액이 중복되어 이중으로 경비가 처리되지 않도록 주의하여야 한다.

또한 기업카드로 발급받은 경우에도 개인사업자는 반드시 국세청 홈택스의 사업용 신용카드로 등록하여야 사업용 카드로 인정받는다.

국세청 홈택스에 로그인하여 현금영수증박스의 사업용 신용카드 메뉴에서 "Dr.김" 명의의 신용카드를 최대 50개까지 쉽게 등록할 수 있다. 사업용 신용카드로 등록하면 적격증빙자료는 물론이고 신용카드 사용 영수증을 제때 챙기지 못하는 경우에도 지출증빙으로 인정받을 수 있다.

따라서 지출증빙을 관리하는 데 많은 시간과 노력이 절감되어 증빙수취에 따른 스트레스를 받지 않아도 되고, 등록된 사업용 카드에 대해서는 카드지출내역을 전부 조회할 수 있다.

08

합리적인 인건비 신고 :

매월 급여 신고한 금액과 손익계산서상 인건비의 불일치

병원의 급성장으로 병의원전문 김 세무사는 "Dr.김"과 세무상담을 자주 한다. 병의원 김 세무사는 병원 매출액이 예상보다 높아 상대적으로 병원 경비가 부족함을 얘기하였다. 그리고 4대보험이 부담되더라도 실제 지급한 인건비를 신고하는 것을 권장하였다. 그러나 직원들의 4대보험까지 전액 지원하는 인건비가 병원경영에 있어 큰 부담이 되는 "Dr.김"은 이를 수용하지 않았다.
종합소득세 신고기간이 다 되어 추가로 들어갈 경비가 부족하자, "Dr.김"은 매월 또는 분기별 신고한 인건비 이외에 실제 지급한 인건비를 바로 손익계산서상 비용처리가 가능한지 상담하였다. 과연 병의원전문 김 세무사는 어떤 답을 주었을까?

09

네트금액으로 급여신고하기

병원의 급성장으로 혼자서 진료하기가 만만치 않은 "Dr.김"은 페이닥터를 고용할 계획이다. 페이닥터로 근무하는 의사의 급여도 일반직원들처럼 네트급여[2]로 산정된다. 페이 닥터의 최소 실수령억이 1,000만 원 이상은 될 것으로 예상된다. "Dr.김"은 페이닥터에게 지급하는 실지급액뿐 아니라 소득세와 4대보험금까지 부담하게 되어 상당한 고민에 빠져 있다. "Dr.김"의 답답한 마음을 잘 헤아려주는 병의원전문 김 세무사에게 전화하여 "Dr.김"이 대신 납부하는 갑근세와 4대보험금의 비용처리가 가능하지 문의해 보았다.

2) 네트(Net)급여 : 세금공제 후 금액을 월 지급액에 맞추어 지급하는 방식의 급여설계. 즉, 근로자가 실제 수령받은 금액을 '정액'으로 맞추고, 이에 발생하는 '제반비용(예. 각종 세금)'을 사업주가 전액 부담하는 방식

실제로 많은 병원에서 페이닥터와 직원들에게 급여를 지급할 때 직원들이 부담해야 하는 갑근세와 4대보험금을 대신하여 납부하는 추세이다. 이 경우 병원에서 급여로 신고하는 금액은 실수령액에서 국민연금, 건강보험, 장기요양보험, 고용보험, 산재보험, 소득세, 주민세를 역산하여 계산한 금액을 급여지급액으로 신고하면 된다.

즉 세무서에 신고하는 급여액은 역산하여 계산한 급여금액인 소득세와 4대보험금 등을 원천징수하기 전인 금액이다. 그러나 급여에서 원천징수되어 페이닥터가 부담해야 하는 소득세와 4대보험 등에 해당하는 금액은 원칙적으로 페이닥터가 부담해야 하는 것이므로 병원의 비용으로 장부에 반영하기가 쉽지 않다.

이 경우 비용으로 인정받지 못하는 부외비용이 발생하게 된다. 따라서 페이닥터뿐 아니라 직원들의 급여를 협상하는 때에 이러한 점을 잘 고려하여야 한다. 다만 병원에서 부담해야 하는 4대보험금은 당연히 비용으로 처리된다.

10

4대보험부담, 줄이고 싶다!

갈수록 증가하는 급여와 이에 비례하여 부담하는 4대보험금이 병원을 경영하는 "Dr.김"에게는 만만치가 않다. 4대보험금 중 병원에서 부담하는 금액뿐 아니라 직원들의 급여에서 원천징수되는 4대보험까지 대신 납부하니, 지출되는 경비가 상당하다. "Dr.김"은 보다 합리적으로 4대보험 부담분을 줄일 수 있는 방법에 대해 병의원전문 김 세무사에게 자문을 구해보았다.

비과세를 제외한 급여액에 대해 원천징수되는 국민연금, 건강보험, 고용보험의 사회보험 총요율은 개략적으로 18% 정도이다. 이중에서 1/2은 사업주가, 1/2는 근로자가 부담한다. 단 산재보험은 병원에서 전액 부담한다.

급여액의 약 10% 정도가 병원에서 의무적으로 부담하는 4대 보험금이고, 나머지 8%는 직원들이 부담해야 하는 금액이지만 이 금액도 급여를 지급할 때 병원에서 납부하는 경우가 대부분이다.

4대보험을 납부하는 경우 국민연금과 건강보험은 급여를 지급한 달의 다음 달 10일까지 매달 납부하며 고용보험과 산재보험은 분기별로 납부하거나 1년분을 일시에 납부할 수 있다.

또한 건강보험과 고용보험 그리고 산재보험은 1년간 실질적으로 지급한 급여에 대해 책정되는 보험이므로, 다음 연도 3월 말까지 직전 연도에 납부한 보험료가 적정하게 산정되었는지를 정산하여야 한다.

4대보험은 직원의 입사일과 퇴사일을 기준으로 적용되므로 입사일과 퇴사일을 정확하게 신고하여야 한다. 실질적으로는 퇴사하였으나 퇴사신고가 지연되어 계속 근무하는 상태가 되면 4대보험이 계속 적용되어 불필요한 비용이 발생하게 된다. 그리고 매달 2일 이후 입사하는 경우에는 국민연금과 건강보험 적용여부를 근로자가 선택할 수 있다.

4대 보험금은 비과세대상 급여액을 제외한 급여를 대상으로 원천징수가 이루어진다. 따라서 급여액을 산정할 때 근로자에게 적용될 수 있는 비과세급여를 분석하여 비과세가 적용되는 급여항목을 최대한 추가하여 급여내역을 구성한다. 단 근로자의 실질에 부합하여야 하며, 사실과 다른 비과세항목을 적용하는 경우 추후 소명을 해야 하는 경우가 발생한다. 이처럼 비과세항목을 적극 활용하면 4대보험 부담금을 줄일 수 있다.

비과세되는 항목을 살펴보면 다음과 같다.

- 식대 : 병원에서 식사를 제공하지 않고 식대를 지급하는 경우 월 10만 원까지 비과세가 적용된다.
- 경조금 : 직원에게 지원하는 경조사금액 중 사회통념상 타당하다고 인정되는 금액은 근로소득으로 보지 아니한다.
- 작업복 및 피복 : 병원에서만 착용하는 제복 및 작업복 등에 대하여는 비과세가 적용된다.
- 자가운전보조금 : 직원이 자기소유의 차량을 업무용으로 사용하는 경우 월 20만 원까지 비과세가 적용된다.
- 출산 및 보육수당 : 근로자 또는 그 배우자의 출산이나 6세 이하 자녀의 보육과 관련하여 받는 급여로서 월 10만 원까지 비과세가 적용된다.
- 학자금지원 : 병원업무와 직접 관련하여 「근로자직업능력개발법」에 따른 직업능력개발훈련시설의 입학금, 수업료, 수강료 그 밖의 공납금 중 다음의 요건을 갖춘 학자금(해당 과세기간에 납입할 금액을 한도로 함)을 말한다.

  병원업무와 직접 관련된 직무교육을 받고 병원의 사내규정에 따라 교육비를 지원받으며 교육기간이 6개월 이상인 경우, 교육기간을 초과하여 병원에서 근무하지 아니하는 때에는 그 지급받은 금액을 반환할 것을 조건으로 하는 교육훈련비는 비과세된다.

  따라서 직원이 다니는 사설 어학원 수강료의 교육비 등은 비과세에 해당되지 아니한다.

- 두루누리 사회보험료 지원금 : 일정한 요건을 충족하여 지원받는 두루누리 사회보험료 지원금은 근로소득으로 보지 아니한다. 즉 근로자가 10명 미만인 고용보험과 국민연금을 가입한 사업장에 근무하는 근로자로서 140만 원 미만의 월 평균보수를 지급받는 경우에는 두루누리 사회보험제도를 신청할 수 있다. 이때 고용보험과 국민연금 보험료의 50%를 지원받을 수 있고 해당 지원금은 근로소득으로 보지 아니한다.

다음은 4대보험 전반에 대한 내용을 요약정리한 것이다.

	국민연금	건강보험	고용보험	산재보험
자격관리	국민연금관리공단	국민건강보험공단	근로복지공단, 고용노동부 고용센터	근로복지공단, 고용노동부 고용센터
보험료 징수	2011년부터 4대 사회보험통합 징수로 건강보험공단에서 관리	건강보험공단	건강보험공단	건강보험공단
목적	소득보장 (노령, 장애)	질병치료, 출산	실업 및 고용안정	산업재해보상
의무가입 여부	가입대상근로자채용 시 의무가입대상			
연령	18세 이상 60세 미만	연령제한 없음	근로기준법상 모든 근로자	근로기준법상 모든 근로자
제외	1개월 미만 일용근로자, 월 60시간 미만 단기간근로자	1개월 미만 일용근로자, 월 60시간 미만 단기간근로자	65세 이상인 자, 1월 소정근로시간 60시간 미만인 근로자	-

	국민연금	건강보험	고용보험	산재보험
사용자(병원장)	가입대상	가입대상	가입 불가	가입 불가
취득	취득일 1일 : 당연납부 2일부터 선택	취득일 1일 : 당연납부 2일부터 선택	입퇴사한 달 일할 계산한 보험료 산정	입퇴사한 달 일할 계산한 보험료 산정
상실	2일 이후 상실 : 1개월분 납부	상실신고 시 당해 연도 보수총액 신고로 보험료정산 실시	• 실업급여수령을 원하는 경우 퇴직사유를 정확하게 기재하여 분쟁방지 • 상실신고 시 당해 연도 보수총액 신고로 보험료 정산실시	
보험료율	기준소득월액의 9% 병원장 : 4.5% 근로자 : 4.5%	보수월액의 6.99% (장기요양보험료 : 건강보험료의 12.27%) 병원장 : 3.495% 근로자 : 3.495%	월평균보수액의 2.05% 병원장 : 1.15% 근로자 : 0.9%	매년 고용노동부장관이 결정 고시 대략 0.72% ~0.74 병원장이 전액 부담
부과 및 정산	매월 부과	매월 부과 후 보수총액신고서로 사후정산	매월 부과 후 보수총액신고서로 사후정산	매월 부과 후 보수총액신고서로 사후정산
급여 변경	신고가능 (기준소득월액변경신청서)	신고가능 (직장가입자보수월액변경신청서)	신고가능 (월평균보수변경신청서)	신고가능 (월평균보수변경신청서)

11

페이닥터에게 지급하는 용역대가

올해부터 "Dr.김" 병원의 매출액이 급증하여 의료진을 늘여야 되는 상황이다. "Dr.김"은 수술이나 특정의료에 대해 용역대가를 지급하는 프리랜스(freelance) 계약과, 성과에 관계없이 고용관계를 통해 근로를 제공받는 급여형태의 차이점이 궁금하다. "Dr.김"은 병의원 전문 김 세무사와의 상담을 통해 두 가지 유형의 인적 비용에 대한 차이점을 알게 되었다.

결론부터 말하자면 페이닥터가 제공하는 용역의 비용 처리는 고용관계의 실질에 따라 판단해야 한다.

병원입장에서는 4대보험금의 부담을 줄이기 위하여 사업소득으로 신고할 수 있다. 즉 3.3%의 사업소득 원천징수로 마무리하여 4대보험에 대한 부담을 줄일 수 있다. 그러나 페이닥터의 실질적 성격이 고용관계라면 많은 문제가 발생한다.

근로소득이란 근로계약에 따라 비독립적인 관계에서 근로를 제공하고 명칭에 불문하고 받는 대가를 말한다. 이에 반해 사업소득은 고용관계에 관계없이 독립된 자격으로 용역을 제공하고 그 성과에 따라 지급받는 용역대가를 말한다.

실제는 한 병원에 귀속되어 근무하나 4대보험 부담으로 3.3% 원천징수되는 사업소득으로 신고하는 경우 이를 인정하지 않을 수 있다. 따라서 사업소득으로 신고한 금액을 근로소득으로 보아 수정을 요청하고 근로소득에 대한 세금을 수정하여 추가 납부해야 하는 상황도 발생할 수 있다. 또한 4대보험에 대해서도 그동안 납부하지 못한 보험료를 추가납부해야 한다. 이외에도 건강보험공단 측의 실질조사를 통해 4대보험 금액을 추징당할 수 있다.

다만 여타의 병원에서도 용역을 제공하고 케이스별로 대가를 지급받는 조건인 경우에는 사업소득으로 신고할 수 있다. 가장 중요한 것은 실질에 따라 판단하는 것이다.

12

연말정산이란?

"Dr.김"은 후생을 지원하는 입장에서 병원에 근무하고 있는 근로자의 소득세와 4대보험을 모두 부담하는 근로계약을 체결하고 있다. 결국 근로소득과 관련하여 내는 세금은 모두 "Dr.김"의 몫이다. 그런데도 다음 연도 2월만 다가오면 직원들의 초미의 관심사는 연말정산이다. 실질부담은 "Dr.김"이 하고 환급은 직원들이 돌려받겠다는 의미이다. "Dr.김"은 과연 연말정산이 무엇이기에 이토록 직원들의 관심을 한 몸에 받는 것인지 무척 궁금하다. 병의원 세금문제 해결사 김 세무사에게 세무상담을 신청하였다.

연말정산이란 근로자가 올해 납부한 근로소득세를 정산하는 절차이다. 원천징수의무자인 병원이 다음 연도 2월분의 급여를 지급하는 때에 매월 급여 지급 시 이미 원천징수한 근로소득세액이 세법에 따라 정확하게 계산한 연간 근로소득세액보다 많은 경우 많이 낸 세금은 돌려주고, 적게 낸 경우는 추가납부하는 제도를 말한다.

매달 또는 분기별로 발생한 소득세는 "Dr.김"이 전액 다 납부하고 매년 2월에 이루어지는 연말정산의 환급은 직원들이 받겠다고 한다. 직원들의 매년 2월의 관심사는 병원고객이 아닌 환급이고 병원업무에 집중해야 할 에너지와 힘이 연말정산에 집중된다. 무언가 모양새가 어색하다. 따라서 매월 또는 반기별 근로소득세를 최소화하여 원천징수하고 연말정산시점에서 추가납부금액이 발생하도록 처리하는 것이 불필요한 에너지를 줄이는 방법이다.

종합소득세는 근로소득금액을 계산함에 있어 다양한 필요경비적 성질을 가진 공제제도를 마련하고 있다.

부양가족 등의 인적공제와 건강보험과 국민연금의 보험료, 신용카드 등 사용분, 주택자금 등의 소득공제에 해당하는 물적공제가 있다. 그리고 근로소득 세액공제, 보장성보험료, 의료비, 교육비, 기부금 등의 세액공제가 있다. 근로소득이 없는 소득자는 표준세액공제를 한다.

소득공제와 세액공제는 매년 세법 개정으로 변경되고 있어 연말정산이 다가오는 시점에 반드시 확인하여야 한다. 소득공제는 소득에서 해당 공제액만큼 빼주는 것이고, 세액공제는 세금이 결정된 뒤 세액에서 공제해주는 제도이다.

그리고 다른 병원에서 근무를 하고 이직한 페이닥터의 근로소득과 다른 병원에서 근무를 하고 이직한 병원직원 등의 경우 전 근무지의 근로소득원천징수영수증을 발급받아 합산하여 정산하여야 한다.

국세청은 홈택스(www.hometax.go.kr)의 연말정산간소화 서비스를 통해 근로자가 연말정산을 하는 경우 직접 영수증 발급 기관을 방문하지 않아도 필요한 서류를 확인하고 받을 수 있도록 하였다.

연말정산간소화란 은행, 학교, 병원 등 영수증 발급기관이 전산파일로 제출한 소득 및 세액공제 증명서류를 국세청에서 DB를 구축하여 인터넷을 통해 근로자에게 제공하는 서비스를 말한다. 따라서 연말정산시기에 국세청 홈택스(www.hometax.go.kr)에서 제공하는 소득 및 세액공제 증명서류를 출력하거나 전산화일로 다운로드하여 병원에 제출하면 된다.

다만, 일부 영수증 발급기관이 국세청에 제출하지 않은 자료는 홈페이지에서 확인되지 않으므로 직접 해당 기관을 방문하여 발급받아야 한다. 또한 홈택스의 「편리한 연말정산」을 활용하면 쉽게 소득·세액공제신고서와 부속서류 등을 조회하거나 출력하고 온라인으로 제출하여 연말정산을 쉽게 이용할 수 있다.

이외에도 연말정산 시 필요한 서류를 다음과 같은 기관을 이용하면 쉽게 발급받을 수 있다.

• 주민등록표등본 : 정부민원포털 민원24(www.minwon.go.kr)
• 가족관계등록부 : 대법원 전자가족관계등록시스템(efamily.scourt.go.kr)
• 건물등기부등본 : 대법원 인터넷등기소(www.iros.go.kr)

정보 유형	서비스 조회 경로
연말정산 정보 안내	국세청(www.nts.go.kr) → 성실신고지원 → 원천징수(연말정산)안내 - 개정세법, 연말정산 동영상 교육, 연말정산, 자동계산 프로그램 등
연말정산 모바일 서비스	[국세청 홈택스 앱] → 연말정산 절세주머니(공제요건, 참고사항, 절세팁 100선, 유의팁 100선) → 연말정산 3개년 신고내역(최근 3년간의 총 급여 등 신고내역 조회)
연말정산 신고안내 책자	국세청(www.nts.go.kr) → 국세정보 → 국세청 발간책자 → 분야별해설책자 → 소득세
연말정산 세액 모의계산	홈택스(www.hometax.go.kr) → 모의계산 → 연말정산 자동계산
과거 원천징수영수증 조회	홈택스(www.hometax.go.kr) → MyNTS → 지급명세서 등 * 과거 5년간 조회
매월 급여에서 원천징수하는 간이세액 조회	국세청(www.nts.go.kr) → 성실신고안내 → 원천징수(연말정산)안내 → 근로소득 간이세액표
현금영수증 사용금액, 전통시장 여부 조회	홈택스(www.hometax.go.kr) → 조회/발급 → 현금영수증

13

퇴직금과 퇴직연금제도

"Dr.김"병원에는 장기 근속하는 직원들이 꽤 많다. 직원 중에는 실제로 퇴직하는 것은 아니지만 자금이 필요하여 중간정산을 신청하는 직원도 가끔 있다. 그리고 장기근속으로 인해 향후에 지급해야 할 퇴직금도 만만치 않은 "Dr.김". 병원 내에서 퇴직금을 적립하지만, 당장 지출해야 하는 비용이 발생하는 때에는 퇴직금 적립의 순위가 뒤로 밀린다. 퇴직과 관련된 병원현안에 대해 궁금하던 중 병의원전문 김 세무사와 상담을 하게 되었다. 비현실적 퇴직의 경우에도 퇴직금 처리가 가능할까? 퇴직금재원을 외부에 적립할 수 있는 퇴직연금제도는 무엇일까?

퇴직금 대상

퇴직금은 근로자가 고용되어 있는 모든 사업장에 적용되는 제도이다. 이는 1년 이상 근속한 근로자로서 1년의 근속기간에 대하여 30일 이상의 평균임금을 지급하는 것을 원칙으로 한다.

근로자가 퇴직하는 시점에 지급하는 것이 원칙이나 그러하지 않은 경우에는 퇴직사유가 발생한 날로부터 14일 이내에 퇴직금을 지급해야 한다. 다만 특별한 사유가 있는 경우 병원과 근로자가 서로 합의하여 기일을 연장할 수 있다.

법정 퇴직금

법정 퇴직금은 해당 병원에서 계속 근로한 1년에 대하여 30일 이상의 평균임금을 말한다. 이 금액은 최저 퇴직금에 해당하므로 법정 퇴직금을 초과하여 지급할 수 있다. 해당되는 퇴직금은 사내에 적립하여 현금으로 지급하거나 퇴직연금제도를 가입하여 운용할 수 있다.

퇴직금 지급시기

근로자가 병원에서 퇴직하는 시점에 지급하는 것이 원칙이다. 다만 병원과 근로자의 상황에 따라 상호간의 합의를 거친 경우 지급시점을 조정할 수 있다. 또한 현실적인 퇴직 사유가 발생하였으나 퇴직급여를 실제로 지급하지 아니한 때에는 퇴직으로 보지 아니한다.

그리고 근로자가 실제로 퇴직하지 않은 상태에서 지급하는 중간정산퇴직금은 인정되지 아니한다. 그러나 근로자가 무주택자인 경우 주택구입 등의 법정 중간정산 사유가 있을 때에는 중간정산을 실시할 수 있다.

퇴직금 중간정산사유의 대표적인 사례

① 무주택자인 근로자가 본인 명의의 주택구입

② 무주택자인 근로자가 주택임대차보호법 등의 규정에 의한 주거를 목적으로 보증금을 부담하는 경우(하나의 사업장에 근로하는 동안 1회에 한정한다)

③ 근로자 본인과 배우자 등이 질병 등으로 6개월 이상의 요양을 하는 경우

④ 퇴직금 중간정산을 신청하는 날부터 역산하여 5년 이내에 근로자가 파산선고를 받거나 개인회생절차개시 결정을 받은 경우 등

퇴직금을 지급하는 사유가 중간정산사유에 해당하여 퇴직금을 미리 정산하여 지급하는 경우에는 근로자가 퇴직한 후 5년이 되는 날까지 관련 증명서류를 보존하여야 한다.

퇴직연금제도

퇴직연금제도란

근로자의 안정된 퇴직금재원을 마련하기 위하여 기존의 퇴직

금제도와 함께 퇴직연금제도를 선택하여 운용할 수 있도록 하고 있다.

퇴직연금제도란 기업이 근로자의 노후 소득보장과 생활안정을 위하여 근로자가 재직하는 기간 동안 퇴직금 지급재원을 외부의 금융기관에 적립하여 기업 또는 근로자의 선택에 따라 운용하고, 근로자가 퇴직하는 시점에 연금 또는 일시금의 형태로 지급받는 기업복지제도를 말한다.

퇴직연금제도는 의무사항이 아니며 퇴직금 상당액을 사내에 적립하는 기존의 퇴직금제도와 퇴직연금제도 중에서 하나를 선택하여 운용할 수 있다. 다만 퇴직연금제도를 적용하기 위해서는 근로자 등의 동의가 필요하다.

퇴직연금제도의 종류

확정급여형 퇴직연금제도(DB/Defined Benefit Retirement Pension)

근로자가 퇴직할 때 받게 되는 퇴직급여가 근무기간과 평균임금에 의해 사전에 확정되어 운용되는 연금제도이다. 병원에서 부담해야 할 금액은 적립금 운용결과에 따라 변동하며 임금인상률, 퇴직률, 운용수익률 등 연금액을 산정하는 기초가액이 변동하는 경우 그 변동위험은 병원에서 부담하게 된다.

확정기여형 퇴직연금제도(DC/Defined Contribution Retirement Pension)

병원에서 부담하여야 할 부담금이 사전에 결정되어 있는 퇴직연금제도이다. 병원에서 매년 근로자에게 지급하는 임금의 일정액을 부담금으로 하여 근로자의 개인계좌에 납부하고 근로자가 적립금의 운용방법을 결정하는 연금제도를 말한다. 적립금의 운용성과에 따라 퇴직 후 연금급여액이 변동하므로 그 위험은 근로자가 부담하게 된다.

개인형 퇴직연금제도(IRP/Individual Retirement Pension)

개인형 퇴직연금제도란 가입자의 선택에 따라 가입자가 납입한 일시금이나 사용자 또는 가입자가 납입한 부담금을 적립 운용하기 위하여 설정한 퇴직연금제도이다. 즉 근로자가 퇴직 또는 이직할 때 받은 퇴직금을 근로자 본인 명의의 퇴직계좌에 적립시켜 연금 등 노후자금으로 활용할 수 있도록 하는 제도이다.

14

감가상각비와 시설물 폐기손실

개원할 때 시설장치와 의료장비에 가장 많은 돈을 투자한 "Dr.김". 이러한 거액의 투자금액이 어떻게 비용으로 처리되는지 무척 궁금하다. 그리고 매출이 많지 않은 개원초기보다는 매출이 증가하는 후반기에 비용으로 처리할 수 있는 것일까? "Dr.김"은 병의원전문 김 세무사에게 시설장치 등에 대한 투자금액의 비용처리에 대해 문의해 보았다.

개원 시 투입된 거액의 인테리어와 고가의 각종 의료장비 및 비품 등은 매년 일정한 기준을 통하여 감가상각으로 비용화 된다.

상대적으로 매출액이 높지 않은 개원초기에 비용으로 인정되는 감가상각비를 전액 경비로 처리 하는 경우, 추후 매출액이 증대되는 시점에 비용의 부족으로 곤란을 겪을 수 있다.

따라서 개원초기에는 일정한 범위를 산정하여 감가상각을 하고 매출이 증대되는 시점에 미상각금액을 감가상각할 수 있도록 처리한다. 즉 일정한 잔존가액을 남겨두어 후반기에 비용으로 계상하는 다양한 절세전략을 마련하는 것이 좋다.

그리고 종전에는 병원을 이전하는 경우에 발생하는 원상복구비용, 시설장치 제거비용, 폐기손실 등은 사업상 비용으로 인정되지 않았다.

또한 국세청은 사업자가 임차한 건물에 설치한 업무용 시설물을 임대차계약의 해지로 임차장소를 원상 복구하는 경우에 발생하는 시설물 등의 폐기손실은 비용으로 인정하지 않는다고 해석하였다.

그러나 병원사업과 관련한 유형고정자산처분손익을 사업소득에 반영함에 따라, 위의 해석에 대해서도 재조명해 볼 필요가 있다.

병원사업과 관련한 유형고정자산인 차량 및 운반구, 비품 등을 사용하고 처분하는 경우 발생하는 유형자산처분손익은 손익계산서에 반영하도록 한다. 즉 유형고정자산의 양도 당시 장부가액을 필요경비로 산정하고, 유형고정자산의 양도가액을 가산하여, 유형고정자산의 처분손익을 계산한다.

15

환자에게 지급하는 배상금

> "Dr.김"은 개원 이후 무사고로 잘 운영해왔으나 최근에 예상치 못한 의료사고가 발생하였다. 의사로서 주의의무를 다하였지만, 불가피하게 발생한 사고였다. 다행히 환자와의 배상금 합의가 잘 이루어져 원만한 진행이 예상된다. "Dr.김"은 병의원전문 김 세무사에게 환자에게 지급하는 손해배상금에 대한 비용처리에 대해 문의하였다. 언제나 친절한 상담으로 병원세무의 문제점을 해결해주는 김 세무사의 설명을 들어보자.

병원을 운영하다보면 예상하지 못한 일들이 발생하는데 그 중 하나가 바로 의료사고이다.

진료 중에 고의 또는 중대한 과실이 아닌 선량한 주의의무를 다하여도 발생한 의료행위에 대해 지급된 손해배상금은 필요경비로 인정하고 있다. 이 경우 병원과 환자 상호간에 이루어진 합의서와 배상금의 이체한 내역 그리고 해당 환자에게 진료한 내역 등의 증빙이 필요하다. 국세청은 이러한 요건이 갖추어진 의료사고에 대한 배상금과 합의금을 비용으로 인정하고 있다.

16

병원부담 보험료

병원에 고용된 직원들을 대상으로 하는 보장성보험의 비용처리는 어떻게 되는 것일까?
"Dr.김"은 개인적으로 불입하고 있는 자신의 보험금과 병원업무와 관련하여 부담하고 있는 각종의 보험료 그리고 직원들의 보장성보험 등이 병원경비로 처리가 가능한지 궁금하다. 명쾌한 상담으로 "Dr.김" 병원문제를 해결해주는 병의원전문 김 세무사에게 전화하였다. 병원이 부담하는 보험료의 경비처리가 가능할까?

단체보장성보험으로 직원을 피보험자와 수익자로 하고 고용된 직원들의 재해 등을 보험금 지급사유로 하는 보장성보험료는 비용으로 인정된다.

구체적으로 살펴보면 단체보험은 만기 시 환급금이 없는 '단체순수성보험'과 만기 시 납입보험료 전액 또는 일부를 환급받는 '단체환급부보장성 보험'으로 구분된다. 피보험자와 수익자를 직원으로 지정한 경우 납입한 보험료는 직원 1인당 연간 70만 원 한도까지 복리후생비로 처리가 가능하다.

직원 1인당 연간 70만 원을 초과하는 경우에는 초과분은 급여로 비용 처리할 수 있다. 다만 '단체 환급부보장성 보험'에 가입하고 만기가 도래하는 경우 직원에게 지급되는 환급금은 지급되는 시점에 직원의 근로소득으로 과세된다.

그리고 병원을 운영관리하면서 발생하는 병원건물이나 의료장비 등에 대해 화재보험을 가입하는 경우 해당 보험료를 비용으로 처리할 수 있다. 또한 진료 과정 중에 발생할 수 있는 의료사고에 대한 보험료도 병원사업과 관련되므로 경비처리가 가능하다. 다만 "Dr.김" 개인의 저축성보험료는 병원사업과 관련이 없으므로 비용으로 인정받을 수 없다.

17

의료장비의 구입

고가의 의료장비를 취득해야 하는 "Dr.김"은 의료기기판매업체를 통해 다양한 형태의 의료장비 취득을 제안받았다. 실제 소유권은 없고 매달 일정액의 수수료만 지급하는 경우와, 소유권을 가지면서 할부나 일시불로 구입하는 방법 등이 있다고 한다. "Dr.김"은 병의원전문 김 세무사에게 각각의 이용형태에 따른 장단점에 대해 문의하였다. 병의원전문 김 세무사는 의료장비를 리스와 할부 그리고 일시불로 취득하는 방법에 대해 자세히 설명을 해주었다.

의료장비를 취득하는 방법은 금융기관을 통해 리스를 하거나 할부 또는 일시불로 직접 구입하는 방법이 있다.

의료장비의 취득

- 금융리스의 경우 : 의료장비에 대한 실질적인 소유권은 병원에 귀속되므로 일정기간 동안 감가상각을 통해 비용처리가 가능하다.
- 운용리스의 경우 : 병원에 소유권이 없고 의료장비 이용에 따른 수수료만 지급하는 성격이다. 따라서 지급액에 대해 비용처리가 가능하며 소유권이 없기 때문에 별도의 감가상각을 하지 않는다.
- 일시불이든 할부이든 실질적인 구입을 한 경우 : 금융리스와 마찬가지로 소유권을 가진다. 이에 대해 일정기간 동안의 감가상각을 진행할 수 있고 지급되는 금액에 대해 원금과 이자를 구분하여 처리한다. 의료장비의 경우 대부분 고액이므로 현금유동성을 분석하여 구입형태를 결정하여야 한다.

소유권을 가지는 금융리스나 의료장비를 직접 구입하여 (금융리스 포함, 운용리스 제외, 중고품 제외) 일정한 요건을 충족하는 경우에는 투자세액공제가 가능하다.

병의원의 세액공제

조세특례제한법 제24조 : 통합투자세액공제 제도

대통령령으로 정하는 내국인이 의료기기 등 사업용 자산 등에 대하여 투자(금융리스 포함, 운용리스 제외, 중고품 제외)하는 경우 투자액의 10%에 상당하는 금액을 투자가 이루어지는 각 사업연도의 소득세 또는 법인세에서 공제한다. 그리고 해당 과세연도에 투자한 금액이 해당 과세연도의 직전 3년간 연평균 투자금액을 초과하는 경우 초과금액의 3% 등을 추가공제 한다.

다만 수도권과밀억제권역내 사업장에서의 투자는 대체투자의 경우에만 허용한다.

그리고 통합투자세액공제를 받고자 하는 경우 투자완료일이 속하는 사업연도(또는 투자가 이루어지는 해당 사업연도)의 과세표준신고와 함께 투자세액공제신청서를 납세지 관할 세무서장에게 제출하여야 한다.

18

업무용 승용차 필요경비 규정

"Dr.김" 병원에 주기적인 자동차 리스 관련 홍보물이 쏟아져 들어온다. 고가의 자동차 이용료로 병원경비의 부족한 부분을 채우라는 자동차 영업사원들…. 최근에 "Dr.김"은 병의원전문 김 세무사와의 상담에서 업무용 승용차 필요경비 규정이 새로 제정되었음을 알게 되었다. 세법개정 이후에도 자동차 영업사원들이 강조하는 자동차 이용료의 비용처리가 가능한지 궁금하다. 병의원전문 김 세무사에게 새롭게 마련된 업무용 승용차의 필요경비 규정 전반에 대해 다시금 물어보았다.

업무용 승용차의 필요경비 규정의 취지

사업자가 업무용 승용차를 취득 및 유지하거나 처분함에 있어 발생하는 비용은 그동안 업무관련성이 없이 사적으로 사용하거나 특정한 기간에 맞추어 조기에 비용 처리하는 경우에도 세법에서는 특별한 제한 없이 세무상 비용으로 인정해 왔다.

그러나 세법개정을 통해 일정한 요건을 갖춘 사업과 관련된 비용만 인정하고 업무와 관련이 없는 가족이 사용하거나 사업과 무관하게 사용되는 차량관련비용에 제한을 두게 되었다.

2016년 개정된 세법규정을 통해 법인과 복식부기의무자는 업무사용비율을 초과하는 차량관련 지출은 비용으로 인정하지 아니한다. 또한 업무관련성이 인정되어도 감가상각비와 처분손실은 연간 일정한 한도액에서만 비용으로 인정한다. 감가상각방법도 5년간 정액법으로 의무상각하는 세법규정을 도입하였다.

원칙적으로 사업자가 보유하거나 리스한 자산은 업무무관자산이 아닌 한 구체적인 업무내용을 따지지 않고 관련비용을 인정한다.

다만 새롭게 마련된 업무용 승용차의 손금특례규정을 근거로 법인과 복식부기의무자가 소유하거나 리스하는 업무용 승용차에 대해 세법상 요건을 충족한 경우에 한하여 일정금액 범위 내에서 비용처리가 가능하다.

업무용 승용차의 필요경비 규정

① 사업자(복식부기의무자인 개인 및 법인)는 업무용 승용차의 유지 및 관리를 위한 차량별(차량 한 대당) 관련비용을 연간 1,500만 원 이하까지 지출한 경우 비용으로 인정된다(법인의 경우 반드시 임직원 전용 자동차보험을 가입하여야 함).

② 업무용 승용차 관련비용이 연간 1,500만 원을 초과하는 경우 차량별 「운행기록부」를 작성 및 제출하여야 하며, 업무 관련비율 한도 내에서 비용을 인정한다.

③ 업무용 승용차 관련비용이란 감가상각비, 임차료, 유류비 등 대통령령으로 정하는 비용을 말한다.

④ 업무용 승용차의 감가상각비 및 처분손실은 각각 연간 800만 원 범위 내에서 비용으로 인정한다. 이때 보유기간에 따른 월할계산을 하는 바, 사업연도 중에 취득 또는 처분(임차의 경우 임차개시 또는 종료)하는 경우 800만원×보유월수/12을 적용한다. 이는 실질적인 보유기간을 통해 합리적인 비용처리를 하기 위함이다.

⑤ 2016년도 이후부터 취득한 업무용 승용차는 정률법 등의 신고에 의한 감가상각방법은 인정하지 않으며 정액법으로 5년간의 의무상각방법으로 처리하여야 한다.

⑥ 개인사업자는 업무용 승용차를 매각하는 경우 그 매각가액을 매각일이 속하는 과세기간의 사업소득금액 계산 시 총수입금액에 산입해야 한다. 처분손실은 연간 800만 원 범위 내에서 인정한다. 법인과 달리 개인사업자의 경우 고

정자산처분손익에 대해서는 그동안 과세가 되지 아니하였다. 그러나 이 규정을 근거로 업무용 차량을 매각하는 경우 처분손익을 과세대상에 포함시켜야 한다.

적용대상자 및 적용시기

① 법인 및 개인사업자 중 성실신고확인대상자는 2016년 소득귀속분부터 적용한다. 개인사업자 중 복식부기의무자는 2017년 귀속분부터 확대 적용된다. 다만 개인사업자 중 간편장부대상자이거나 추계대상자는 제외된다.

② 성실신고 확인대상자 업종별 기준수입금액

해당업종	수입금액
보건업 및 사회복지 서비스업, 부동산 임대업, 부동산관련 서비스업, 임대업(부동산임대업 제외), 전문·과학 및 기술 서비스업, 사업시설관리 및 사업지원서비스업, 교육 서비스업, 예술·스포츠 및 여가관련 서비스업, 협회 및 단체, 수리 및 기타 개인서비스업, 가구 내 고용활동	5억 원 이상
제조업, 숙박 및 음식점업, 전기·제조업, 숙박 및 음식점업, 전기·가스·증기 및 수도사업, 하수·폐기물처리·원료재생 및 환경복원업, 건설업(비주거용 건물 건설업은 제외하고, 주거용 건물 개발 및 공급업을 포함한다), 운수업, 출판·영상·방송통신 및 정보서비스업, 금융 및 보험업, 상품중개업 가스·증기 및 수도사업, 하수·폐기물처리·원료재생 및 환경복원업, 건설업(비주거용 건물 건설업은 제외하고, 주거용 건물 개발 및 공급업을 포함한다), 운수업, 출판·영상·방송통신 및 정보서비	7.5억 원 이상

해당업종	수입금액
스업, 금융 및 보험업, 상품중개업	
농업 · 임업 및 어업, 광업, 도매 및 소매업(상품중개업 제외), 부동산매매업, 기타 업종	15억 원 이상

19

건강보험공단의 사업장 소득 지도점검

오늘 아침 건강보험공단으로부터 건강보험 사업장 지도 점검안내문을 받아본 "Dr.김".
안내문의 내용은 병원사업장의 3개년도에 해당하는 다음의 서류를 제출하라는 것이다.
서류의 내용은 근로소득원천징수부, 임금대장, 원천징수이행상황신고서, 종합소득과세표준확정신고서(개인대표자), 일용근로소득지급명세서, 재무제표(대차대조표, 손익계산서) 등이다.
깜짝 놀란 "Dr.김"은 즉시 병의원전문 김 세무사에게 전화하였다.
"이러한 서류는 세무조사의 권한이 있는 세무서에서만 요구하는 것이 아닌가요? 건강보험공단이 무슨 권한으로 이러한 엄청난 서류를 요청하는 것인가요?" 당혹감을 감추지 못하는 "Dr.김"에게 병의원전문 김 세무사는 다음과 같은 내용을 설명해주었다.

일반적으로 세무서에서 실시하는 세무조사를 통해서만 병원의 소득금액과 인건비 등의 지출에 대한 적정성을 검토할 수 있다고 생각한다. 그러나 세무서뿐 아니라 사업장을 관할하는 건강보험공단에서도 사업장의 건강보험책정이 실질소득에 맞게 신고되었는지를 확인하고 검토할 수 있는 법적 권리를 가지고 있다.

건강보험공단은 사업장의 원활한 보험가입 및 소득금액 확인을 위해 지도점검을 실시한다. 이를 통해 피보험자의 자격 및 보험료의 정산 등 건강보험 신고 사항에 대해 정기적인 업무를 안내하고 사업장의 건강보험과 관련한 업무처리를 지원하고 있다.

이로써 착오, 누락, 부당 신고로 인한 각종 건강보험 관련 업무를 확인하여 재발을 방지하고 실질에 맞는 보험 업무를 처리하도록 유도하고 있는 것이다.

건강보험 사업장 지도점검 실시기준

소득의 축소 및 탈루를 예상하는 경우

① 공단은 제94조 제1항에 따라 신고한 보수 또는 소득 등에 축소 및 탈루가 있다고 인정되는 경우에는, 보건복지부장관을 거쳐 소득의 축소 또는 탈루에 관한 사항을 문서로 국세청장에게 송부할 수 있다.

② 국세청장은 제1항에 따라 송부받은 사항에 대해 「국세기본법」 등 관련 법률에 따른 세무조사를 하면, 그 조사 결과 중 보수 소득에 관한 사항을 공단에 송부하여야 한다.

③ 사업자가 신고한 보수나 소득 중 축소, 탈루가 있다고 인

정되는 경우 국세청장에 송부하여 세무조사를 실시하고, 그 조사결과 중 보수 및 소득에 관한 사항을 보험료에 적용하여 징수한다.

건강보험 지도점검의 종류와 방법

정기지도점검

각 지사마다 연중계획에 의거하여 산정하며 출장 및 서류지도점검을 병행 실시한다.

특별지도점검

본부에서 선정하여 지사에 통부하며 출장 지도점검을 기본으로 한다.

건강보험 사업장 지도 점검 시 확인사항 및 대상서류

건강보험 사업장 지도 점검 시 확인사항

① 사업장 및 대표자 변경 신고 적정 여부

② 자격취득, 상실의 적정성 여부

③ 근무내역 변동자의 변동신고 적정성 여부

④ 적정보험료 공제 여부

⑤ 보험료 연말정산, 중간정산, 퇴직정산 적정성 여부

⑥ 소득 축소 및 탈루 여부 확인

⑦ 건강보험제도의 전반적인 관련사항 지도 및 홍보, 건의사항 수렴

지도점검 대상서류(3개년도 징구 원칙)

① 근로소득원천징수부

② 임금(급여)대장

③ 원천징수이행상황신고서

④ 종합소득과세표준확정신고서(개인대표자)

⑤ 일용근로소득지급명세서

⑥ 재무제표(대차대조표, 손익계산서) 등

사업장 업종 등에 따라 제출서류를 생략 또는 추가

건강보험 사업장 지도점검 관련근거

법 제11조

가입자 자격의 취득, 변동 및 상실은 그 사유발생의 시기에 소급하여 효력이 발생하며 이 경우 공단은 그 사실을 확인할 수 있다.

법 제93조 및 법 제115조

사용자는 고용한 근로자가 국민건강보험법에 의한 직장가입자로 되는 것을 방해하거나, 자신이 부담하는 부담금이 증가되는 것을 피할 목적으로 정당한 사유 없이 근로자의 승급 또는 임금인상을 하지 아니하거나, 해고나 그 밖의 불리한 조치를 할 수 없다.

만약 제93조를 위반한 사용자는 1년 이하의 징역 또는 1천만원 이하의 벌금에 처한다.

법 제94조 및 법 제119조

공단은 사용자 및 직장가입자와 세대주에게 가입자의 거주지 변경 또는 보수나 소득, 그 밖에 건강보험사업을 위하여 필요한 사항을 신고하게 하거나 관계서류를 제출하게 할 수 있고, 공단은 신고한 사항이나 제출받은 자료에 대해 사실여부를 확인할 필요가 있으면 소속직원이 해당 사항에 관하여 조사하게 할 수 있다.

만약 정당한 사유 없이 법 제94조 제1항·제2항, 제97조 제1항·제3항·제4항 또는 제101조 제2항을 위반하여 서류의 제출이나 의견진술 및 신고 또는 보고를 하지 아니한 자, 거짓으로 진술·신고 또는 보고를 하거나 조사 또는 검사를 거부하거나 방해 또는 기피하는 자는 100만 원 이하의 과태료에 처한다.

법 제95조

공단은 사용자가 신고한 보수 또는 소득 등에 축소나 탈루가 있다고 인정하는 경우에는 보건복지부장관을 거쳐 소득의 축소 또는 탈루에 관한 사항을 문서로 국세청장에게 송부할 수 있다.

Ⅳ

"Dr. 김" 병원소득금액 계산하기

01

병원사업소득 이외에 다른 소득이 있는 경우의 종합소득세 신고

"Dr.김"은 병원사업소득 이외에도 이자와 배당소득 그리고 부동산 임대소득이 있다.
이런 저런 다양한 소득들로 "Dr.김"은 세금만 생각하면 머릿속이 복잡하다. 병의원전문 김 세무사는 세금으로 스트레스를 받고 있는 "Dr.김"에게 종합소득세를 계산하는 전반적인 흐름에 대해 안내해주었다.

병원에서 발생하는 소득 이외에 이자, 배당, 사업(부동산임대), 근로, 연금, 기타소득이 있는 경우 병원소득과 함께 이자소득 등의 열거된 소득을 합산하여 다음 연도 5월에 종합소득금액을 신고해야 한다.

종합소득금액 흐름

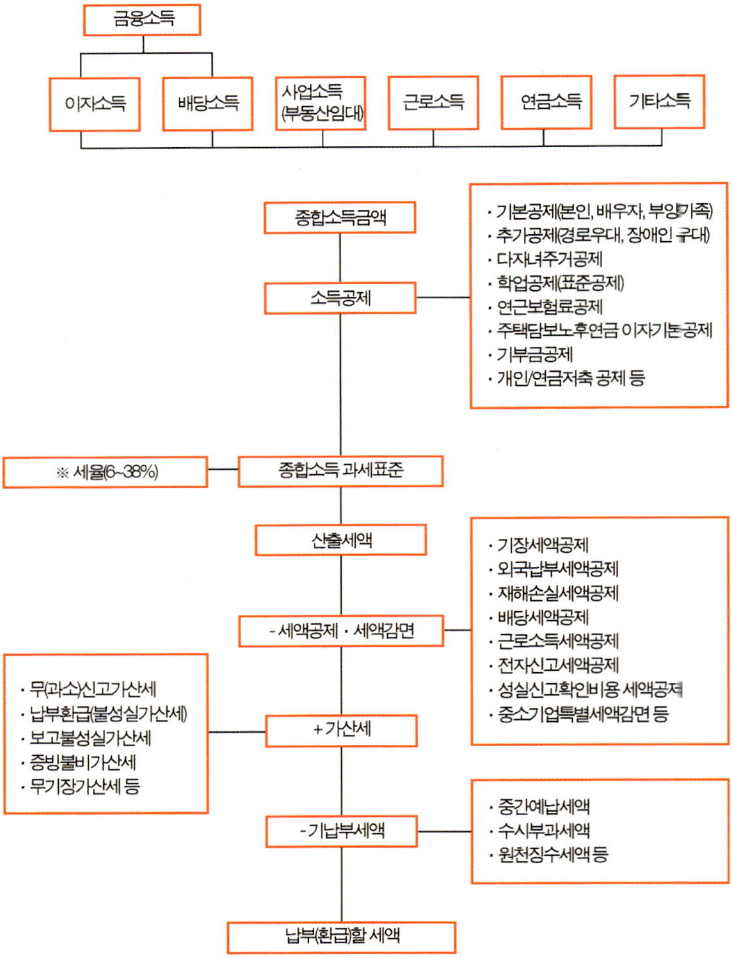

이자소득, 배당소득

개인을 단위로 하여 연간 이자소득과 배당소득을 합쳐서 2천만 원을 초과하는 경우에는 2천만 원까지 14%의 원천징수를 하며 금융소득이 2천만 원을 초과하는 경우는 2천만 원 초과금액에 대하여 이자소득, 배당소득 이외의 다른 소득금액과 합산하여 과세한다.

사업소득

병원에서 발생되는 소득 이외에 일시적인 의료용역을 제공하고 3.3%의 원천징수를 한 사업소득과 여타의 다른 사업소득이 있는 경우 병원소득과 합산하여 신고한다.

또한 사업소득 중에서 부동산을 임대하여 발생한 소득도 병원소득과 합산하여 신고한다. 이때 부동산에서 발생하는 소득금액이 소액이라 생각하여 기장을 하지 않고 추계 신고하는 경우 가산세의 대상이 된다. 즉 병원소득에 대한 장부의무가 복식기장의무이므로, 부동산임대소득도 금액에 관계없이 복식기장을 하여야 한다. 따라서 적은 금액의 부동산 임대소득이라도 복식기장을 통해 가산세를 납부하지 않도록 하여야 한다.

근로소득

병원을 개원하기 전에 다른 병원에서 페이닥터로 근무하거나 공중보건의사로 재직하는 경우 근로소득이 발생한다. 다른 소득이 없고 병원근로소득만 있는 경우에는 2월 연말정산시점에 세금신고의무가 종료되나, 병원을 개원하는 경우에는 근로소득과 병원사업소득을 합산하여 반드시 신고를 하여야 한다. 근로소득이 누락되는 경우 가산세가 발생할 수 있으므로 반드시 확인하도록 한다. 근로소득금액 계산시 총급여액에서 차감하는 근로소득공제액은 2천만 원을 초과하지 못한다.

연금소득

연금소득은 크게 사적 연금소득과 공적 연금소득 두 가지로 볼 수 있다.

사적 연금에는 퇴직보험연금, 개인연금, 퇴직연금, 기타의 연금 등이 있고 공적 연금에는 국민연금, 공무원연금법 등에 의한 연금이 있다. 이러한 연금을 받게 되는 경우에는 병원소득과 합산하여 신고하여야 한다.

기타소득

종합소득에서 이자, 배당, 사업, 근로, 연금, 퇴직, 양도소득 외에 열거된 소득으로 "Dr.김"에게 귀속되는 소득을 말한다. 병원을 양도하면서 발생되는 영업권, 비정기적인 강의나 저작료, 계약의 위약이나 해약으로 받는 배상금, 종업원 등이 퇴직한 후 지급받는 직무발명보상금 등에서 발생되는 기타소득금액이 300만 원을 초과하는 경우 병원소득금액을 합산하여 신고해야 한다.

〈소득공제〉

- 기본공제(본인, 배우자, 부양가족)
- 추가공제(경로우대, 장애인 등)
- 연금보험료공제

- 특별소득공제(사회보장보험료, 주택자금공제)
- 조특법공제(개인연금저축공제, 소기업·소상공인공제부금, 주택마련저축공제, 신용카드소득공제 등)

〈세액공제〉

- 근로소득세액공제
- 자녀세액공제
- 연금계좌세액공제
- 특별세액공제(보장성보험, 의료비, 교육비, 기부금, 표준세액공제)
- 월세세액공제
- 성실신고확인비용세액공제
- 중소기업 등 투자세액공제
- 고용창출투자세액공제

〈가산세〉

- 무신고(과소신고)가산세
- 무기장가산세
- 납부(환급)불성실가산세
- 지급명세서제출불성실가산세
- 적격증빙서류가산세
- 영수증수취명세서미제출가산세 등

〈서식〉

- 표준손익계산서
- 표준재무상태표
- 표준합계잔액시산표
- 종합소득세신고서

[별지 제40호의 7 서식] (2014.3.14. 개정) (갑쪽)

표준손익계산서

단위 원

상 호		사업자등록번호		과세기간	. . 부터
					. . 까지

계 정 과 목	코드	금 액	계 정 과 목	코드	금 액
Ⅰ. 매출액	01		9. 가스 · 수도비	30	
1. 상품매출	02		10. 유류비	31	
2. 제품매출	03		11. 보험료	32	
3. 공사수입	04		12. 리스료	33	
4. 분양수입	05		13. 세금과공과	34	
5. 임대수입	06		14. 감가상각비	35	
6. 서비스수입	07		15. 무형자산상각비	36	
7. 기타	08		16. 수선비	37	
Ⅱ. 매출원가	09		17. 건물관리비	38	
1. 상품매출원가(①+②-③-④)	10		18. 접대비(①+②)	39	
① 기초재고액	11		① 해외접대비	40	
② 당기매입액	12		② 국내접대비	41	
③ 기말재고액	13		19. 광고선전비	42	
④ 타계정대체액	14		20. 도서인쇄비	43	
2. 제조 · 공사 · 분양 · 기타원가	15		21. 운반비	44	
① 기초재고액	16		22. 차량유지비	45	
② 당기총원가	17		23. 교육훈련비	46	
③ 기말재고액	18		24. 지급수수료	47	
④ 타계정대체액	19		25. 판매수수료	48	
Ⅲ. 매출총이익(Ⅰ - Ⅱ)	20		26. 대손상각비 (충당금 전입 · 환입액 포함)	49	
Ⅳ. 판매비와 관리비	21		27. 경상개발비	50	
1. 급여와 임금 · 제 수당	22		28. 소모품비	51	
2. 일용급여	23		29. 의약품비	52	
3. 퇴직급여 (충당부채 전입 · 환입액 포함)	24		30. 의료소모품비	53	
4. 복리후생비	25		31. 경영위탁수수료 (프랜차이즈 수수료 포함)	54	
5. 여비교통비	26		32. 외주용역비	55	
6. 임차료	27		33. 인적용역비	56	
7. 통신비	28		34. 기타 소계(①+②+③+④)	57	
8. 전력비	29		①	58	

210mm×297mm[백상지 80g/㎡(재활용품)]

(뒤쪽)

표준손익계산서

단위: 원

상 호		사업자등록번호		과세기간	. . 부터 . . 까지

계 정 과 목	코드	금 액	계 정 과 목	코드	금 액
②	59		7. 투자자산 처분손실	88	
③	60		8. 유 · 무형자산 처분손실	89	
④ 기타	61		9. 재고자산 감모손실	90	
Ⅴ. 영업손익(Ⅲ - Ⅳ)	62		10. 재해손실	91	
Ⅵ. 영업 외 수익	63		11. 충당금 · 준비금 전입액	92	
1. 이자수익	64		12. 전기오류수정손실	93	
2. 배당금수익	65		13. 기타 소계(①+②+③+④)	94	
3. 외환차익	66		①	95	
4. 외화환산이익	67		②	96	
5. 단기투자자산 처분이익	68		③	97	
6. 투자자산 처분이익	69		④ 기타	98	
7. 유 · 무형자산 처분이익	70		**Ⅷ. 당기순손익(Ⅴ + Ⅵ - Ⅶ)**	99	
8. 판매장려금	71				
9. 국고보조금	72				
10. 보험차익	73				
11. 충당금 · 준비금 환입액	74				
12. 전기오류수정이익	75				
13. 기타 소계 (①+②+③+④)	76				
①	77				
②	78				
③	79				
④ 기타	80				
Ⅶ. 영업 외 비용	81				
1. 이자비용	82				
2. 외환차손	83				
3. 외화환산손실	84				
4. 기타 대손상각비 (충당금전입액 포함)	85				
5. 기부금	86				
6. 단기투자자산 처분손실	87				

작 성 방 법

□ 표준손익계산서는 기업회계기준을 준용하여 다음과 같이 작성해야 합니다.

1. 손익계산서의 계정과목과 같은 계정과목이 없는 경우에는 유사한 계정과목란에 적습니다.
2. 단체퇴직보험료 등은 퇴직급여(코드번호:24)란에 적습니다.
3. 유류비(코드번호:31)란은 차량유지관련 이외의 유류비를 적습니다.
4. 지급수수료(코드번호:47)는 외주용역비(코드번호:55) 및 인적용역비(코드번호:56) 이외의 수수료를 적습니다.
5. 의약품비(코드번호:52) 및 의료소모품비(코드번호:53)란은 의료업자만 적습니다.
6. 외주용역비(코드번호:55)란은 특정업무나 기능을 외부 전문업체 등에 위탁하고 지급하는 비용을 적습니다.(치과에서 지출하는 기공료 포함)
7. 인적용역비(코드번호:56)란은 원천징수 대상 사업소득자에게 영업실적에 따라 지급한 수당(수수료)을 적습니다. (학원 강사, 외판원, 음료품 배달원 등)
8. Ⅳ. 판매비와 관리비, Ⅵ. 영업 외 수익, Ⅶ. 영업 외 비용 항목에 동일한 계정과목 등이 없는 경우 합계금액을 항목별로 분류하여 Ⅳ.34. 기타 소계, Ⅵ.13. 기타 소계, Ⅶ.13. 기타 소계란에 각각 적고, 항목란 아래 칸의 ①, ②, ③란에 금액이 큰 계정과목부터 순차적으로 계정과목을 적고 관련 금액을 적습니다.
9. Ⅱ. 2. ② 당기총원가란은 표준원가명세서의 당기제품제조원가(1.제조원가명세서의 Ⅸ), 당기공사원가(2.공사원가명세서의 XI), 당기완성주택 등 공사비(3.분양원가명세서의 XI), 당기총원가(4.기타원가명세서의 Ⅸ)의 합계액과 일치해야 합니다.
10. 그 밖의 사항은 표준재무상태표 작성요령을 준용합니다.

210mm×297mm[백상지 80g/㎡(재활용품)]

[별지 제40호의 6 서식] (2014.3.14. 개정) (앞쪽)

표준재무상태표

단위: 원

상 호		사업자등록번호		과세기간	. . 부터 . . 까지

계 정 과 목	코드	금 액	계 정 과 목	코드	금 액
Ⅰ. **유동자산**	01	: : :	(2) 장기투자증권	32	: : :
1. **당좌자산**	02	: : :	(3) 장기대여금	33	: : :
(1) 현금 및 현금성자산	03	: : :	① 관계회사	34	: : :
(2) 단기금융상품	04	: : :	② 임원 및 종업원	35	: : :
(3) 단기투자증권	05	: : :	③ 기타	36	: : :
(4) 단기대여금	06	: : :	(4) 기타	37	: : :
① 관계회사	07	: : :	2. **유형자산**	38	: : :
② 임원 및 종업원	08	: : :	(1) 토지	39	: : :
③ 기타	09	: : :	(2) 건물	40	: : :
(5) 매출채권	10	: : :	(3) 구축물 (시설장치 포함)	41	: : :
(6) 선급금	11	: : :	(4) 기계장치	42	: : :
(7) 미수금	12	: : :	(5) 선박	43	: : :
① 공사미수금	13	: : :	(6) 건설용 장비	44	: : :
② 분양미수금	14	: : :	(7) 차량운반구	45	: : :
③ 기타	15	: : :	(8) 공구 및 기구	46	: : :
(8) 선급비용	16	: : :	(9) 비품	47	: : :
(9) 기타	17	: : :	(10) 건설 중인 자산	48	: : :
2. **재고자산**	18	: : :	(11) 기타	49	: : :
(1) 상품	19	: : :	3. **무형자산**	50	: : :
(2) 제품	20	: : :	(1) 영업권	51	: : :
(3) 반제품 및 재공품	21	: : :	(2) 산업재산권(특허권, 상표권 등)	52	: : :
(4) 원재료	22	: : :	(3) 개발비	53	: : :
(5) 부재료	23	: : :	(4) 기타	54	: : :
(6) 미착상품 (미착재료)	24	: : :	4. **기타 비유동자산**	55	: : :
(7) 건설용지	25	: : :	(1) 장기매출채권	56	: : :
(8) 완성건물	26	: : :	(2) 장기선급금	57	: : :
(9) 미성공사	27	: : :	(3) 장기미수금	58	: : :
(10) 기타	28	: : :	(4) 임차보증금	59	: : :
Ⅱ. **비유동자산**	29	: : :	(5) 기타보증금	60	: : :
1. **투자자산**	30	: : :	(6) 기타	61	: : :
(1) 장기금융상품	31	: : :	**자산 총계**(Ⅰ+Ⅱ)	62	: : :

210mm×297mm[백상지 80g/㎡(재활용품)]

(뒤쪽)

표준재무상태표

단위: 원

상 호		사업자 등록번호		과세기간	. . 부터 . . 까지

계 정 과 목	코드	금 액
Ⅰ. 유동부채	63	: : :
1. 단기차입금	64	: : :
2. 매입채무	65	: : :
3. 선수금	66	: : :
4. 미지급금	67	: : :
5. 예수금	68	: : :
6. 미지급비용	69	: : :
7. 유동성장기부채	70	: : :
8. 유동성충당부채	71	: : :
9. 기타	72	: : :
Ⅱ. 비유동부채	73	: : :
1. 장기차입금	74	: : :
① 관계회사	75	: : :
② 임원 및 종업원	76	: : :
③ 기타	77	: : :
2. 장기매입채무	78	: : :
3. 장기선수금	79	: : :
4. 장기미지급금	80	: : :
5. 임대보증금	81	: : :
6. 기타보증금	82	: : :
7. 퇴직급여충당부채	83	: : :
8. 기타충당부채	84	: : :
9. 제준비금	85	: : :
10. 기타	86	: : :
부채총계(Ⅰ+Ⅱ)	87	: : :
Ⅲ. 자본금	88	: : :
Ⅳ. 당기순손익	89	: : :
자본 총계(Ⅲ+Ⅳ)	90	: : :
부채 및 자본총계 (Ⅰ+Ⅱ+Ⅲ+Ⅳ)	91	: : :

작 성 방 법

□ 표준재무상태표는 기업회계기준을 준용하여 다음과 같이 작성해야 합니다.

1. 소득별(사업, 부동산)로 각각 별지로 작성해야 합니다.
2. 공동사업자는 공동사업장별로 작성해야 합니다.
3. 재무상태표의 계정과목과 같은 계정과목이 없는 경우에는 유사한 계정과목란에 적습니다.
4. 계정과목에 적을 금액이 없을 때에는 금액란에 "0"으로 적습니다.
5. 단기투자증권(코드번호:05)은 단기매매증권 및 유동자산으로 분류되는 매도가능증권과 만기보유증권을 적습니다.
6. 완성건물(코드번호:26)은 판매용 주거용 건물 및 비주거용건물을 적습니다.
7. 의료업자의 의료기구 또는 의료시설은 공구 및 기구(코드번호:46)란에 적습니다.

210mm×297mm[백상지 80g/㎡(재활용품)]

표준합계잔액시산표

(년 월 일 현재)

단위 원

상 호		사업자등록번호	과세기간	. . . 부터
				. . . 까지

차 변		계정과목	대 변	
잔 액	합 계		합 계	잔 액
		〈 유 동 자 산 〉		
		〈 당 좌 자 산 〉		
		현금 및 현금성자산		
		단 기 금 융 상 품		
		단 기 투 자 증 권		
		단 기 대 여 금		
		매 출 채 권		
		선 급 금		
		미 수 금		
		선 급 비 용		
		기 타		
		〈 재 고 자 산 〉		
		상 품		
		제 품		
		반제품 및 재공품		
		원 재 료		
		부 재 료		
		미착상품 (미착재료)		
		건 설 용 지		
		완 성 건 물		
		미 성 공 사		
		기 타		
		〈 비 유 동 자 산 〉		
		〈 투 자 자 산 〉		

210mm×297mm[백상지 80g/㎡(재활용품)]

표준합계잔액시산표

(년   월   일 현재)

단위: 원

상 호		사업자등록번호		과세기간	. . . 부터 . . . 까지

차 변		계정과목	대 변	
잔 액	합 계		합 계	잔 액
		장 기 금 융 상 품		
		장 기 투 자 증 권		
		장 기 대 여 금		
		기 타		
		〈 유 형 자 산 〉		
		토 지		
		건 물		
		구축물(시설장치)		
		기 계 장 치		
		선 박		
		건 설 용 장 비		
		차 량 운 반 구		
		공 구 및 기 구		
		비 품		
		건 설 중 인 자 산		
		기 타		
		〈 무 형 자 산 〉		
		영 업 권		
		산 업 재 산 권 (특허권,상표권등)		
		개 발 비		
		기 타		
		〈기타비유동자산〉		
		장 기 매 출 채 권		
		장 기 선 급 금		

표준합계잔액시산표

(년 월 일 현재)

단위: 원

상 호		사업자등록번호	과세기간	. . . 부터
				. . . 까지

차 변		계정과목	대 변	
잔 액	합 계		합 계	잔 액
		장 기 미 수 금		
		임 차 보 증 금		
		기 타 보 증 금		
		기 타		
		〈 유 동 부 채 〉		
		단 기 차 입 금		
		매 입 채 무		
		선 수 금		
		미 지 급 금		
		예 수 금		
		미 지 급 비 용		
		유 동 성 장 기 부 채		
		유 동 성 충 당 부 채		
		기 타		
		〈 비 유 동 부 채 〉		
		장 기 차 입 금		
		장 기 매 입 채 무		
		장 기 선 수 금		
		장 기 미 지 급 금		
		임 대 보 증 금		
		기 타 보 증 금		
		퇴직급여충당부채		
		기 타 충 당 부 채		
		제 준 비 금		

표준합계잔액시산표

(　　년　　월　　일 현재)

단위: 원

상 호		사업자등록번호	과세기간	. . . 부터
				. . . 까지

차 변		계정과목	대 변	
잔 액	합 계		합 계	잔 액
		기　　　타		
		〈 자 본 〉		
		〈 손 익 〉		
		매　출　액		
		상품매출원가		
		제조·공사·분양·기타원가		
		판매비와관리비		
		영 업 외 수 익		
		영 업 외 비 용		
		당 기 순 손 익		
		합　　계		

관리번호	-

(년 귀속)종합소득세 · 농어촌특별세 · 지방소득세 과세표준확정신고 및 납부계산서

거주구분	거주자1 / 비거주자2
내 · 외국인	내국인1 / 외국인9
외국인단일세율적용	여 1 / 부 2
거주지국	거주지국코드

❶ 기본사항

① 성 명		② 주민등록번호	-
③ 주 소			
④ 주소지 전화번호		⑤ 사업장 전화번호	
⑥ 휴 대 전 화		⑦ 전자우편주소	
⑧ 신 고 유 형	11자기조정 12외부조정 14성실신고확인 20간편장부 31추계－기준율 32추계－단순율 40비사업자		
⑨ 기 장 의 무	1복식부기의무자 2간편장부대상자 3비사업자		
⑩ 신 고 구 분	10정기신고 20수정신고 30경정청구 40기한후신고 50추가신고(인정상여)		

❷ 환급금 계좌신고 (2천만 원 미만인 경우)	⑪ 금융기관/체신관서명		⑫ 계좌번호	

❸ 세무대리인				
	⑬성 명	⑭ 사업자등록번호 - - 8	⑮ 전화번호	
	⑯대리구분 1기장 2조정 3신고 4확인	⑰ 관리번호 U -	⑱ 조정반번호 -	

❹ 세액의 계산

구 분			종합소득세		지방소득세		농어촌특별세
종합소득금액		⑲					
소득공제		⑳					
과세표준(⑲－⑳)		㉑		㊶		61	
세율		㉒		㊷		62	
산출세액		㉓		㊸		63	
세액감면		㉔		㊹			
세액공제		㉕		㊺			
결정세액(㉓-㉔-㉕)		㉖		㊻		64	
가산세		㉗		㊼		65	
추가납부세액 (농어촌특별세의 경우에는 환급세액)		㉘		㊽		66	
합계(㉖+㉗+㉘)		㉙		㊾		67	
기납부세액		㉚		㊿		68	
납부(환급)할 총세액(㉙-㉚)		㉛		51		69	
납부특례세액	차감	㉜				70	
	가산	㉝					
분납할세액	2개월 내	㉞					
신고기한 이내 납부할 세액(㉛-㉜+㉝-㉞)		㉟		52		71	

신고인은 「소득세법」 제70조, 「농어촌특별세법」 제7조, 「지방세법」 제95조 및 「국세기본법」 제45조의 3에 따라 위의 내용을 신고하며, **위 내용을 충분히 검토하였고 신고인이 알고 있는 사실 그대로를 정확하게 적었음을 확인합니다.** 위 내용 중 과세표준 또는 납부세액을 신고하여야 할 금액보다 적게 신고하거나 환급세액을 신고하여야 할 금액보다 많이 신고한 경우에는 **「국세기본법」 제47조의 3에 따른 가산세 부과 등의 대상이 됨을 알고 있습니다.**

년 월 일 신고인 (서명 또는 인)

세무대리인은 조세전문자격자로서 위 신고서를 성실하고 공정하게 작성하였음을 확인합니다. 무기장 · 부실기장 및 소득세법에 따른 성실신고에 관하여 불성실하거나 허위로 확인된 경우에는 **「세무사법」 제17조에 따른 징계처분 등의 대상이 됨을 알고 있습니다.**

세무대리인 (서명 또는 인)

세무서장 귀하

접수(영수)일

첨부서류(각 1부)		전산입력필	(인)

❼ 사업소득명세서

<table>
<tr><td colspan="3">① 소 득 구 분 코 드</td><td colspan="2"></td><td colspan="2"></td><td colspan="2"></td><td colspan="2"></td></tr>
<tr><td colspan="3">② 일 련 번 호</td><td colspan="2"></td><td colspan="2"></td><td colspan="2"></td><td colspan="2"></td></tr>
<tr><td rowspan="2">③ 사 업 장</td><td colspan="2">소 재 지</td><td colspan="8"></td></tr>
<tr><td>국내1/ 국외9</td><td>소재지국 코드</td><td></td><td></td><td></td><td></td><td></td><td></td><td></td><td></td></tr>
<tr><td colspan="3">④ 상 호</td><td colspan="2"></td><td colspan="2"></td><td colspan="2"></td><td colspan="2"></td></tr>
<tr><td colspan="3">⑤ 사 업 자 등 록 번 호</td><td colspan="2"></td><td colspan="2"></td><td colspan="2"></td><td colspan="2"></td></tr>
<tr><td colspan="3">⑥ 기 장 의 무</td><td colspan="2"></td><td colspan="2"></td><td colspan="2"></td><td colspan="2"></td></tr>
<tr><td colspan="3">⑦ 신 고 유 형 코 드</td><td colspan="2"></td><td colspan="2"></td><td colspan="2"></td><td colspan="2"></td></tr>
<tr><td colspan="3">⑧ 주 업 종 코 드</td><td colspan="2"></td><td colspan="2"></td><td colspan="2"></td><td colspan="2"></td></tr>
<tr><td colspan="3">⑨ 총 수 입 금 액</td><td colspan="2"></td><td colspan="2"></td><td colspan="2"></td><td colspan="2"></td></tr>
<tr><td colspan="3">⑩ 필 요 경 비</td><td colspan="2"></td><td colspan="2"></td><td colspan="2"></td><td colspan="2"></td></tr>
<tr><td colspan="3">⑪ 소 득 금 액(⑨-⑩)</td><td colspan="2"></td><td colspan="2"></td><td colspan="2"></td><td colspan="2"></td></tr>
<tr><td colspan="3">⑫ 과 세 기 간 개 시 일</td><td colspan="2"></td><td colspan="2"></td><td colspan="2"></td><td colspan="2"></td></tr>
<tr><td colspan="3">⑬ 과 세 기 간 종 료 일</td><td colspan="2"></td><td colspan="2"></td><td colspan="2"></td><td colspan="2"></td></tr>
<tr><td rowspan="2">⑭
대 표
공동사업자</td><td colspan="2">성 명</td><td colspan="2"></td><td colspan="2"></td><td colspan="2"></td><td colspan="2"></td></tr>
<tr><td colspan="2">주민등록번호</td><td colspan="2"></td><td colspan="2"></td><td colspan="2"></td><td colspan="2"></td></tr>
<tr><td rowspan="6">⑮
특수관계인</td><td colspan="2">성 명</td><td colspan="2"></td><td colspan="2"></td><td colspan="2"></td><td colspan="2"></td></tr>
<tr><td colspan="2">주민등록번호</td><td colspan="2"></td><td colspan="2"></td><td colspan="2"></td><td colspan="2"></td></tr>
<tr><td colspan="2">성 명</td><td colspan="2"></td><td colspan="2"></td><td colspan="2"></td><td colspan="2"></td></tr>
<tr><td colspan="2">주민등록번호</td><td colspan="2"></td><td colspan="2"></td><td colspan="2"></td><td colspan="2"></td></tr>
<tr><td colspan="2">성 명</td><td colspan="2"></td><td colspan="2"></td><td colspan="2"></td><td colspan="2"></td></tr>
<tr><td colspan="2">주민등록번호</td><td colspan="2"></td><td colspan="2"></td><td colspan="2"></td><td colspan="2"></td></tr>
</table>

사업소득에 대한 원천징수 및 납세조합징수 세액

<table>
<tr><td rowspan="2">⑯
일련
번호</td><td colspan="2">원천징수의무자 또는 납세조합</td><td colspan="2">원천징수 또는 납세조합징수 세액</td></tr>
<tr><td>⑰ 상호(성명)</td><td>⑱ 사업자등록번호
(주민등록번호)</td><td>⑲ 소득세</td><td>⑳ 농어촌특별세</td></tr>
<tr><td></td><td></td><td></td><td></td><td></td></tr>
<tr><td></td><td></td><td></td><td></td><td></td></tr>
<tr><td></td><td></td><td></td><td></td><td></td></tr>
<tr><td></td><td></td><td></td><td></td><td></td></tr>
<tr><td></td><td></td><td></td><td></td><td></td></tr>
<tr><td></td><td></td><td></td><td></td><td></td></tr>
</table>

❾ 종합소득금액 및 결손금 · 이월결손금공제명세서

구 분	① 소득별 소득금액	② 부동산임대업(주택임대업 제외)외의 사업소득 결손금 공제금액	이월결손금 공제금액		⑤ 결손금 · 이월결손금공제 후 소득금액
			③ 부동산임대업(주택임대업 제외) 외의 사업소득 이월결손금 공제금액	④ 부동산임대업(주택임대업 제외)의사업소득 이월결손금 공제금액	
이자소득금액					
배당소득금액					
출자공동사업자의 배당소득금액					
부동산임대업(주택임대업 제외)의 사업소득금액					
부동산임대업(주택임대업 제외) 외의 사업소득금액					
근로소득금액					
연금소득금액					
기타소득금액					
합 계 (종합소득금액)					

❿ 이월결손금명세서

구 분	이월결손금 발생명세		③ 전기까지 공제액	당기 공제액			⑦ 잔 액
	① 발생 과세기간	② 발생금액		④ 당기 공제액	⑤ 소급공제액	⑥ 그 밖의 공제액	
부동산임대업(주택임대업 제외)의 사업소득							
부동산임대업(주택임대업 제외) 외의 사업소득							

⑪ 소득공제명세서

소득세법 상 소득공제

구분			금액	구분			금액
인적공제	기본공제	① 본인		연금보험료공제	⑨ 국민연금		
		② 배우자			⑩ 공무원·군인·사립학교교직원·별정우체국 연금		
		③ 부양가족(명)		⑪ 주택담보노후연금 이자비용공제			
	추가공제	④ 경로우대자(명)		특별공제	⑫ 보험료 공제		
		⑤ 장애인(명)			⑬ 주택자금 공제		
		⑥ 부녀자			⑭ 기부금(이월분) 공제		
		⑦ 한부모가족			⑮ 특별공제합계	근로소득이 있는 자 (⑫~⑭)	
	⑧ 인적공제계(①~⑦의 합계)					근로소득이 없는 자 (⑭)	

⑯ 인적공제대상자 명세

관계	성 명	내외국인	주민등록번호(외국인등록번호 등)	관계	성 명	내외국인	주민등록번호(외국인등록번호 등)
			-				-
			-				-
			-				-
			-				-

※ 관계코드: 소득자 본인=0, 소득자의 직계존속=1, 배우자의 직계존속=2, 배우자=3, 직계비속 중 자녀·입양자=4, 직계비속 중 자녀·입양자 외(직계비속과 그 배우자가 모두 장애인인 경우 그 배우자 포함)=5, 형제자매=6, 수급자=7, 위탁아동=8(관계코드 4~6은 소득자와 배우자의 각각의 관계를 포함합니다.)

「조세특례제한법」상 소득공제

⑰ 「조세특례제한법」 조문(제목)	⑱ 코드	⑲ 금 액	⑳ 사업자등록번호
조특법 제86조2(소기업·소상공인공제부금소득공제			
㉑ 「조세특례제한법」상 소득공제 합계			

㉒ 소득공제 합계 (⑧~⑪+⑮+㉑)		㉓ 소득공제 종합한도 초과액	

⓫-1 소득공제 종합한도 계산 부표

「소득세법」상 특별공제

구 분		금 액	대 상
① 주택자금			근로자

「조세특례제한법」상 소득공제

구 분	금 액	대 상
② 중소기업창업투자조합 출자 등		거주자
③ 소기업 · 소상공인 공제부금		거주자
④ 주택마련저축(청약저축, 주택청약종합저축)		근로자
⑤ 우리사주조합 출자(출연금)		근로자
⑥ 장기집합투자증권 저축		근로자
⑦ 신용카드 등 사용금액		근로자

⑧ 종합한도 적용 소득공제액 합계 (①~⑦)		⑨ 소득공제 종합한도 초과액 (종합한도 적용 소득공제액-2,500만 원)	

⑫ 세액감면명세서

① 제목(법 조문)	② 코드	③ 세액감면	④ 사업자등록번호
⑤ 세액감면 합계			

⑬ 세액공제명세서

① 「소득세법」상 세액공제			② 코드	공제대상 금액 (㉠)	적용률 (㉡)	③ 세액공제 (㉠×㉡)	④ 사업자등록번호
배당세액공제							
기장세액공제							
외국납부세액공제							
전자계산서 발급전송세액공제							
재해손실세액공제							
근로소득세액공제							
자녀 세액공제	(기본공제자녀 명)						
	(6세 이하 자녀 명)						
	(출산 · 입양 명)						
연금계좌 세액공제	과학기술인공제				12% (15%)		
	퇴직연금						
	연금저축						
특별세액공제	보험료	보장성			12%		
		장애인전용보장성			15%		
	의료비				15%		
	교육비				15%		
	기부금	법정기부금			15% (30%)		
		지정기부금					
	표준세액공제						
납세조합세액공제							
⑤ 「조세특례제한법」 상 세액공제 제목(법 조문)							
정치자금기부금	10만원 이하						
	10만원 초과						
성실신고확인비용에 대한 세액공제							
⑥ 세액공제 합계 (① 「소득세법」 + ⑤ 「조세특례제한법」)							

⑭ 준비금명세서

① 「조세특례제한법」 제목(조문)	② 코드	준비금 손금산입액		준비금 환입액		⑦ 사업자 등록번호
		③ 연도	④ 금액	⑤ 당기 환입액	⑥ 환입액 누계	

⑮ 가산세명세서

구분			계산기준	기준금액	가산세율	가산세액
① 무신고	부정무신고		무신고납부세액		40/100 (60/100)	
			수입금액		14/10,000	
	일반무신고		무신고납부세액		20/100	
			수입금액		7/10,000	
② 과소신고	부정과소신고		과소신고납부세액		40/100 (60/100)	
			수입금액		14/10,000	
	일반과소신고		과소신고납부세액		10/100	
③ 납부(환급)불성실	미납일수			( )	3/10,000	
	미납부(환급)세액					
④ 보고불성실	지급명세서	미제출(불명)	지급(불명)금액		2/100	
		지연제출	지연제출금액		1/100	
	계산서	미발급(위장가공)	공급가액		2/100	
		불명	불명금액		1/100	
		전자계산서 외 발급	공급가액		1/100	
		전자계산서 미전송	공급가액		3/1,000	
		전자계산서 지연전송	지연전송금액		1/1,000	
	계산서합계표	미제출(불명)	공급(불명)가액		1/100	
		지연제출	지연제출금액		0.5/100	
	매입처별 세금계산서 합계표	미제출(불명)	공급(불명)가액		1/100	
		지연제출	지연제출금액		0.5/100	
	소계					
⑤ 증빙불비	미수취		미수취금액		2/100	
	허위수취		허위수취금액		2/100	
⑥ 영수증수취명세서미제출	미제출		미제출금액		1/100	
	불명		불명금액		1/100	
⑦ 사업장 현황신고 불성실	무신고		수입금액		0.5/100	
	과소신고		수입금액		0.5/100	
⑧ 공동사업장등록 불성실	미등록·허위등록		총수입금액		0.5/100	
	손익분배비율허위신고 등		총수입금액		0.1/100	
⑨ 무기장			산출세액		20/100	
⑩ 사업용계좌 미신고등	미개설·미신고		수입금액 등		0.2/100	
	미사용		미사용금액		0.2/100	
⑪ 신용카드거부	거래거부·불성실금액				5/100	
	거래거부·불성실건수				5,000원	
⑫ 현금영수증미발급	미가맹		수입금액		1/100	
	미발급·불성실금액				5/100	
	미발급·불성실건수				5,000원	
⑬ 기부금영수증불성실	영수증불성실발급		불성실기재금액		2/100	
	발급명세서 미작성·미보관		미작성등 금액		0.2/100	
⑭ 동업기업 배분 가산세						
⑮ 성실신고확인서 미제출 가산세			산출세액		5/100	
⑯ 유보소득계산명세서 제출 불성실 가산세			배당가능 유보소득금액		0.5/100	
⑰ 합계						

⑯ 기납부세액명세서

구분		소득세		농어촌특별세	
중간예납세액		①			
토지등매매차익예정신고납부세액		②			
토지등매매차익예정고지세액		③			
수시부과세액		④		㉑	
원천징수세액 및 납세조합징수세액	이자소득	⑤		㉒	
	배당소득	⑥		㉓	
	사업소득	⑦		㉔	
	근로소득	⑧		㉕	
	연금소득	⑨			
	기타소득	⑩			
기납부세액 합계		⑪		㉖	

퇴직소득, 양도소득의 분류과세

종합소득금액은 소득세법상 열거된 6가지 소득(이자소득, 배당소득, 사업소득, 근로소득, 연금소득, 기타소득)을 합산하여 신고하는 종합소득합산과세 방식을 취하고 있다. 이와는 달리 퇴직으로 인해 발생하는 퇴직소득과 토지 및 건물 등을 양도하고 발생하는 양도소득에 대해서는 종합소득금액과 합산하지 아니하고 각각 별도의 분류과세를 하고 있다. 이는 퇴직소득이나 양도소득은 장기간에 걸쳐 이루어진 소득으로 퇴직이나 양도라는 행위를 통해 일시에 실현되는 성격을 고려한 것이다.

따라서 종합소득금액, 퇴직소득금액, 양도소득금액은 소득금액을 산출하는 과정이 각각 달리 적용되고, 소득의 발생원천에 따라 소득금액 산출과정이 다르게 적용되므로 3가지 소득을 분류하여 과세하고 있는 것이다.

02

병원소득과 종전근무지 근로소득의 합산신고

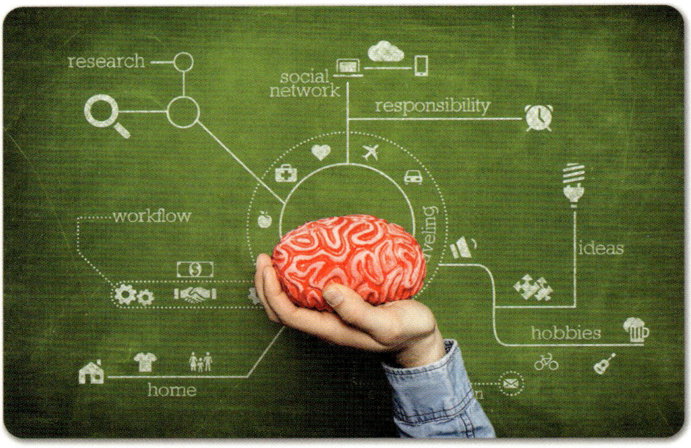

올해 병원을 개업한 "Dr.김"은 개원 전 페이닥터로 근무하면서 상당한 금액의 급여를 받았다. 올해 발생한 사업소득 이외에도 근로소득금액을 합산하여 신고해야 된다는 것은 알고 있다. 복잡한 서무문제의 해결사! 병의원전문 김 세무사에게 자문을 구하였다. 병원과 관련된 신고서류 외에도 근로소득에 대하여 준비해야 되는 서류는 어떤 것이 있을까?

다른 병원에서 페이닥터로 재직할 당시 연말정산을 통해 근로소득에 대한 세금을 정산하였을 것이다. "Dr.김"은 다른 병원에서 근무를 하고 이직한 근로소득의 소득내역인 전 근무지의 근로소득원천징수영수증을 발급받아 개원한 병원의 사업소득과 합산하여 정산하여야 한다.

연말정산이란 근로자가 올해 납부한 근로소득세를 정산하는 절차이다. 원천징수의무자인 병원이 다음 연도 2월분 급여를 지급하는 시점에 매월 급여를 지급할 때, 이미 원천징수한 근로소득세액이 세법에 따라 계산한 연간 근로소득세액보다 많은 경우에는 많이 낸 세금은 돌려주고, 적게 낸 경우에는 추가 납부하는 제도를 말한다.

종합소득세는 근로소득금액을 계산함에 있어 다양한 필요경비적 성질을 가진 공제제도를 마련하고 있다.

부양가족 등의 인적공제와 건강보험과 국민연금의 보험료, 신용카드 등 사용분, 주택자금 등의 소득공제에 해당하는 물적공제가 있다. 그리고 근로소득 세액공제, 보장성보험료, 의료비, 교육비, 기부금 등의 세액공제와 근로소득이 없는 소득자에 대한 표준세액공제가 있다.

소득공제와 세액공제는 매년 세법 개정으로 변경되고 있어 연말정산이 다가오는 시점에 반드시 확인하여야 한다. 소득공제는 소득에서 해당하는 금액만큼 공제하는 것이고, 세액공제는 세금이 결정된 뒤 해당하는 세액만큼 차감하는 제도이다.

연말정산과 관련된 서류 등은 국세청 시스템을 이용하면 보다 편리하게 발급받을 수 있다.

국세청은 홈택스(www.hometax.go.kr)의 연말정산간소화 서비스를 통해 근로자가 연말정산 시 직접 영수증 발급 기관을 방문하지 않고도 필요한 서류를 확인하고 받을 수 있도록 하였다.

연말정산간소화란 은행, 학교, 병원 등 영수증 발급기관이 전산파일로 제출한 소득 및 세액공제 증명서류를 국세청에서 DB를 구축하여 인터넷을 통해 근로자에게 제공하는 서비스를 말한다. 따라서 연말정산시기에 국세청 홈택스(www.hometax.go.kr)에서 제공하는 소득 및 세액공제 증명서류를 출력하거나 전산파일로 다운로드하여 병원에 제출하면 된다.

다만, 일부 영수증 발급기관이 국세청에 제출하지 않은 자료는 홈페이지에서 확인되지 않으므로 직접 해당 기관을 방문하여 발급받아야 한다. 또한 홈택스의 「편리한 연말정산」을 활용하면 쉽게 소득 및 세액공제신고서와 부속서류 등을 조회하고 출력하거나 온라인으로 제출하여 연말정산을 쉽게 이용할 수 있다.

이외에도 연말정산 시 필요한 서류를 다음과 같은 기관을 이용하여 발급받을 수 있다.

- 주민등록표등본 : 정부민원포털 민원24(www.minwon.go.kr)
- 가족관계등록부 : 대법원 전자가족관계등록시스템(efamily.scourt.go.kr)
- 건물등기부등본 : 대법원 인터넷등기소(www.iros.go.kr)

03

성실신고대상자

개원한 지 3년 차인 “Dr.김”은 기대 이상의 병원성장으로 바쁜 나날을 보내고 있다. 최근 세무서로부터 특이한 내용이 담긴 안내문을 받아보았다. 성실신고대상자에 관한 내용으로 병원매출액이 5억 이상이 되어 일반적인 종합소득세대상이 아니라는 것이다. 매출성장으로 즐겁기도 하지만 특별관리 대상이 되는 듯하여 부담스러운 것도 사실이다. 병의원전문 김 세무사에게 성실신고대상자가 무엇인지 자세한 세무상담을 받아 보았다.

성실신고확인제도란

성실신고확인제도란 개인소득자의 소득신고의 투명성을 높

이기 위해, 세무신고 내역을 사전에 세무대리인이 검증하여 세원의 투명성을 확보하기 위한 제도이다. 2012년 종합소득세 신고부터 '성실신고확인제도'가 도입되었으며, 이 제도는 세무대리인을 통해 사전 검증을 거쳐 납세자의 성실한 신고를 유도한다. 이는 과세관청의 불필요한 세무조사 등을 줄여 세무행정의 효율성을 높이기 위함이다.

성실신고확인대상자는 성실신고에 따른 제반의 서류를 제출하여 종합소득세 신고를 5월이 아닌 6월까지 신고하여야 한다.

성실신고확인제도

확인대상의 분류

수입금액	대상업종
5억 원 이상	보건업 및 사회복지서비스업, 부동산임대업, 과학 및 기술서비스업, 사업지원서비스업, 교육서비스업, 예술스포츠여가서비스업, 기타 개인서비스업
7.5억 원 이상	제조업, 음식숙박업, 전기가스수도업, 하수폐기물처리업, 건설업, 운수업, 출판방송통신업, 금융보험업
15억 원 이상	광업, 도소매업, 농림어업, 부동산업

성실신고를 확인하는 세무대리인

세무사, 세무법인, 회계사, 회계법인이 성실신고를 확인할 수 있으며 기장업무와 성실신고확인업무의 중복이 가능하다.

성실신고확인서를 제출하지 아니하는 경우

종합소득산출세액×(사업소득금액/종합소득금액)×5%의 세액과 무신고 가산세와 무기장 가산세 중 큰 금액을 합산한 금액 상당액을 가산세로 납부해야 한다. 또한 성실신고대상자가 확인서를 제출하지 아니한 경우에는 가산세 납부는 물론이고 세무조사대상으로 선정될 수 있다.

성실신고해당사업자 등에 대한 세액공제 등 지원

성실신고대상자는 종합소득에 대해 5월이 아닌 6월까지 신고한다. 세무대리인으로부터 부담한 성실신고 확인비용의 60%를 세액공제 받을 수 있다.(120만 원 한도) 또한 의료비공제(연 700만 원 한도), 산후조리원 비용공제(6천만 원 이하 성실사업자/연 200만 원 한도), 교육비공제(사업주 교육비는 전액공제, 유치원·초·중·고등학생은 연 300만 원공제, 대학생은 연 900만 원을 한도로 공제)가 가능하다.

병의원 사업장의 매출액이 5억 원 이상인 경우

1인별 기준이 아니라 사업장(사업자등록번호)을 기준으로 판단한다. 공동사업자의 경우에도 공동사업장에서 5억 원 이상의 매출이 발생하면 성실신고대상자가 된다.

성실신고확인자의 중점 검토사항

① 수입금액 내역과 세부적인 매출 증빙 발행 현황

② 전체 매입액의 5% 이상인 매입거래처 중에서 상위 5개의 주요한 매입거래처

③ 유형자산 중 주요한 유형자산의 확인

④ 차입금내역과 용도 및 이와 관련하여 발생한 이자지급 너역

⑤ 계상된 필요경비 중 수취한 적격증빙(세금계산서, 계산서, 신용카드, 현금영수증) 금액의 분석

⑥ 급여지급 현황의 분석

⑦ 배우자, 직계존비속 등의 급여 계상여부와 내부거래내역의 확인

⑧ 업무용 차량 운영 현황

⑨ 사업용 계좌의 기초 기말 사용 현황

⑩ 성실신고확인에 대한 사업자 확인 사항의 서명 등

성실신고 대상자의 수입금액은 정교하게 확인된다. 그리고 비용으로 계상된 금액의 적격성과 세금계산서 등의 적격증빙수령 여부를 검토한다. 그러므로 가족이나 특수관계자 간의 거래 등에 대해 보다 면밀한 검토를 거친 후 신고해야 한다.

이러한 사항들에 대해 부실하게 신고하거나 정확한 검토가 이루어지지 않는 경우에는 성실신고확인자는 다음의 제재를 받을 수 있어 신중하게 처리하여야 한다.

세무대리인의 성실신고확인이 허위이거나 부실한 경우

허위확인금액	제재내용
5억 원 이상	직무정지 1~2년
1억 원 이상	직무정지개월~1년 또는 500만 원~1,000만 원 과태료
1억 원 미만	견책, 직무정지 3개월 이하 또는 500만 원 이하 과태료

〈서식〉

- 성실신고확인서
- 성실신고확인 결과 주요항목 명세서
- 성실신고확인 결과 특이사항 기술서
- 성실신고확인 결과 사업자 확인사항

(　　　년 귀속) 성 실 신 고 확 인 서

1. 성실신고확인대상사업자

① 성 명		② 주민등록번호	-
③ 주 소			

④ 성실신고확인대상사업장

번호	사업자등록번호	상 호	소득구분	번호	사업자등록번호	상 호	소득구분
1				2			
3				4			
5				6			
7				8			
9				10			

2. 성실신고확인자 (세무사, 공인회계사, 세무법인, 회계법인)

⑤ 상호(법인명)		⑥ 사업자등록번호	- -
⑦ 성명(대표자)		⑧ 관 리 번 호	-
⑨ 사업장소재지			

3. 확인내용

위 성실신고확인대상사업자의 비치·기록된 장부와 증빙서류에 따라 계산한 수입금액 및 필요경비의 계상 등 소득금액에 대하여 「소득세법」 제70조의 2 제1항에 따라 성실하게 확인하였습니다.

년　　월　　일

성실신고확인자　　　　　(서명 또는 인)

신고인은 「소득세법」 제70조의 2 제1항에 따라 위 성실신고확인자로부터 성실신고확인을 받고 그 확인서를 제출합니다.

년　　월　　일

성실신고확인대상사업자　　　　　(서명 또는 인)

세무서장 귀하

※ 첨부서류 : 1. 성실신고확인 결과 주요항목 명세서
2. 성실신고확인 결과 특이사항 기술서
3. 성실신고확인 결과 사업자 확인사항

※ 작성방법 : 「소득세법」 제160조 및 제161조에 따라 구분하여 작성된 장부별로 작성
① 둘 이상의 사업장을 가진 사업자는 표준재무제표 작성과 일치시켜 사업장별 또는 통합하여 작성 (단, 사업장별로 조세감면을 달리 적용받는 경우에는 사업장별로 작성)
② 소득별(부동산임대의 사업소득, 부동산임대 외의 사업소득)로 첨부서류를 각각 별지로 작성하고 "④ 성실신고확인대상사업장"의 "소득구분"에 "부동산임대" 또는 "사업"으로 구분하여 기재
③ 공동사업자는 공동사업장별로 작성하며, 주된 공동사업자 1명만 납세지관할세무서장에게 제출
④ 성실신고확인대상사업장이 10개를 초과하는 경우 별지에 동일한 표양식으로 작성

210㎜×297㎜(신문용지 54g/㎡(재활용품))

〈첨부 1〉

성실신고확인 결과 주요항목 명세서

1. 사업장 현황*

* 둘 이상의 사업장을 통합하여 작성하는 경우 가. 사업장 등록사항, 나. 사업장 기본사항의 표양식을 하단에 복사하여 작성

가. 사업장 등록사항

상 호		업 종	
사업장 소재지			
개업일		폐업일	

나. 사업장 기본사항

소유구분	건 물		건물면적		임차 보증금	월 세	종업원수	차 량
	지하층	지상층	바닥면적	연면적				
자가 · 타가	층	층	㎡	㎡	천 원	천 원	명	대

* 사업장 기본사항은 과세기간 종료일 현재 기준으로 작성(과세기간 중 폐업자는 폐업일 기준)

2. 주요 사업내역 현황

가. 주요 매출처(전체 매출액 대비 5% 이상 금액의 매출처 중 상위 5개)

(단위 : 천 원)

상 호 (법인명)	성 명 (대표자)	사업자등록번호	거래금액	거래품목

1. 매출처가 최종소비자인 경우 최종소비자와의 거래분 전체를 1 거래처로 보아 작성
2. 매출처가 사업자등록을 하지 않은 경우 사업자등록번호란에는 주민등록번호를 기입

나. 주요 매입처(전체 매입액 대비 5% 이상 금액의 매입처 중 상위 5개)

(단위 : 천 원)

상 호 (법인명)	성 명 (대표자)	사업자등록번호	거래금액	거래품목

* 매입처가 사업자등록을 하지 않은 경우 사업자등록번호란에는 주민등록번호를 기입

다. 주요 유형자산 명세

(단위 : 천 원)

계정과목	자산내역 (품명)	수 량	취득가액	연간 리스료	취득일

* 작성대상 : 1. 건별 또는 세트당 취득가격이 과세기간 종료일 현재 5천만 원 이상인 유형자산 (차량운반구는 제외)
  2. 리스자산인 경우 모두 작성하고, 자산내역란에 금융리스 여부를 구분하여 작성

라. 차입금 및 지급이자 확인

(단위 : 천 원)

계정과목	차입처	차입금 용도	차입금액	연간 지급이자	차입일	상환일

1. 차입금 건별로 과세기간 종료일 현재 1천만 원 이상의 차입금에 대해서만 작성하되, 사업과 관련 없는 개인적인 차입금은 작성 제외
2. 차입금 용도 작성 예시 : 매입자금용, 시설투자용, 원재료매입용 등으로 작성

3. 수입금액 검토

가. 수입금액 신고 현황

(단위 : 천 원)

<table>
<tr><td rowspan="2">총수입금액
(①)</td><td colspan="4">부가가치세 과세표준 신고분</td><td rowspan="2">사업장현황
신고분(③)</td><td rowspan="2">차이금액
[①-(②+③)]</td></tr>
<tr><td>소계(②)</td><td>과세분</td><td>영세율분</td><td>면세분</td></tr>
<tr><td></td><td></td><td></td><td></td><td></td><td></td><td></td></tr>
<tr><td>차이원인</td><td colspan="6"></td></tr>
</table>

* 총수입금액(①)은 종합소득세 과세표준 확정신고서의 첨부서류인 "조정 후 총수입금액명세서"의 "총수입금액"과 일치하여 작성(조정 후 총수입금액이 아님)

나. 매출증빙발행 현황

(단위 : 천 원)

<table>
<tr><td rowspan="2">총수입금액
(①)</td><td colspan="6">매출증빙발행 금액(②)</td><td rowspan="2">차이금액
(①-②)</td></tr>
<tr><td>세금계산서
(㉮)</td><td>계산서
(㉯)</td><td>신용·선불
직불(체크)
카드(㉰)</td><td>현금영수증
(㉱)</td><td>지 로
(GIRO)
(㉲)</td><td>원천징수
대상 사업소득
(㉳)</td></tr>
<tr><td></td><td></td><td></td><td></td><td></td><td></td><td></td><td></td></tr>
<tr><td>차이원인</td><td colspan="7"></td></tr>
</table>

1. 총수입금액(①)은 상기 "가. 수입금액 신고 현황"의 총수입금액(①)과 일치하여 작성
2. ㉮와 ㉰,㉱,㉲가 중복될 경우 ㉮에 기재하고, ㉯와 ㉰,㉱,㉲가 중복될 경우 ㉯에 기재하며, ㉳와 ㉮,㉯,㉰,㉱,㉲가 중복될 경우 ㉳에 기재하여 ㉮부터 ㉳항목 간의 금액이 중복 기재하지 않도록 작성
3. 지로(GIRO)(㉲)는 학원사업자가 수강료 등을 지로(GIRO)의 방식으로 수납한 금액에 한하여 작성
4. 원천징수대상 사업소득(㉳)은 「소득세법」 제127조 제1항 제3호에 따라 원천징수되는 사업소득에 대한 사업소득 지급명세서상의 지급총액을 기재
5. 차이금액 및 차이원인에는 매출증빙발행 금액(②)의 증빙서류 외의 영수증 등(예시 : 영수증, 간이계산서 등)으로 발행한 매출 및 증빙서류 없는 매출의 금액과 원인을 기재

다. 원천징수대상 봉사료 신고사항 등 검토

(「소득세법」 제127조 제1항 제8호에 해당하는 봉사료 발생 사업자만 작성)

1) 원천징수대상 봉사료 신고 현황

(단위 : 천 원)

<table>
<tr><td>공급가액
(공급대가)(①)</td><td>봉사료
(②)</td><td>공급가액
(공급대가)의
100분의 20 초과
봉사료(③)</td><td>원천징수이행상황
신고서의 봉사료 지급액
(④)</td><td>차이금액
(④ - ③)</td></tr>
<tr><td></td><td></td><td></td><td></td><td></td></tr>
<tr><td>차이원인</td><td colspan="4"></td></tr>
</table>

① : 봉사료를 제외한 금액으로 일반과세자는 공급가액, 간이과세자의 경우는 공급대가를 기재
② : 세금계산서, 계산서, 영수증, 신용카드매출전표 등에 구분 기재된 봉사료 총액
③ : ②번 봉사료 내역 중 봉사료 가액이 공급가액(공급대가) (①번 금액)의 100분의 20을 초과하는 경우 봉사료 총액
④ : ③번 봉사료에 대하여 원천징수이행상황신고서의 사업소득 또는 기타소득으로 신고한 총지급액의 합계

2) 원천징수대상 봉사료에 대한 지급명세서 제출 현황

(단위 : 천 원)

원천징수이행상황신고서의 봉사료 지급액(①)	지급명세서 금액 (②)	차이금액 (② - ①)
차이원인		

① : "1) 원천징수대상 봉사료 신고 현황"의 "원천징수이행상황신고서의 봉사료 지급액"과 동일한 금액

② : 사업소득지급명세서 또는 기타소득지급명세서 중 봉사료 지급분에 대한 지급명세서의 총지급액 합계

3) 연간 부가가치세 및 개별소비세 과세표준 비교(과세유흥장소만 작성)

(단위 : 천 원)

부가가치세 신고과표 (①)	개별소비세 신고과표 (②)	환산과표 (③=②×1.13)	차이 (③ - ①)
차이원인			

4. 필요경비에 대한 적격증빙 수취여부 등 검토

가. 표준손익계산서[1] 항목

(단위 : 천 원)

항 목	당기 계상액	적격증빙[2] 수취 의무 제외		적격증빙 수취 의무			
		건당 3만 원 이하	기타[3]	계	적격증빙	적격증빙 외의 증빙	증빙불비
①당기매입액							
②의약품비							
③복리후생비							
④여비교통비							
⑤임차료							
⑥보험료							
⑦수선비							
⑧접대비							
⑨광고선전비							
⑩운반비							
⑪차량유지비							
⑫지급수수료							
⑬판매수수료							
⑭소모품비							
⑮인적용역비							
⑯기타 판매비 및 관리비							
⑰영업외비용							

1) 광업, 채굴업, 제조업, 건설업 그 밖에 별도의 원가계산이 필요한 업종은 다음 페이지의 나. 표준원가명세서를

먼저 작성한 후 표준원가명세서에 기재된 각 항목 비용 외의 비용만 표준손익계산서에 기재
2) 적격증빙 : (매입자발행) 세금계산서, 계산서, 현금영수증, 사업(기타)소득 지급명세서, 「소득세법 시행령」 제84조 제5항 각 호에 따른 신용(직불・체크・선불)카드매출전표
3) 「소득세법 시행령」 제208조의 2 제1항 제2호부터 제9호 및 같은 법 시행령 제83조 제6항 각 호・제84조 제4항 각 호에 열거하는 것에 한함.

〈 표준손익계산서상 급여지급현황 〉

(단위 : 천 원)

항 목	당기 계상액(①)	비과세・과세대상제외[1] (②)	지급명세서 제출금액			차이금액 [①-(②+③)]
			계(③)	근로소득[2] (연말정산)	근로소득 (일용근로)	
급여와 임금・제 수 당						
차이원인						

1) 「소득세법」 제12조 제3호의 근로소득 비과세금액 중 지급명세서 제출이 제외되는 금액과 같은 법 시행령 제38조의 근로소득에서 제외되는 금액을 기재
2) 근로소득(연말정산) 금액은 성실신고확인대상사업장에서 지급받은 금액에 한하여 작성

나. 표준원가명세서[1] 항목

(단위 : 천 원)

항 목	당기 계상액	적격증빙[2] 수취 의무 제외		적격증빙 수취 의무			
		건당 3만 원 이하	기타[3]	계	적격증빙	적격증빙 외의 증빙	증빙불비
①당기재료 매입액							
②운 임							
③수선비							
④소모품비							
⑤임차료							
⑥보험료							
⑦복리후생비							
⑧여비교통비							
⑨접대비							
⑩차량유지비							
⑪외주가공비							
⑫기타경비							

1) 작성대상 : 광업, 채굴업, 제조업, 건설업 그 밖에 별도의 원가계산이 필요한 업종
2) 적격증빙 : (매입자발행) 세금계산서, 계산서, 현금영수증, 사업(기타)소득 지급명세서, 「소득세법 시행령」 제84조 제5항 각호에 따른 신용(직불・체크・선불)카드매출전표
3) 「소득세법 시행령」 제208조의 2 제1항 제2호부터 제9호 및 같은 법 시행령 제83조 제6항 각 호・제84조 제4항 각 호에 열거하는 것에 한함.

〈 **표준원가명세서상 급여지급현황** 〉

(단위 : 천 원)

항 목	당기 계상액(①)	비과세·과세대상제외[1] (②)	지급명세서 제출금액			차이금액 [①-(②+③)]
			계(③)	근로소득[2] (연말정산)	근로소득 (일용근로)	
급료와 임금 · 제 수 당						
차이원인						

1) 「소득세법」 제12조 제3호의 근로소득 비과세금액 중 지급명세서 제출이 제외되는 금액과 같은 법 시행령 제38조의 근로소득에서 제외되는 금액을 기재

2) 근로소득(연말정산) 금액은 성실신고확인대상사업장에서 지급받은 금액에 한하여 작성

5. 3만 원 초과 거래에 대해 적격증빙이 없는 비용의 명세

(단위 : 천 원)

계정과목	매입처					증빙불비 원인
	거래일자	상호 (법인명)	성명 (대표자)	금액	거래내용	
계						

* 표준손익계산서 및 표준원가명세서의 적격증빙수취의무가 있으나 적격증빙을 수취하지 않은 거래내역 기재(영수증 등 적격증빙외의 증빙서류를 수취하고 「소득세법 시행규칙」 별지 제40호의 5 서식 「영수증수취명세서」에 거래내역을 작성하여 신고한 경우에는 기재하지 않음)

6. 배우자 및 직계존비속 등과의 거래 검토

가. 사업자인 배우자 및 직계존비속과의 거래내역(인건비 제외)

(단위 : 천 원)

성명	사업자등록번호	관계	거래금액

* 배우자, 직계존비속이 사업자등록을 하지 않은 경우 사업자등록번호 란에는 주민등록번호를 기입

나. 대표자가 본인, 배우자, 직계존비속인 법인과의 거래내역

(단위 : 천 원)

성명	사업자등록번호	관계	거래금액

* 법인이 사업자등록을 하지 않은 경우 사업자등록번호 란에는 대표자의 주민등록번호를 기입

다. 배우자 및 직계존비속에 대한 인건비(일용직, 아르바이트 직원 포함) 지급명세

(단위 : 천 원)

성명	주민등록번호	관계	입사일 (퇴사일)	담당 직무	지급액	비과세 · 과세대상 제외[1]	지급명세서 제출금액[2]

1) 「소득세법」 제12조 제3호의 근로소득 비과세금액 중 지급명세서 제출이 제외되는 금액과 같은 법 시행령 제38조의 근로소득에서 제외되는 금액을 기재

2) 지급명세서 제출금액은 성실신고확인대상사업장에서 지급받은 금액에 한하여 작성

7. 차량운영현황(업무용에 한함)

(단위 : 천 원)

차종	배기량	차량번호	취득일	보험계약서의 소유자	용도	취득금액

* 보험계약서의 소유자가 사업자 본인인지 여부와는 관계없이 표준손익계산서 및 표준원가명세서상 차량유지비가 발생한 업무용 차량에 대하여 작성

8. 사업용 계좌별 잔액현황

(단위 : 천 원)

번호	사업용 계좌		기초 잔액	기말 잔액
	개설은행	계좌번호		
1				
2				
3				
4				
5				
6				
7				
8				
9				
10				

* 사업용 계좌가 10개를 초과하는 경우 별지에 동일한 표양식으로 작성 가능

〈첨부 2〉

성실신고확인 결과 특이사항 기술서

<table>
<tr><th>항 목</th><th>특 이 사 항</th><th>비 고</th></tr>
<tr><td>사업현황</td><td></td><td></td></tr>
<tr><td>수입금액</td><td></td><td></td></tr>
<tr><td rowspan="4">적격
증빙
비용</td><td>〈3만 원 초과 거래에 대한 적격증빙 비치 여부〉</td><td></td></tr>
<tr><td>〈3만 원 초과 거래에 대한 장부상 금액과 적격증빙금액 일치 여부〉</td><td></td></tr>
<tr><td>〈소득세법 시행규칙 별지 제40호의 5 서식 「영수증수취명세서」 작성 시 적격 증빙 없는 비용에 대한 내역 누락 여부〉</td><td></td></tr>
<tr><td>〈현금지출 항목 또는 적격증빙 없는 항목에 대한 업무무관 여부〉</td><td></td></tr>
<tr><td>인건비</td><td>(예시) • 사업자의 배우자 및 직계존비속에게 지급한 인건비
• 사업자의 배우자 및 직계존비속 중 재학, 해외 유학 또는 군복무 중인 자에게 지급한 인건비</td><td></td></tr>
<tr><td>차량유지비</td><td>(예시) • 사업용 차량수를 고려할 때 과다계상된 주유비
• 사업규모 · 근무자 수에 비해 과다한 차량에 대한 주유비
• 사업자의 배우자 및 직계존비속 소유의 차량에 대한 주유비</td><td></td></tr>
<tr><td>통신비</td><td>(예시) • 가족 · 친척 등의 명의로 지급한 통신비
• 업무와 관련 없는 통신기기에서 발생하는 통신비</td><td></td></tr>
<tr><td>복리후생비</td><td>(예시) • 접대성 경비를 복리후생비로 계상
• 가족 및 개인용도로 지출한 비용을 복리후생비로 계상</td><td></td></tr>
<tr><td>접대비</td><td>(예시) • 국내관광지 및 해외 여행 지출 경비
• 업무와 관련이 없는 유흥주점 지출 경비</td><td></td></tr>
<tr><td>이자비용</td><td>(예시) • 채권자가 불분명한 차입금에 대해 계상한 이자비용
• 업무무관자산을 취득하기 위한 차입금에 대해 계상한 이자비용</td><td></td></tr>
<tr><td>감가상각비</td><td>(예시) • 업무와 관련이 없는 자산에 대한 감가상각비 계상</td><td></td></tr>
<tr><td>건물관리비</td><td>(예시) • 사업자의 배우자 및 직계존비속이 사용하는 건물의 관리비 계상</td><td></td></tr>
<tr><td>지급수수료</td><td>(예시) • 종업원의 봉사료와 관련하여 계상된 카드수수료
업무와 관련 없는 부동산 취득에 따른 관련 수수료</td><td></td></tr>
<tr><td>성실신고
확인자
종합의견</td><td colspan="2"></td></tr>
</table>

〈첨부 3〉

성실신고확인 결과 사업자 확인사항

구 분		확인내용	사업자확인 (예, 아니오)	비 고
수입금액 확인	공통	매출채권의 장부상 잔액과 거래처 잔액이 일치함을 확인합니다.		
		신고 시 수입금액을 누락하거나 이와 관련하여 장부에 계상하지 않은 비용은 없음을 확인합니다.		
		재고자산의 실제 재고와 장부상 재고가 일치함을 확인합니다.(차이가 있는 경우 매출 및 재고누락, 사적사용 등 원인을 기재하시기 바랍니다)		
		사업과 관련하여 재화·용역을 공급받거나 공급하는 거래로서 거래의 대금을 금융회사 등을 통하여 결제하거나 결제받는 경우 사업용계좌를 사용하였음을 확인합니다.		
		사업용계좌 외 친·인척, 종업원 등 타인 명의의 계좌에 입금된 수입금액을 장부에 누락한 사실이 없음을 확인합니다.		
	업종별	(현금영수증 의무발급업종) 30만 원 이상 현금거래에 대하여 현금영수증 의무발급이 누락된 사실이 없음을 확인합니다.		
		(현금수입업종) 수입금액에서 제외한 종업원의 봉사료는 실질에 맞게 구분기재하고 실제 지급하였음을 확인합니다.		
		(전문인적용역) 협회 등에 신고한 수임건에 대한 수입금액을 신고수입금액에 포함하였음을 확인합니다.		
		(전문인적용역) 종료된 사건에 대한 성공보수금을 장부에 누락한 사실이 없음을 확인합니다.		
		(의료업종) 비보험 수입을 신고수입금액에 포함하였음을 확인합니다.		
		(의료업종) 보관하고 있는 일일수입금액집계표, 현금출납부 및 매출원장 등이 서로 일치함을 확인합니다.		
위 확인내용은 사실과 다름없음을 확인합니다. 성실신고확인대상사업자 (서명 또는 인)				

1. 사업자확인은 "예" 또는 "아니오"로 기재하고, "아니오"인 경우에는 비고란에 차이금액 및 사유 등을 기재하시기 바랍니다.
2. 수입금액 확인(업종별)은 신고인에 해당되는 업종에 대해서만 확인합니다.

04

종합소득세율과 가산세

병원을 운영하는 동안 병원매출에만 관심을 가진 “Dr.김”. 그 사이 기한이 정해진 세금 납부기한을 경과하거나 필요한 서류를 적시에 제출하지 못해 상당한 가산세를 부담하였다.
병의원전문 김 세무사는 “Dr.김”과의 세무상담이 있을 때마다, 앞으로 벌고 뒤로 새는 일이 없도록 가산세에 대해 주의를 당부하고 있다. 올해부터 “Dr.김”은 주기적으로 발생하는 신고 납부 절차를 준수하기 위해 필요한 서류와 자료를 미리 챙기고 있다. 병의원전문 김 세무사가 이토록 주의를 요청하는 가산세에는 어떤 종류가 있을까?

종합소득세율

병원소득과 다른 소득을 합산한 종합소득금액에서 각종의 소득공제를 뺀 금액을 과세표준이라 한다. 이러한 과세표준은 다음의 금액을 기준으로 차등세율이 적용된다.

과세표준	세율	누진공제
1,200만원 이하	6%	0
1,200~4,600만원	15%	1,080천원
4,600~8,800만원	24%	5,220천원
8,800만원~1억5천만원	35%	1,490천원
1억5천만원~3억원	38%	1,940천원
3억원~5억원	40%	2,540천원
5억원~10억원	42%	3,540천원
10억원 초과	45%	6,540천원

가산세

세법에서 규정하는 신고 및 납부의무를 이행하지 않는 경우 다음과 같은 각종의 가산세를 부담하게 되므로 상당한 주의가 필요하다.

종류	부과사유	가산세액
무신고	일반무신고	무신고 납부세액×20%
	일반무신고 (복식부기의무자)	MAX ① 무신고납부세액×20% ② 수입금액×0.07%
	부정무신고	무신고 납부세액×40%

종류	부과사유	가산세액
	부정무신고 (복식부기의무자)	MAX ① 무신고납부세액 × 40% ② 수입금액 × 0.14%
과소신고, 초과환급신고	일반과소신고	일반과소신고납부세액 × 10%
	부정과소신고	부정과소신고납부세액 × 40%
	부정과소신고 (복식부기의무자)	MAX ① 부정과소신고 납부세액 × 40% ② 부정과소신고 수입금액 × 0.14%
	부정감면가산세	부정 세액감면 · 세액공제금액 × 40%
무기장	무기록, 미달기장 (소규모사업자 제외)	산출세액 × (무기록, 미달기장 소득금액/종합소득금액) × 20%
납부지연가산세	미납 · 미달납부	미납, 미달납부세액 × 미납기간 × 2.2/10,000 *미납기간 : 납부기한 다음 날~자진납부일(납세고지일)
	초과환급	초과환급받은세액 × 초과환급기간 × 2.2/10,000 *초과환급기간 : 환급 받은 날 다음 날~자진납부일(납세고지일)
지급명세서 보고불성실	지급명세서 미제출, 불분명	미제출, 불분명 지급금액 × 1%(기한 후 3월 이내 제출 시 0.5%)

종류	부과사유	가산세액
계산서보고 불성실	① 계산서 미교부(불분명) ② 계산서합계표 미제출(불분명) (복식부기의무자만 해당, ①, ② 동시 해당 시 ② 적용)	미교부(불분명), 미제출(불분명)분 공급가액×1% (②의 경우 기한 후 1월 이내 제출 시 0.5%)
	계산서 미발급, 가공(위장) 수수 가산세	공급가액×2% (지연발급의 경우 1%)
매입처별 세금계산서합계표	미제출, 불분명 (복식부기의무자만 해당)	미제출, 불분명분 공급가액×1%
	지연제출(복식부기 의무자만 해당)	지연제출(기한 후 1월 이내 제출) 공급가액×0.5%
증빙불비	사업자가 정규증명 미수취 소규모사업자 및 추계자 제외)	미수취, 불분명 금액×2% (필요경비를 인정받지 아니하는 금액은 제외)
영수증수취 명세서 미제출	사업자가 영수증수취명세서 미제출 등 (소규모사업자 및 추계자 제외)	미제출, 불분명납부세액×1%(기한 후 1월 이내 제출 시 0.5%)
사업장현황신고 불성실	의료업, 수의업, 약사업 사업자가 사업장 현황 무신고, 수입금액 과소신고	무신고, 과소신고×0.5%

<table>
<tr><th>종류</th><th>부과사유</th><th>가산세액</th></tr>
<tr><td>공동사업장등록 불성실</td><td>공동사업자 사업자등록 및 신고할 내용 관련 불성실</td><td>사업자등록미등록, 거짓등록해당과세기간총수입금액 × 0.5%(기한 후 1월 이내 등록 시 0.25%)
신고할 내용 미신고, 거짓신고과세기간총수입금액 × 0.1%</td></tr>
<tr><td rowspan="2">사업용 계좌 미사용</td><td>미신고가산세(복식부기의무자만 해당)</td><td>MAX
① 해당과세기간수입금액 × 미신고기간/365 × 0.2%
② 미사용금액 × 0.2%</td></tr>
<tr><td>미사용가산세(복식부기의무자만 해당)</td><td>미사용금액 × 0.2%</td></tr>
<tr><td>신용카드거부</td><td>신용카드에 의한 거래를 거부 또는 사실과 다르게 발급</td><td>거부금액 또는 사실과 다르게 발급한 금액 × 5%
(건별 5천 원 미만 시 5천 원)</td></tr>
<tr><td rowspan="4">현금영수증 불성실</td><td>가맹점 미가입</td><td>수입금액 × 미가입기간/365 × 1%</td></tr>
<tr><td>발급거부</td><td>발급 거부 × 5%
(건별 5천 원 미만 시 5천 원)</td></tr>
<tr><td>위장 · 가공 발급</td><td>불성실 발급 · 수취금액×5%</td></tr>
<tr><td>미발급</td><td>미발행금액 × 20%</td></tr>
<tr><td rowspan="2">기부금영수증 불성실</td><td>기부금영수증을 사실과 다르게 발급</td><td>불성실기재금액 × 5%</td></tr>
<tr><td>기부자별 발급내역 미작성, 미보관
*상증세법에 의해 가산세가 부과된 경우 제외</td><td>미작성, 미보관금액 × 0.2%</td></tr>
</table>

종류	부과사유	가산세액
성실신고확인서 미제출	성실신고확인대상 사업자가 기한 내 성실신고확인서를 제출하지 아니한 경우	종합소득산출세액 × (사업소득금액/종합소득금액) × 5%
원천징수납부 등 불성실	원천징수세액의 미납·미달납부	미납·미달납부세액 × (3% + 미납일수 × 2.5/10,000) (한도 : 미납·미달납부세액 × 10%)
간이지급명세서 일용근로소득지급명세서	지급명세서 미제출, 불분명	미제출, 불분명지급금액 × 0.25% (기한후 1월이내 제출시 0.125%)

※ 신고불성실가산세와 무기장가산세, 성실신고확인서미제출가산세가 동시에 적용되는 경우 큰 금액을 적용하고 같을 경우에는 신고불성실가산세만을 적용한다.

05

중간예납과 분납

중간예납

> "Dr.김"은 소득세를 5월 종합소득세 신고를 통해 1년에 한 번만 내는 세금인 줄 알고 있었다. 11월에 세무서에서 날아온 안내문은 지난해 납부한 소득세의 절반을 내라는 것이다. 소득세는 5월 종합소득세 신고를 하면서 1년에 한번만 내는 것이 아닌가 보다. 꼼꼼한 상담으로 세무문제를 정리해주는 병의원전문 김 세무사에게 11월에 납부하는 세금은 무엇인지 문의해보았다.

종합소득세는 1년 동안의 과세기간이 종료된 후 다음 해 5월에 신고 납부하는 것이 원칙이다. 그러나 납세자가 1년에 한꺼번에 납부하는 세 부담을 줄이고 세수확보를 위하여 과세기간의 절반 즉 중간예납기간(1.1.~6.30.)에 해당하는 소득에 대해 징수 납부하는 제도를 두고 있다. 이를 중간예납이라 한다.

중간예납은 직전 연도 실적을 기준으로 고지서를 발급하는 것이 원칙이다. 중간예납기준액이 없는 거주자가 해당 과세기간 중간예납기간 중에 종합소득이 있는 경우 가결산을 통하여 중간예납세액을 산정할 수 있다.

분납

> "Dr.김"이 5월에 납부해야 하는 소득세는 4천6백만 원 상당이다. 이렇게 많은 세금을 어떻게 내야 할지 난감한 "Dr.김". 무거운 세금을 나누어 낼 수 있는 방법은 없을까? 고민에 빠져 있는 "Dr.김"에게 병의원전문 김 세무사가 해결책을 알려주었다. 병의원전문 김 세무사의 답변을 들어보자.

종합소득세액이 1천만 원을 초과하는 경우 납부기한 경과 후 2개월 이내 분납할 수 있다. 이때 납부할 세액이 2천만 원 이하인 경우에는 1천만 원 초과금액을 분납할 수 있다. 2천만 원을 초과하는 경우에는 해당 세액의 50% 이하의 금액을 분납할 수 있다.

5월 말까지 신고납부인 사업자가 분납을 하는 경우에는 5월까지 신고납부하고 7월 말까지 분납할 수 있다. 성실신고대상사업자는 6월 말까지 신고납부하고 8월 말까지 분납할 수 있다.

〈서식〉

- 분납신청서

[별지 제20호 서식] (1991.3.14. 개정) (앞면)

<table>
<tr><td colspan="8">분 납 신 청 서</td><td>처리기간
10일</td></tr>
<tr><td rowspan="3">신
청
인</td><td>①주 소
(본점소재지)</td><td colspan="6">시 구 동 가 번지 호
시 읍 리
도 군 면 아파트 동 호</td><td>전화번호
－</td></tr>
<tr><td>②상 호
(법인명)</td><td colspan="3"></td><td colspan="2">③사업자등록번호</td><td colspan="2"></td></tr>
<tr><td>④성 명
(대표자)</td><td colspan="3">(한자)</td><td colspan="2">⑤주민등록번호
(법인등록번호)</td><td colspan="2"></td></tr>
<tr><td colspan="2">⑥과세기간</td><td colspan="2">⑦납부하여야 할 세액</td><td colspan="2">⑧납 부 기 한</td><td colspan="3">⑨분납신청세액</td></tr>
<tr><td colspan="2">～</td><td colspan="2">원</td><td colspan="2">. . .</td><td colspan="3">원</td></tr>
<tr><td rowspan="2" colspan="2">신청사항</td><td>1 차
(. . .납부)</td><td>2 차
(. . .납부)</td><td>3 차
(. . .납부)</td><td>4 차
(. . .납부)</td><td>5 차
(. . .납부)</td><td colspan="2">6 차
(. . .납부)</td></tr>
<tr><td>원</td><td>원</td><td>원</td><td>원</td><td>원</td><td colspan="2">원</td></tr>
<tr><td colspan="9">토지초과이득세법 제21조 제1항 및 동법 시행령 제42조 제1항의 규정에 의하여 신청서를 제출합니다.

년 월 일
신청인 〈인〉

세무서장 귀하</td></tr>
<tr><td rowspan="2">구비서류</td><td colspan="8">○ 금전·유가증권을 납세담보로 제공하는 경우 이를 공탁한 공탁수령증
○ 등록된 국채·지방채 또는 사채를 납세담보로 제공하는 경우 담보제공의 뜻을 등록한 등록필증
○ 납세보증보험증권·납세보증서를 납세담보로 제공하는 경우 그 보험증권 또는 보증서</td></tr>
<tr><td colspan="7">○ 토지·건물·공장재단·광업재단·선박·항공기 또는 중기를 납세담보로 제공하는 경우 등기필증 또는 등록필증과 화재보험증권</td><td>수수료
없 음</td></tr>
</table>

22226-51611민 190mm×268mm

90.2.26. 승인 (신문용지 54g/㎡)

06

납부기한 연장과 세금포인트 제도

"Dr.김"이 올해 소득세로 납부해야 할 세금은 5천만 원 정도이다. 올해는 병원확장을 위해 병원인수과정에 있다. 자금의 대부분이 병원인수에 투입되어 자금조달이 어렵고 분납으로도 자금유동성을 해결하기가 쉽지 않다. 분납 이외에 세금납부를 늦출 수 있는 방법은 무엇일까? 답답한 마음에 병의원전문 김 세무사에게 해결 방법을 의논해보았다.

일시적인 자금경색 등으로 세금 납부에 어려움이 있는 경우 징수유예 및 납부기한 연장을 신청할 수 있고 이때 세금포인트 제도를 활용하면 납세담보제공 면제 혜택을 받을 수 있다.

개인은 100점 이상, 법인은 1,000점 이상의 세금포인트를 보유한 경우 납세담보제공 면제를 신청할 수 있다. 세금포인트 제도를 이용하면 별도의 납세담보 없이 징수유예 및 납부기한 연장의 승인을 받을 수 있다. 자금운영에 따른 자금압박해소와 납세보증보험증권을 발급하는 데 소요되는 수수료 등의 비용절감에 도움이 된다.

세금포인트 부여

세금포인트는 매년 2월에 최근 5년간 세금 납부실적에 따라 부여된다.

구분	개인	법인
대상	모든 개인납세자	조세특례제한법 제2조의 중소기업
부여대상 세목	종합소득세, 양도소득세, 원천징수되는 근로소득, 퇴직, 사업, 기타 소득세	법인세 및 법인세 감면분에 대한 농어촌특별세(원천징수 세액 포함)
부여시점	2000.1.1. 이후 연도부터 납부세액을 기준으로 부여	2012.1.1. 이후 연도부터 납부세액을 기준으로 부여
누적관리 기간	2000년부터 누적부여	최근 5년 동안 부여 (6년 이전 납부실적 소멸)
부여기준	신고 자진납부세액 100,000점당 1점 (고지납부 0.3점)	신고 자진납부세액 100,000점당 1점 (고지분 제외)

세금포인트 사용

개인은 100점 이상이고 법인은 1,000점 이상의 세금포인트가 적립된 경우 사용이 가능하다.

구분	개인	법인
금액	세금포인트 × 100,000원 × 100%	세금포인트 × 100,000원 × 50%
한도	연간 5억 원	연간 5억 원
유예기간	최장 9개월	최장 9개월
승인요건	최근 2년 동안 체납사실이 없고, 조세일실의 우려가 없다고 인정되는 경우	최근 2년 동안 체납사실이 없고, 조세일실의 우려가 없다고 인정되는 경우

세금포인트 이용을 위한 처리절차

징수유예 및 납부기한 연장 신청서를 민원실에 접수

① 신청서를 접수하여 해당과로 인계된다.

② 「세금포인트 사용 신청서」는 징수유예(납부기한 연장) 신청서와 같이 제출하거나, 납세담보 제공을 요청하는 경우 제출이 가능하다.

해당 부서는 징수유예(납부기한 연장)조사서 작성 및 승인여부 통지

① 징수유예 사유 및 세금포인트를 이용한 납세담보 면제 승인요건 등을 검토하여 유예 여부를 결정한다.

② 징수유예 및 납부기한 연장 승인을 통지한다.

승인여부 통지서 수령

신청인은 승인여부 및 정정 납부기한을 확인한 후 납부한다.

〈서식〉

- 징수유예 신청서
- 납부기한 연장 승인 신청서

[별지 제14호 서식] <개정 2010.4.8.> (앞 쪽)

<table>
<tr><td colspan="6">□ 징 수 유 예
□ 체납처분유예 신청서</td><td>처리기간
3 일</td></tr>
<tr><td rowspan="5">납세자</td><td>성 명</td><td></td><td>주민등록번호</td><td></td><td>사업자등록번호</td><td></td></tr>
<tr><td>주소또는거소</td><td colspan="3"></td><td>전화번호</td><td></td></tr>
<tr><td>사업장소재지</td><td colspan="5"></td></tr>
<tr><td>상호또는명칭</td><td colspan="5"></td></tr>
<tr><td>사업의종류</td><td colspan="3">업</td><td>종 목</td><td></td></tr>
</table>

세목	연도 · 기분	납부기한 (독촉기한)	국세	가산금	계	국 세	가산금
납부할 국세 · 체납액의 내용					징수(체납처분)유예를 받으려는 금액		

징수(체납처분)유예를 받으려는 이유	
징수(체납처분)유예를 받으려는 기간	년 월 일 부터 년 월 일 까지

분 납 금 액 및 납 부 기 한

횟수	납 부 기 한	분납금액	세 목	연도 · 기분	국 세	가 산 금
1 회						
2 회						
3 회						

「국세징수법 시행령」 제23조 및 제82조의 2에 따라 징수유예(체납처분유예)를 받기 위하여 위와 같이 신청합니다.

년 월 일

신청인 (서명 또는 인)

세무서장 귀하

구비서류	1. 징수유예(체납처분유예)를 받으려는 이유를 증명하는 자료 2. 담보제공서(「국세기본법 시행규칙」 별지 제10호서식)	수수료 없 음

※ 이 용지는 무료로 배부합니다.

210㎜×297㎜(신문용지 54g/㎡(재활용품))

(뒤 쪽)

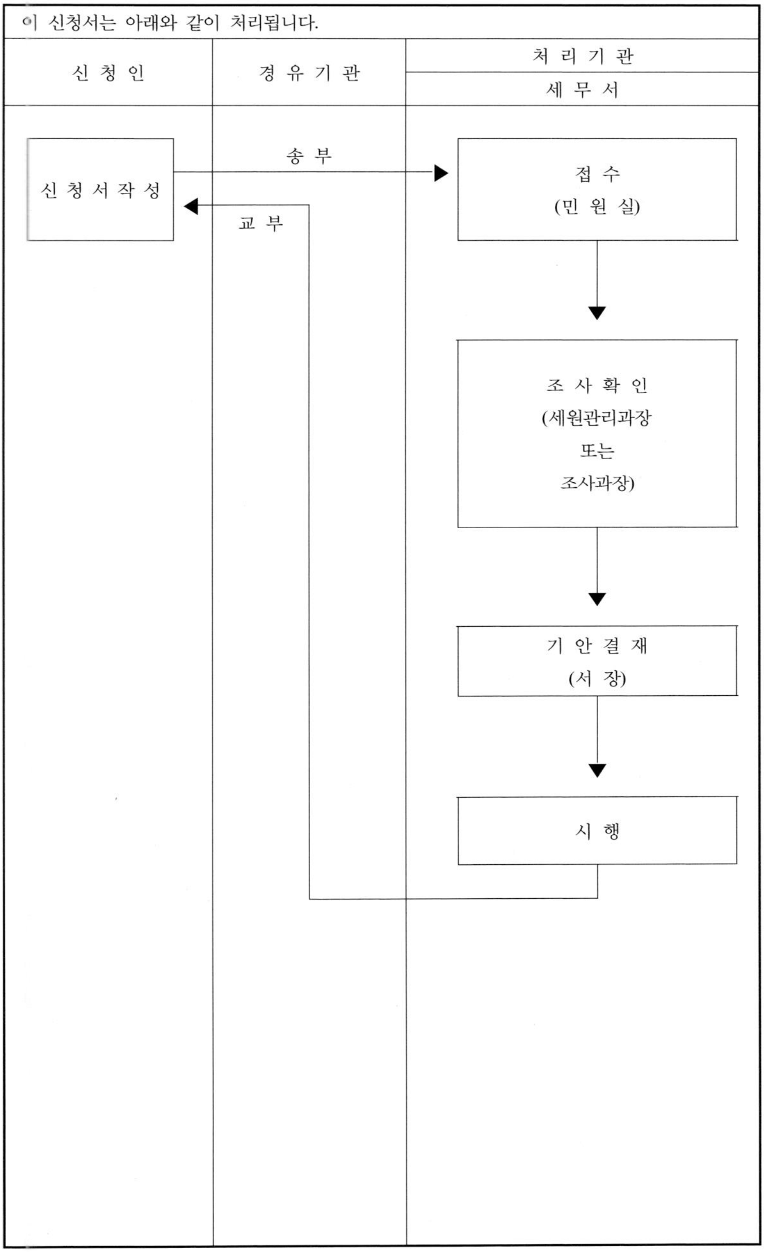
이 신청서는 아래와 같이 처리됩니다.
신 청 인
경 유 기 관
처 리 기 관
세 무 서
신 청 서 작 성
송 부
교 부
접 수
(민 원 실)
조 사 확 인
(세원관리과장
또는
조사과장)
기 안 결 재
(서 장)
시 행

[별지 제1호의 2 서식] <개정 2007.4.4.>

납부기한연장승인신청서				처리기간	수수료
				3일	없음
신청인	①성명			②주민등록번호	③사업자등록번호
	④주소 또는 사업장	(우 -)		⑤전화번호	
	⑥상호			⑦업종	

신청내용			
납부할 국세의 내용			⑪납기연장을 받고자 하는 금액
⑧세목	⑨납부기한	⑩금액	
	. . .		
	. . .		
	. . .		
⑫연장받고자하는사유			
⑬연장받고자하는기간	년 월 일부터 년 월 일까지 (일간)		

분납금액 및 납부기한			
⑭횟수	⑮세목	⑯납부기한	⑰금액
1회		. . .	
2회		. . .	
3회		. . .	

국세기본법 제6조 및 동법 시행령 제3조의 규정에 의하여 위와 같이 납부기한연장의 승인을 신청합니다.

년 월 일

신청인 (서명 또는 인)

세무서장 귀하

구비서류 : 사유를 증빙하는 자료

이 신청서는 무료로 배부합니다.

22226-79111민
99.2.23 승인

210mm×297mm
(신문용지(특급) 34g/㎡)

V

“Dr. 김” 의료법인 설립 및 운영

01

고유목적사업준비금과 의료기관의 과세여부

개원의로서 성공한 "Dr.김"은 의료법인을 설립하는 것이 최종적인 꿈이다. "Dr.김"은 병의원전문 김 세무사를 만날 때마다 자신의 비전을 이야기하면서 의료기관에 대한 설명을 듣고 있다. 이 과정 중 고유목적사업준비금이라는 용어가 무척이나 낯설다. "Dr.김"은 고유목적사업준비금의 성격과 영리사업과 비영리사업의 차이점은 무엇인지 병의원전문 김 세무사에게 문의해 보았다.

의료사업과 관련한 고유목적사업준비금이란, 의료사업을 영위하는 학교법인 · 사회복지법인 등이 의료기기 등의 특정한 고정자산을 구입하게 되는 경우 등의 특정한 목적을 대비하여 일정한 금액을 사내에 유보하는 금액을 말한다. 이 금액 상당액은 영업 외 비용으로 처리하여 과세이연효과가 발생한다.

과세이연효과란 고유목적사업준비금 상당액을 손익계산서상 비용화하여 세금납부시점을 연장하는 효과를 말한다. 이후 법인이 의료사업과 관련하여 자산(의료기기, 의료정보시스템 설비 등)을 구입하는 경우 향후 고유목적자산의 감가상각비가 환입되어 비용이 감소한다. 일반적인 의료법인은 이자소득과 배당소득을 제외한 사업소득에 대해 소득금액의 50%(지방중소병원 80%)를 한도로 고유목적사업준비금 설정이 가능하다. 또한 학교법인·사회복지법인 등이 설립한 의료법인의 경우 공공성이 큰 비영리법인임을 고려하여 고유목적사업준비금설정액을 수익사업소득금액의 100%까지 인정하고 있다.

그렇다면 영리법인과 비영리법인의 차이는 무엇일까?

영리법인이란 수익사업이나 영리사업을 영위하는 법인을 말하는 것이 아니라 사업에서 발생한 이윤을 구성원에게 배분하여 구성원 각자에게 이익이 귀속되는 법인을 말한다. 이에 반해 비영리법인이란 사업에서 발생한 이익을 구성원 각자에게 배분하지 않고 공익성을 추구하는 법인을 말한다. 결국 영리법인과 비영리법인의 차이점은 법인이 영위하는 사업에서 발생하는 수익을 구성원에게 분배하여 귀속시키는지 여부에 따른 것이다.

고유목적사업준비금과 의료기관의 과세여부

병원분류	고유목적 사업준비금	법인세, 소득세 과세여부
공공의료기관 : 국립, 공립병원, 시립병원		법인세 비과세
비영리의료기관 : 학교법인, 사회복지법인, 국립대학병원, 국립암센터, 서울대학교병원, 서울대학교치과병원, 지방의료원 등	고유목적사업준비금(비용처리) 100% 설정 가능	법인세 과세
비영리의료기관 : 의료법인, 재단법인 등	고유목적사업준비금(비용처리) 50% 설정 가능	법인세 과세
영리의료기관 : 개인의원, 병의원	고유목적사업준비금 설정 불가능	소득세 과세

02

의료기관 종류 및 의료기관 개설

개원 중인 "Dr.김"은 다양한 형태의 의료기관에 대해 명확하게 알고자 병의원전문 김 세무사와 상담 일정을 잡았다. 병의원전문 김 세무사는 개원형태에 따른 의료기관의 차이에 대해 "Dr.김"에게 설명해주었다. "Dr.김"은 병의원전문 김 세무사의 자문을 통해 의료기관의 종류와 차이점 그리고 의료기관 개설흐름 전반에 대해 알게 되었다. 상세한 답변으로 함께하는 병의원전문 김 세무사가 있어 "Dr.김"은 병원경영에 자신감이 생긴다.

의료기관의 종류

의료기관이란

의료기관이란 의료인이 공중 또는 특정 다수인을 위하여 의료 및 조산의 업을 하는 곳을 말한다. 의료기관은 의료행위의 내용과 시설(특히 병상 수) 등에 따라 구분된다. 의료기관의 종별에 따라 개설, 변경절차, 시설, 인력 등 기준 및 명칭표시 방법 등에 차이가 있다.

의료기관의 종류

구분	의료행위자	주요대상자	종류
의원급 의료기관	의사, 치과의사, 한의사의 의료행위	외래환자	의원, 치과의원, 한의원
조산원	조산사의 보건활동 및 교육	임부, 해산부, 산욕부, 신생아	조산원
병원급 의료기관	의사, 치과의사, 한의사의 의료행위	입원환자	병원, 치과병원, 한방병원, 요양병원, 종합병원

의료기관 개설

의료인은 의료기관을 개설하지 아니하고는 의료업을 할 수 없다. 특별한 경우를 제외하고 그 의료기관 내에서 의료업을 하여야 한다.

의료기관 개설 흐름도

구분	의료기관 개설업무 처리내용	쟁점사항
의료기관 개설주체	• 의료인 : 의사, 치과의사, 한의사, 조산사 • 국가나 지방자치단체 • 의료업을 목적으로 설립된 법인(의료법인) • 「민법」이나 특별법에 따라 설립된 비영리 법인 • 「공공기관의 운영에 관한 법률」에 따른 준정부기관 「지방의료원의 설립 및 운영에 관한 법률」에 따른 지방의료원 「한국보훈복지의료공단법」에 따른 한국보훈복지의료공단	비의료인의 의료기관 개설금지 (일명 사무 장병원)
	개설신고서 또는 허가 신청서 제출(구비서류 포함)	
신고서 (신청서) 검토	• 의료기관 개설신고 또는 개설허가 검토 - 의원급 의료기관 : 개설신고(시,군,구) - 병원급 의료기관 : 개설허가(시,도) • 검토사항 - 신고서(허가신청서) 및 구비서류 - (의원급 의료기관)개설신고인 또는 개설자가 의료인 등으로서 자격을 갖추었는지 여부, 의료기관의 종별에 따른 시설 및 장비의 기준 및 규격의 충족여부, 의료인 등의 정원을 갖추고 있는지 여부 - (병원급 의료기관)의료기관 개설신고의 검토사항 외에 안전관리시설, 요양병원의 운영기준, 급식관리기준 등의 충족여부 • 조치사항 - 개설신고(또는 허가신청서) 및 구비서류 보완 또는 반려조치 - 병원급 의료기관의 경우, 시설기준 미충족시 개설허가 금지	• 면허대여 • 이중개설 금지 • 의료인 복수의료기관진료 • 부속의료기관
	처리기간 10일	

구분	의료기관 개설업무 처리내용	쟁점사항
의료기관 개설신고 (허가)	• 의료기관 개설신고증 또는 허가증 교부	

신고와 허가의 의미

신고

행정청이 의료기관 개설신고를 수리할 때 개설신고가 형식적으로 적법한지 여부와 개설신고인이 의료법에서 정한 의료인으로서의 자격을 갖추었는지 여부를 확인한다. 의료기관의 종별에 따른 시설, 장비의 기준, 규격 및 의료인 정원을 갖추고 있는지 여부를 심사할 수 있다.

허가

행정청은 일정한 '허가'사항의 적법 · 타당한 요건을 실질적으로 심사하여 허가여부를 결정할 수 있다. 시 · 도지사는 개설하려는 의료기관이 의료법 제36조에 따른 시설기준에 맞지 아니하는 경우에는 개설허가를 할 수 없도록 규정하고 있다.

의료기관 개설 신고와 개설 허가의 비교

구분	(의원급 의료기관)개설신고	(병원급 의료기관)개설허가
주체	• 의원급 의료기관 – 의원, 치과의원, 한의원, 조산원	• 병원급 의료기관 – 종합병원, 병원, 치과병원, 한방병원, 요양병원
주무 관청	• 관할 '시장, 군수, 구청장(보건소)'	• 관할 '시 · 도지사'

구분	(의원급 의료기관)개설신고	(병원급 의료기관)개설허가
심사	• 형식적 심사 -'신고'의 경우에는 행위자가 일정한 사항을 행정청에 알리는 것으로 신고서를 행정청에 제출하면 행정청은 특별한 사유가 없는 한 당연히 그 신고를 수리하여야 함. - 다만, 신고서의 기재사항, 구비서류 첨부 등의 형식상의 요건을 갖추지 못할 경우 상당한 기간을 정하여 신고인에게 보완을 요구 - 보완기간 내에 보완을 하지 아니한 때에는 그 이유를 명시하여 신고서를 반려	• 실질적 심사 -'허가'의 경우에는 행정청이 일정한 사항의 적법·타당한 요건을 실질적으로 심사하여 허가여부를 결정 - 의료기관의 시설기준을 충족하지 못할 경우 허가 유보 또는 반려
제출 서류	(개설주체) 의료기관 개설신고서 외에 ① 개설하려는 자가 법인(「공공기관의 운영에 관한 법률」에 따른 준정부기관 및 의료법인은 제외)인 경우 - 법인설립허가증 사본, 정관사본 및 사업계획서 사본 ② 개설하려는 자가 의료인인 경우 - 면허증 사본 1부 ③ 건물평면도 및 그 구조설명서 사본 1부 ④ 의료인 등 근무인원에 대한 확인이 필요한 경우 :	(개설주체) 의료기관 개설허가신청서 외에 ① 개설하려는 자가 법인(의료법인은 제외한다)인 경우 - 법인설립허가증 사본(「공공기관의 운영에 관한 법률」에 따른 준정부기관은 제외한다), 정관사본 및 사업계획서 사본 ② 개설하려는 자가 의료인인 경우 - 면허증 사본과 사업계획서 사본 ③ 건물평면도 및 그 구조설

구분	(의원급 의료기관)개설신고	(병원급 의료기관)개설허가
	면허(자격)증 사본 1부	명서 사본 1부 ④ 의료인 등 근무인원에 대한 확인이 필요한 경우 : 면허(자격)증 사본 1부
검토사항	• 현지확인 등의 검토절차를 거쳐 수리 • 검토사항 - 개설신고인 또는 개설자가 의료인 등으로서 자격을 갖추었는지 여부 - 의료기관의 종별에 따른 시설 및 장비의 기준 및 규격의 충족여부 - 의료인 등의 정원을 갖추고 있는지 여부 - 의료법 시행규칙 제25조 제2항에 따른 확인 요청 결과	• 의료법령 외에 다른 법령 등에서 정한 요건의 충족여부를 검토하여 허가여부 결정 • 검토사항 - 의료기관 개설신고의 검토사항 외에 - 법 제36조의 준수사항에 따른 안전관리시설, 요양병원의 운영기준, 급식관리기준 등을 충족하여야 함 - 의료법 시행규칙 제27조 제2항에 따른 확인 요청 결과
법인 등기 사항 확인	(시장, 군수, 구청장/시 · 도지사)「전자정부법」 제36조 제1항에 따른 행정정보의 공동이용을 통하여 '법인 등기사항증명서' 확인	
증명서 발급	(시장, 군수, 구청장) 의료기관 개설신고증명서 • 개설신고 증명서의 개설신고일자는 신고접수일자로, 증명서 발급일은 개설예정일에 맞추어 개설 신고일로 함(의료자원과-'11.2.9. 「2012년 의료법 민원질의 · 회신 사례집」 43~44쪽 참조).	(시장, 군수, 구청장) 의료기관 개설허가증

구분	(의원급 의료기관)개설신고	(병원급 의료기관)개설허가
보고	(시장, 군수, 구청장) 분기별 의료기관의 개설신고 수리 상황을 매 분기가 끝난 후 15일까지 시·도지사를 거쳐 보건복지부장관에게 보고해야 함.	(시·도지사) 의료기관 개설허가 상황을 매 분기가 끝난 후 15일까지 보건복지부 장관에게 보고하여야 함.
관리	(시장, 군수, 구청장) 의료기관별로 관리카드를 작성, 비치하여 신고 사항의 변경신고 및 행정처분 내용 등을 기록, 관리하여야 함.	(시·도지사) 의료기관별로 관리카드를 작성, 비치하여 신고 사항의 변경허가 및 행정처분 내용 등을 기록, 관리하여야 함.
형벌	• 의료기관 개설신고를 하지 아니한 자 -300만 원 이하의 벌금	• 시·도지사의 허가를 받지 아니하고 병원급 의료기관을 개설한 경우 -3년 이하의 징역 또는 1천만 원 이하의 벌금
행정처분	• 법 제33조 제3항에 따른 의료기관의 개설신고를 한 날부터 3개월 이내에 정당한 사유 없이 그 업무를 시작하지 아니한 경우 -허가취소 또는 폐쇄	• 법 제33조 제4항에 따른 의료기관의 개설허가를 한 날부터 3개월 이내에 정당한 사유 없이 그 업무를 시작하지 아니한 경우 -허가취소 및 폐쇄

사업자등록

의료업의 수행을 위해 '의료기관 개설 신고 및 허가'를 받은 사업자는 사업을 시작한 날부터 20일 이내에 관할 세무서에 사업자등록을 신청하여야 한다.

개인사업자

- 사업자등록신청서 1부

- 의료기관개설신고 · 허가필증 사본
- 임대차계약서 사본
  (단, 확정일자를 받기 위해서는 임대차계약서 원본)
- 동업계약서 : 공동사업(공동개설)의 경우

비영리법인

- 사업자등록신청서 1부
- 의료기관개설신고 · 허가필증 사본
- 법인명의의 임대차계약서 사본
  (단, 확정일자를 받기 위해서는 임대차계약서 원본)
- 법인설립신고서 1부
- 법인등기부 등본 1부
- 주무관청의 설립허가증사본 1부

세액공제 및 세액감면

적용대상

의료법에 의한 의료기관을 운영하는 사업자(의원, 치과의원, 한의원 제외)가 소유권을 가지는 금융리스나 의료장비를 직접 구입하여(금융리스 포함, 운용리스 제외, 중고품은 제외) 일정한 요건을 충족하는 경우 투자세액공제가 가능하다. 중소기업투자세액공제, 고용창출투자세액공제 등이 이에 해당된다.

병의원의 세액공제

- 조세특례제한법 제5조 : 중소기업 등 투자세액공제

  대통령령으로 정하는 중소기업을 경영하는 내국인이 2018년

12월 31일까지 의료기기 등 사업용 자산 등에 대하여 투자(금융리스 포함, 운용리스 제외, 중고품 제외)하는 경우, 투자액의 3%에 상당하는 금액을 투자가 이루어지는 각 사업연도의 소득세 또는 법인세에서 공제한다.

그리고 중소기업투자세액공제를 받고자 하는 경우 투자완료일이 속하는 사업연도(또는 투자가 이루어지는 해당 사업연도)의 과세표준신고와 함께 투자세액공제신청서를 납세지 관할 세무서장에게 제출하여야 한다.

- 조세특례제한법 제26조 : 고용창출투자세액공제

내국인이 2017년 12월 31일까지 의료기기 등 사업용 자산 등에 대하여 투자(금융리스 포함, 운용리스 제외, 중고품 제외)하는 경우로서 해당 사업연도의 상시근로자 수가 직전 사업연도의 상시근로자 수보다 감소하지 아니한 경우에는 해당 투자금액의 일정액을 투자가 이루어지는 각 사업연도의 소득세 또는 법인세에서 공제한다.

그리고 고용창출투자세액공제를 받고자 하는 경우에는 당해 투자가 이루어지는 각 사업연도의 과세표준신고와 함께 투자세액공제신청서를 납세지 관할세무서장에게 제출하여야 한다.

① 기본공제금액 : 의료기기 등 사업용 자산 등의 3%에 상당하는 금액(고용인원이 감소하지 않는 경우 기본공제)
② 추가공제금액 : 의료기기 등 사업용 자산 등의 5% 또는 6%에 상당하는 금액(고용인원이 증가하는 경우 추가공제)

03

의료법인제도의 목적과 의료법인 업무 흐름도

의료관광시장 확대로 의료법인이 증가하는 추세이며 이와 동시에 의료법인에 대한 관리감독이 강화되고 있다. 병의원전문 김 세무사는 이러한 의료법인의 현실을 고려하여 보건복지부가 제시한 의료기관 개설 및 의료법인 설립 운영 편람(보건복지부) 중 의료법인의 목적과 의료법인 흐름도를 수록하였다.

의료법인제도의 목적

의료법인제도는 의료기능이 특정 개인이나 단체에 한정되어 그 혜택이 돌아가는 것이 아니라, 일반 사회구성원 전체에 대한 복리후생의 기능을 증대시키며, 의료기관이 특정지역에 집중되는 것을 해소하기 위하여 도입된 제도이다. 의료법인의 도입 목적과 의료법인 업무의 전반적인 흐름을 통해 의료법인의 제도를 알아보고자 한다.

의료법인제도 도입목적

- 의료의 공공성 제고 및 의료기관의 지역적 편중 해소
  - 85% 이상을 차지하고 있는 민간의료기관의 공공성 제고
  - 지역 간 의료불균형 해소정책의 일환으로 의료취약지역에 의료법인 병원 건립(정부의 의료시설 균점화 시책의 정책수단으로 활용)

관련 법령

- 「의료법」(제48조 설립 허가 등)
- 「민법」과 「보건복지부 및 그 소속청 소관 비영리법인의 설립 및 감독에 관한 규칙」 적용
  - 제50조(「민법」의 준용)에 의거 의료법인에 대하여 「의료법」에 규정된 것 외에는 「민법」 중 재단법인에 관한 규정을 준용함.

연혁

- '73.2.16. : 의료법 개정으로 의료법인제도 도입
- '91.8.1. : 의료법인 설립 및 운영지침 제정(법령에 명시되지 않은 일정한 기준과 절차 등을 표준화하여 민원인의 편의 도모)
- '94.1.7. : 의료법 개정으로 보건복지부가 관장하고 있던 의료법인에 관한 업무 중, 법인의 목적사업 범위가 1개 시·도에 국한되는 법인의 설립허가 및 사후관리 업무가 '94.7.8.부터 시·도지사에게 이양

  ※ 다만 구 의료법 개정법률(법률 제4732호, 1994.1.7.) 부칙 제11조의 규정에 따라 국가로부터 공공차관을 지원받은 의료법인에 대하여는 그 차관자금의 상환이 종료될 때까지 보건복지부가 관장
- 2000.6.13. : 의료법 시행령 개정으로 2개 이상의 의료기관을 2개 시·도 이상의 지역에 설치·운영하는 경우 법인설립 허가를 보건복지부장관에서, 주된 사무소의 소재지를 관할하는 시·도지사로 절차 규정
- 2007.4.28. : 의료법인 부대사업 확대
- 2009.7.1. : 의료법인 부대사업 범위에 숙박업, 서점 등 시·도지사가 공고하는 사업을 추가

적용범위

- 의료법 및 그 하위법령, 민법 중 재단법인에 관한 규정에서 의료법인에 관하여 별도로 규정한 경우를 제외하고는 허가

권자(시·도지사)가 정하는 바에 의함.

- 의료법인에 관한 기본적인 사항은 의료법 제48조부터 제51조까지 규정하고 있으며, 이외에는 민법 중 재단법인에 관한 규정을 준용하도록 하고 있음.
- 각 지방자치단체는 법인 설립, 기본재산 처분 허가 등 심의기준을 마련하여 관리·감독을 수행

의료법인 등의 사명

- 의료법인은 비영리법인으로, 의료법인과 의료기관을 거설한 비영리법인은 의료업과 부대사업을 할 때 공중위생에 이바지하여야 하며, 영리를 추구해서는 아니 됨(의료법 시행령 제20조).

업무소관

보건복지부장관

- 국가로부터 공공차관을 지원받고 차관자금의 상환이 종료되지 않은 의료법인
  - 법인 설립 허가의 취소
  - 기본재산 처분 또는 정관변경의 허가
  - 해산 또는 잔여재산 처분의 허가
  - 위 허가사항 이외의 각종 보고(재산이전 및 증가, 설립등기, 임원 선임보고 등) 및 신고(해산 및 청산종결의 신고)를 받는 일

  ※ 구 의료법 개정법률(법률 제4732호, 1994.1.7.) 부칙 제

11조의 규정에 따라 국가로부터 공공차관을 지원 받은 의료법인에 대하여는 그 차관자금의 상환이 종료될 때까지 위 업무를 보건복지부장관이 행함.

시 · 도지사

- 보건복지부 소관 외의 의료법인
  - 법인 설립 허가, 법인 설립 허가의 취소
  - 기본재산 처분 또는 정관 변경의 허가
  - 해산 또는 잔여재산 처분의 허가
  - 위 허가사항 이외의 각종 보고(재산이전 및 증가, 설립등기, 임원선임 보고 등) 및 신고(해산 및 청산종결의 신고)를 받는 일

  ※ 의료법인 업무를 기초 지자체로 위임한 서울특별시, 부산광역시, 경기도는 시 · 군 · 구청장이 수행

의료법인 업무 흐름도

구 분	업무처리 내용	비 고
의료법인 설립 허가	• 의료법인 설립허가신청서 검토 －관련 법령 규정에 대한 적법성 검토 －인근 의료수요 및 의료자원 현황, 의료기관 분포, 규모 등 적정여부 검토 －의료기관 확충에 관한 정책적 차원의 타당성 검토 －충분한 능력과 재정적 기초가 확립되었는지 심사 • 첨부서류 검토	• 의료법 제48조 제1항 • 의료법 시행령 제19조 • 의료법 시행규칙 제48조

구 분	업무처리 내용	비 고
	– 설립발기인 성명 · 주소 · 약력을 기재한 서류 – 설립취지서 – 정관 – 재산목록 및 기부신청서 – 주된 자산에 관한 등기소 · 금융기관 등 증명서 – 사업계획서 및 수지예산서 – 법인 설립에 맞는 시설 및 자금 확인 여부 검토 – 임원 취임 예정자 이력서 · 취임승낙서, 이력서 등	
↓		
의료법인 설립 허가 후 조치 사항	• 설립등기 등의 보고 시 법인 등기사항증명서 확인	• 의료법 시행규칙 제50조 • 민법 제49조
↓		
의료기관 개설	• 의료기관 개설 신고서 · 허가신청서 검토 – 법인설립허가증 사본, 정관 및 사업계획서 – 건물평면도 및 그 구조설명서 – 진료과목 및 진료과목별 시설 · 정원 등의 개요설명서 • 법인 등기사항증명서 확인	• 의료법 제33조 제2항, 제3항, 제4항 • 의료법 시행규칙 제25조, 제27조
↓		
정관 변경	• 정관 변경 허가신청서 검토 • 첨부서류 검토 – 정관 변경 이유서	• 의료법 제48조 제3항 • 의료법 시행령

구 분	업무처리 내용	비 고
	- 정관개정안 - 정관 변경에 관한 이사회의 회의록 - 변동된 사업계획서 및 수지예산서	제21조 • 의료법 시행 규칙 제51조 • 민법 제42조 제2항
기본재산 처분	• 기본재산 처분 허가신청서 검토 • 첨부서류 검토 - 이유서 - 이사회의 회의록 - 감소될 재산의 보충 방법 등을 적은 서류 - 처분재산과 전체재산의 대비표	• 의료법 제48조 제3항 • 의료법 시행령 제21조 • 의료법 시행 규칙 제54조 • 민법 제42조 제2항
재산증가	• 재산증가보고서 검토 • 첨부서류 검토 - 취득사유서 - 취득한 재산의 종류·수량 및 금액을 적은 서류 - 재산 취득을 확인할 수 있는 서류	• 의료법 시행 규칙 제53조
임원선임	• 임원선임보고서 검토 • 첨부서류 검토 - 임원 선임을 의결한 이사회의 회의록 - 이력서 - 취임승낙서	• 의료법 시행 규칙 제52조
의료법인 설립 허가 취소	• 민법상 취소사유 - 목적 이외의 사업을 한 때 - 설립허가의 조건을 위반한 때 - 기타 공익을 해하는 행위를 한 때	• 의료법 제51조, 제59조, 제84조 • 의료법 시행

구 분	업무처리 내용	비 고
	• 의료법상 취소사유 – 정관으로 정하지 아니한 사업을 한 때 – 설립된 날부터 2년 안에 의료기관을 개설하지 아니한 때 – 의료법인이 개설한 의료기관이 제64조에 따라 개설 허가를 취소당한 때 – 보건복지부장관 또는 시·도지사가 감독을 위하여 내린 명령을 위반한 때 – 제49조 제1항에 따른 부대사업 외의 사업을 한 때 • 청문	규칙 제51조 • 민법 제38조
의료법인의 해산 및 청산	• 법인 해산허가 신청 및 해산 신고서 확인 • 잔여재산 처분 허가신청서 확인 • 청산종결신고서 검토	• 의료법 시행규칙 제57조, 제58조, 제59조 • 민법 제77조
의료기관 개설 허가 취소	• 개설 허가 취소 또는 폐쇄 사유 – 의료기관을 개설한 의료법인·비영리법인 등이 그 설립허가가 취소되거나 해산된 경우 – 의료기관의 개설신고 또는 개설허가를 한 날부터 3개월 이내에 정당한 사유 없이 그 업무를 시작하지 아니한 경우 – 폐업한 뒤 신고하지 아니한 경우 – 「약사법」 제24조 제2항을 위반하여 담합행위를 하고 2차 처분일로부터 2년 이내에 3차 위반을 한 경우 – 의료기관의 개설자가 거짓으로 진료비를 청구하여 금고 이상의 형을 선고받아 그 형이 확정된 경우	• 의료법 제64조

04

의료기관 회계기준 규칙

의료법인은 고유목적사업인 의료사업에서 발생한 수익을 구성원에게 배분하지 않는 비영리법인이다. "Dr.김"은 일반적인 병원과는 다른 회계처리를 진행하는 비영리 의료법인의 회계처리가 궁금하다. 병의원전문 김 세무사에게 비영리법인인 의료법인의 회계에 대하여 자문을 구해보았다.

비영리법인의 회계는 비영리법인이 비수익사업으로 추진하는 고유목적사업에서 발생한 성과를 측정하고, 이를 의결기관의 승인을 위하여 그리고 감독기관의 보고 등을 위하여 이루어지는 회계이다.

비영리법인의 회계는 그 비영리법인만의 고유한 회계처리준칙이 정해져 있지 아니하고 비영리법인 종류마다 그 특수성을 고려하여 개별적인 회계규칙을 정하고 있다. 예를 들면 학교법인은 사학기관 재무・회계규칙 및 국립 초・중등학교 회계규칙 등에 따라 회계처리를 하고, 사회복지법인은 사회복지법인 재무・회계 규칙을 따른다. 그리고 의료법인은 의료기관회계기준규칙 및 재무제표 세부작성 방법에 따라 처리한다.

비영리법인은 고유목적사업의 성과를 측정하기 위하여 수익사업과는 별개의 회계로 구분 경리하여야 한다. 구분 경리란 사업별로 수입과 지출을 각각 독립된 계정과목으로 구분 기장하여 해당사업별로 회계처리하는 것을 말한다.

의료기관회계기준은 약가 및 의료수가의 합리적인 책정을 위해 의료법인 개정과 함께 의료기관에 적용되는 회계기준을 보건복지부가 규정하였다. 병원마다 서로 다른 기준으로 처리된 재무정보는 의료수가 책정 등의 중대한 보건정책을 결정하는데 있어, 합당한 정보를 제공하지 못하였다. 이에 의료기관회계기준을 근간으로 100병상 이상의 종합병원 등 일정요건에 해당하는 의료법인은 통일된 회계기준에 따라 회계 처리하여 재무정보의 투명성을 마련하도록 한 것이다.

의료기관 회계기준 규칙

[시행 2015.12.31.] [보건복지부령 제384호, 2015.12.31. 일부개정]

의료기관 회계기준의 목적

「의료법」 제62조에 따라 의료기관의 개설자가 준수하여야 하는 의료기관 회계기준을 정함으로써 의료기관 회계의 투명성을 확보하기 위함이다.

의료기관 회계기준 준수대상

① 「의료법」 제62조에 따라 의료기관의 개설자는 100병상 이상의 종합병원(이하 "병원"이라 한다)의 개설자를 말한다.

② 병상 수는 해당 병원의 직전 회계연도의 종료일을 기준으로 산정한다.

의료기관 회계의 구분 경리

① 병원의 개설자인 법인(이하 "법인"이라 한다)의 회계와 병원의 회계는 구분하여 경리하여야 한다.

② 법인이 2 이상의 병원을 설치 및 운영하는 경우에는 각 병원마다 회계를 구분하여야 한다.

재무제표의 종류

① 병원의 재무상태와 운영성과를 나타내기 위하여 작성하여야 하는 재무제표는 다음과 같다.

- 재무상태표

• 손익계산서
• 기본금변동계산서(병원개설자가 개인인 경우는 제외)
• 현금흐름표

② 재무제표의 세부작성방법은 보건복지부장관이 정하여 고시한다.

회계연도

병원의 회계연도는 정부의 회계연도에 따른다. 다만 「사립학교법」에 따라 설립된 학교법인이 개설자인 병원의 회계연도는 사립학교의 학년도에 따른다.

계정과목의 표시

재무제표는 의료기관 회계기준 규칙에서 정한 계정과목을 사용하여야 한다. 다만 계정과목을 정하지 아니한 것은 그 성질이나 금액이 유사한 계정과목으로 통합하여 사용하거나, 그 내용을 나타낼 수 있는 적절한 계정과목을 신설하여 사용할 수 있다.

재무상태표

재무상태표는 재무상태표 작성일 현재의 자산, 부채 및 자본에 관한 항목을 객관적인 자료에 따라 작성하여야 한다.

손익계산서

손익계산서는 회계기간에 속하는 모든 수익과 이에 대응하는 모든 비용을 객관적인 자료에 따라 작성하여야 한다.

기본금변동계산서

기본금변동계산서는 기본금과 이익잉여금의 변동 및 수정에 관한 사항을 객관적인 자료에 따라 작성하여야 한다.

현금흐름표

현금흐름표는 당해 회계기간에 속하는 유입과 유출내용을 객관적인 자료에 따라 작성하여야 한다. 다만 병원의 개설자가 「사립학교법」에 따라 설립된 학교법인 또는 「지방공기업법」에 따라 설립된 지방공사인 경우에는 자금수지계산서로 이를 갈음할 수 있다.

결산서의 제출 및 공시

병원장은 매 회계연도 종료일부터 3월 이내에 다음 각 호의 서류를 첨부한 결산서를 보건복지부장관에게 제출하여야 한다.

- 재무상태표와 그 부속명세서
- 손익계산서와 그 부속명세서
- 기본금변동계산서(병원개설자가 개인인 경우 제외)
- 현금흐름표

법인은 병원의 재무상태표와 손익계산서를 보건복지부장관이 정하는 인터넷 사이트에 공시하여야 한다.

규제의 재검토

보건복지부장관은 결산서의 내용에 대하여 2015년 1월 1일을 기준으로 매 2년이 되는 시점(매 2년이 되는 해의 1월 1일 전까지를 말한다)마다 그 타당성을 검토하여 개선 등의 조치를 하여야 한다.

시행

이 규칙은 공포한 날부터 시행하되, 2016년 회계연도부터 적용한다.

〈서식〉

- 재무상태표
- 손익계산서
- 기본금변동계산서
- 현금흐름표

[별지 제1호 서식]

대차대조표

제 (당)기 년 월 일 현재
제 (당)기 년 월 일 현재

(단위 : 원)

계정과목	제 (당)기	제 (전)기
	금액	금액
자산 Ⅰ. 유동자산 (1) 당좌자산 1. 현금 및 현금등가물 2. 단기금융상품 ⋮ (2) 재고자산 1. 약품 2. 진료재료 ⋮ Ⅱ. 고정자산 (1) 투자자산 1. 장기금융상품 2. 투자유가증권 ⋮ (2) 유형자산 1. 토지 2. 건물 ⋮ (3) 무형자산 1. 영업권 2. 창업비 ⋮ (자산총계) 부채 Ⅰ. 유동부채 1. 매입채무 2. 단기차입금 ⋮ Ⅱ. 고정부채 1. 장기차입금 2. 외화장기차입금 ⋮ (부채합계) 자본 Ⅰ. 자본(기본재산) 1. 기본금 - 법인기본금 - 기타기본금 Ⅱ. 잉여금 1. 자본잉여금 - 기타자본잉여금 2. 이익잉여금 - 차기이월잉여금 - 당기순이익(순손실) ⋮ 자본총계 부채와 자본총계		

210㎜×297㎜(보존용지(1종) 70g/㎡)

[별지 제2호 서식]

손익계산서

제 (당)기 년 월 일부터 년 월 일까지
제 (당)기 년 월 일부터 년 월 일까지

(단위 : 원)

계정과목	제 (당)기		제 (전)기	
	금액		금액	
Ⅰ. 의료수익				
1. 입원수익				
2. 외래수익				
⋮				
(의료수익계)				
Ⅱ. 의료비용				
(1) 인건비				
1. 급여				
2. 퇴직급여				
⋮				
(2) 재료비				
1. 약품비				
2. 진료재료비				
⋮				
(3) 관리운영비				
1. 복리후생비				
2. 여비교통비				
⋮				
(의료비용계)				
Ⅲ. 의료이익(손실)				
Ⅳ. 의료 외 수익				
1. 의료부대수익				
2. 이자수익				
⋮				
Ⅴ. 의료외비용				
1. 의료부대비용				
2. 이자비용				
⋮				
Ⅵ. 경상이익(손실)				
Ⅶ. 특별이익				
1. 자산수증이익				
2. 채무면제이익				
⋮				
Ⅷ. 특별손실				
1. 재해손실				
Ⅸ. 법인세차감 전 순이익(순손실)				
Ⅹ. 법인세비용				
1. 법인세비용				
. 당기순이익(순손실)				

210㎜×297㎜(보존용지(1종) 70g/㎡)

[별지 제3호 서식]

기본금변동계산서

제 (당)기 년 월 일부터 년 월 일까지
제 (당)기 년 월 일까지 년 월 일까지

(단위 : 원)

계정과목	제 (당)기		제 (전)기	
	금액		금액	
Ⅰ. 기본금				
1. 법인기본금				
2. 기타기본금				
Ⅱ. 자본잉여금				
1. 자산재평가적립금				
⋮				
Ⅲ. 이익잉여금				
1. 전기이월이익잉여금(결손금)				
2. 회계변경의 누적효과				
⋮				
Ⅳ. 이익잉여금처분액				
1. 기본금대체액				
Ⅴ. 차기이월이익잉여금				

210㎜×297㎜(보존용지(1종) 70g/㎡)

[별지 제4호 서식]

현금흐름표

제 (당)기 년 월 일부터 년 월 일까지
제 (당)기 년 월 일부터 년 월 일까지

(단위 : 원)

과목	제 (당)기		제 (전)기	
	금액		금액	
Ⅰ. 영업활동으로 인한 현금흐름				
(1) 당기순이익(순손실)				
(2) 현금의 유출 없는 비용 등의 가산				
1. 감가상각비				
2. 퇴직급여				
⋮				
(3) 현금의 유입 없는 수익 등의 차감				
1. 채무면제이익				
2. 외화환산이익				
⋮				
(4) 영업활동으로 인한 자산부채의 변동				
1. 재고자산의 감소(증가)				
2. 매출채권의 감소(증가)				
⋮				
Ⅱ. 투자활동으로 인한 현금흐름				
(1) 투자활동으로 인한 현금유입액				
1. 단기금융상품의 처분				
2. 토지의 처분				
⋮				
(2) 투자활동으로 인한 현금유출액				
1. 현금의 단기대여				
2. 토지의 취득				
⋮				
Ⅲ. 재무활동으로 인한 현금흐름				
(1) 재무활동으로 인한 현금유입액				
1. 단기차입금의 차입				
⋮				
(2) 재무활동으로 인한 현금유출액				
1. 단기차입금의 상환				
⋮				
Ⅳ. 현금의 증가(감소)(Ⅰ+Ⅱ+Ⅲ)				
Ⅴ. 기초의 현금				
Ⅵ. 기말의 현금				

210㎜×297㎜(보존용지(1종) 70g/㎡)

05

재무제표 세부 작성방법

병의원전문 김 세무사는 의료기관회계 기준에 대해 많은 관심을 갖고 있는 "Dr.김"을 위하여 100병상 이상의 종합병원에서 준수해야 하는 재무제표 작성방법에 대하여 자세히 알려주었다.
[시행 2016.11.1.] [보건복지부고시 제2016-206호, 2016.11.1. 일부개정]

일반적 작성기준

회계의 일반원칙

- 신뢰성원칙 : 회계처리 및 보고는 신뢰할 수 있도록 객관적인 자료와 증거에 의하여 공정하게 처리하여야 한다.

- 명료성원칙 : 재무제표의 양식 및 과목 · 회계용어는 이해하기 쉽도록 간단 명료하게 표시하여야 한다.
- 충분성원칙 : 중요한 회계방침과 회계처리기준 및 과목과 금액에 관하여는 그 내용을 재무제표상에 충분히 표시하여야 한다.
- 계속성원칙 : 회계처리에 관한 기준 및 추정은 기간별 비교가 가능하도록 매기 계속하여 적용하고 정당한 사유가 없는 한 이를 변경하여서는 아니 된다.
- 중요성원칙 : 회계처리와 재무제표 작성에 있어서 과목과 금액은 그 중요성에 따라 실용적인 방법에 의하여 결정하여야 한다.
- 안정성원칙 : 회계처리과정에서 2 이상의 선택 가능한 방법이 있는 경우에는 재무적 기초를 견고히 하는 관점에 따라 처리하여야 한다.
- 실질원칙 : 회계처리는 거래의 실질과 경제적 사실을 반영할 수 있어야 한다.

재무제표 및 부속명세서 작성원칙

재무제표의 종류에는 재무상태표, 손익계산서, 기본금변동계산서, 현금흐름표 및 주기와 주석으로 한다.

- 재무제표는 재무제표 세부 작성방법과 의료기관 회계기준 규칙에 따라 작성한다. 다만 재무제표 세부 작성방법과 의료기관 규칙에 없는 사항에 대해서는 의료기관 규칙에 반하지 않는 범위 내에서 기업회계기준과 일반적으로 공정

타당하다고 인정되는 회계 관행에 따라 처리한다.

- 재무제표는 당해 회계연도분과 직전 회계연도분을 비교하는 형식으로 작성하여야 한다.
- 재무제표의 양식은 보고식을 원칙으로 한다.
- 기타 필요한 명세서는 부속명세서를 작성하여야 한다.
- 재무제표는 이를 이용하는 자에게 충분한 회계정보를 제공하도록 한다. 중요한 회계방침 등 필요한 사항에 대하여는 다음의 방법에 따라 주기 및 주석을 하여야 한다.
  ① 주기는 재무제표상의 해당과목 다음에 그 회계사실의 내용을 간단한 자구 또는 숫자로 괄호 안에 표시하는 방법으로 한다.
  ② 주석은 재무제표상의 해당과목 또는 금액에 기호를 붙이고 난 외 또는 별지에 동일한 기호를 표시하여 그 내용을 간결하고 명료하게 기재하는 방법으로 한다.
  ③ 동일한 내용의 주석이 2 이상의 과목에 관련되는 경우에는 주된 과목에 대한 주석만 기재하고, 다른 과목의 기호만 표시함으로써 이를 갈음할 수 있다.

세부 작성기준

재무상태표

- 재무상태표 작성기준

① 재무상태표는 자산, 부채 및 자본으로 구분한다.

② 자산, 부채 및 자본은 총액에 의하여 기재함을 원칙으로

한다. 자산의 항목과 부채 또는 자본의 항목을 상계함으로써 그 전부 또는 일부를 재무상태표에서 제외하여서는 아니 된다.

③ 자산과 부채는 1년을 기준으로 유동자산 또는 비유동자산, 유동부채 또는 비유동부채로 구분하는 것을 원칙으로 한다.

④ 재무상태표에 기재하는 자산과 부채의 항목배열은 유동성배열법에 의함을 원칙으로 한다.

⑤ 가지급금 또는 가수금 등의 미결산 항목은 그 내용을 나타내는 적절한 과목으로 기재하여야 한다.

자산의 계정과목구분

자산	유동자산	당좌자산	현금 및 현금성자산, 국고보조금, 단기금융상품, 단기매매증권, 의료미수금, 단기대여금, 대손충당금, 미수금, 미수수익, 선급금, 선급비용, 선급제세, 본지점, 이연법인세자산 및 기타의 당좌자산	의료미수금*은 진료행위로 발생한 외상매출금과 받을어음으로 한다. 미수금은 의료미수금을 제외한 미수채권을 말한다.
		재고자산	약품, 진료재료, 급식재료, 저장품, 의료부대물품	
	비유동자산	투자자산	장기금융상품, 투자유가증권, 장기대여금, 장기대여금대손충당금, 퇴직보험예치금, 보증금 및 기타 투자자산	

<table>
<tr><td rowspan="2">자산</td><td rowspan="2">비유동
자산</td><td>유형
자산</td><td>토지, 건물, 구축물, 기계장치, 의료장비, 차량운반구, 공기구비품, 건설중인 자산, 기타 유형자산, 감가상각누계액 및 국고보조금</td><td>유형자산 과목별로 감가상각방법, 내용연수 등을 주석으로 기재한다. 또한 하나의 회계정책을 선택하여 자산별로 동일하게 적용한다.</td></tr>
<tr><td>무형
자산</td><td>영업권, 산업재산권</td><td></td></tr>
<tr><td rowspan="3">부채</td><td>유동
부채</td><td colspan="3">매입채무, 단기차입금, 미지급금, 선수금, 예수금, 미지급비용, 미지급제세, 유동성장기부채, 선수수익, 예수보증금, 단기부채성충당금, 임직원단기차입금, 이연법인세부채 및 기타의 유동부채</td></tr>
<tr><td>비유동
부채</td><td colspan="3">장기차입금, 외화장기차입금, 금융리스미지급금, 장기성매입채무, 퇴직급여충당금, 이연법인세부채 및 임대보증금</td></tr>
<tr><td colspan="4">고유목적사업준비금</td></tr>
<tr><td rowspan="4">자본</td><td>기본금</td><td></td><td>법인기본금,
기타 기본금</td><td>개인병원은 자본금 개념이 없고 총자산에서 총부채를 차감하면 자본이 되므로 이를 구분하지 아니한다.</td></tr>
<tr><td>자본
잉여금</td><td></td><td>자본보존목적의 기타 자본잉여금</td><td></td></tr>
<tr><td>기타포
괄손익
누계액</td><td></td><td>재평가잉여금, 해외사업환산손익</td><td></td></tr>
<tr><td>이익
잉여금
(결손금)</td><td></td><td>차기이월잉여금(결손금) 및 당기순이익(순손실)</td><td></td></tr>
</table>

* 의료미수금의 종류
- 재원미수금 : 입원환자 재원기간 중 발생한 미수금
- 건강보험미수금, 의료급여미수금, 자동차보험미수금, 산재보험미수금, 일반환자미수금 및 건강검진미수금
- 퇴원미수금 : 퇴원환자로부터 발생한 미수금
- 외래미수금 : 외래환자로부터 발생한 미수금
- 기타의료수익미수금 : 기타의료수익에서 발생한 미수금

손익계산서

손익계산서 작성기준

① 모든 수익과 비용은 그것이 발생한 기간에 정당하게 배분되도록 처리하여야 한다. 다만 수익은 실현시기를 계상하고 미실현수익은 당기의 손익계산에 산입하지 아니함을 원칙으로 한다.

② 수익과 비용은 그 발생원천에 따라 명확하게 분류한다. 각 수익항목과 이에 관련되는 비용항목을 대응 표시하여야 한다.

③ 수익과 비용은 총액에 의하여 기재함을 원칙으로 한다. 수익항목과 비용항목을 직접 상계함으로써 그 전부 또는 일부를 손익계산서에서 제외하여서는 아니 된다.

④ 손익계산서에는 의료이익(의료손실), 법인세차감 전 순이익(순손실), 법인세비용, 고유목적사업준비금설정 전 당기순이익(손실), 고유목적사업준비금전입액, 고유목적사업준비금환입액 및 당기순이익(순손실)으로 구분 표시하여야 한다.

수익과목 계정과목 구분

수입	의료수익	입원수익, 외래수익, 기타 의료수익		의료수익감면을 차감한 후의 수익을 계상 -세부내역을 주석 기재
		(-) 의료수익감면*1)	진료비에누리(진료비할인), 연구용환자감면 및 자선환자감면	
	의료외수익		이자수익, 배당금수익, 단기매매증권처분이익, 단기매매증권평가이익, 외환수익, 외화환산이익, 투자자산처분이익, 대손충당금환입, 기부금수익, 잡이익, 자산수증이익, 채무면제이익 및 보험차익 등	
			임대료수익	영안실임대수익 및 매점임대수익
			연구수익	1년 이상 진행되는 경우 진행기준적용
			의료부대수익	주차장직영수익, 매점직영수익, 일반식당직영수익, 영안실직영수익 및 기타 시설직영수입 등-세부내역을 주석으로 기재
비용	의료비용	인건비	급여, 제 수당 및 퇴직급여	
		재료비	약품비, 진료재료비, 급식재료비	
		(-) 매입에누리*2)	매입에누리 및 매입할인	
		관리운영비	복리후생비, 여비교통비, 통신	

비용			비, 전기수도료, 세금과공과, 보험료, 환경관리비, 지급임차료, 지급수수료, 수선비, 차량유지비, 교육훈련비, 도서인쇄비, 접대비, 행사비, 연료비, 선교비, 의료사비, 피복침구비, 외주용역비, 잡비 등	
		의료분쟁비용	의료사고보상금, 의료사고 처리수수료 등-세부내역 주석 기재	
	의료외비용		이자비용, 기타의 대손상각비, 기부금, 단기매매증권처분손실, 단기매매증권평가손실, 연구비용[*3)], 외화차손, 외화환산손실, 투자자산처분손실, 유형자산처분손실, 재고자산감모손, 고유목적사업비[*4)], 잡손실, 재해손실 등	
			의료부대비용[*5)]	주차장직영비용, 매점직영비용, 일반식당직영비용, 영안실직영비용, 기타시설직영비용 등-세부내역을 주석 기재
	고유목적 사업준비금 전입액		고유목적사업준비금[*6)]	고유목적사업준비금의 세부사용내역을 주석으로 기재
	법인세비용		법인세법 등에 의한 법인세[*7)]	
	당기순이익			

*1) 의료수익감면은 진료비에누리(또는 진료비할인),연구용환자감면 및 자선환자감면 등으로 구분

- 진료비에누리는 일정한 요건에 적합한 환자에 대하여 사전에 약정한 할인율에 따라 진료비의 일부 또는 전부를 감액하여 주는 것을 말한다.
- 진료비할인은 진료비가 청구되어 의료미수금으로 계상되었으나 환자의 지불능력부족 등의 이유로 진료비의 일부 또는 전부를 감액하여 주는 것을 말한다.
- 연구용 환자나 자선환자에 대해 진료비를 일부 또는 전부를 감면해주는 경우, 환자로부터 수납한 진료비만을 수익으로 계상한다.

*2) 매입에누리, 매입할인
- 매입에누리는 일정기간의 거래수량이나 거래금액 또는 대금지불조건 등에 따라 약품 등의 매입대금일부를 감액받는 것을 말한다.
- 매입할인은 약품, 진료재료 등의 매입과 관련하여 발생한 채무를 조기 변제함으로써 상대방으로부터 할인받는 금액을 말한다.

*3) 연구비용
연구가 1년 이상 진행되는 경우 진행기준에 따라 인식한다.

*4) 고유목적사업비
학교법인병원 · 국립대학교병원 · 서울대학교병원에서 법인에 전출한 이익금은 고유목적사업비로 처리한다. 이 경우 고유목적사업비의 세부사용내역을 주석으로 기재하여야 한다.

*5) 의료부대비용
의료부대비용은 의료비용과 별도로 인건비, 재료비, 관리운영비 등으로 구분하고, 공통비용은 의료기관의 특성을 고려하여 합리적인 기준에 따라 배분한다.
- 인건비는 인력 수, 총급여 및 투입시간 등의 기준으로 배분한다.
- 재료비는 재료의 투입량, 직접재료비, 사용면적(병실 수), 사용인원 등의 기준으로 배분한다.
- 관리운영비는 매출액, 점유면적, 서비스시간, 사용인원, 관련 유형자산가액 등의 기준으로 배분한다.

*6) 고유목적사업준비금
학교법인병원 · 국립대학교병원 · 서울대학교병원 또는 의료법인 등에서 이익금의 일부 또는 전부를 고유목적사업준비금으로 전입하기 위해 결산서에 반영하는 경우 해당 금액은 고유목적사업준비금전입액으로 처리한다.

고유목적사업준비금전입액은 의료비용 및 의료외비용과는 별도로 구분하여 표시한다. 이 경우 고유목적사업비의 세부사용내역을 주석으로 기재하여야 한다.

*7) 법인세비용
법인세법 등의 법령에 의하여 당해 연도의 부담법인세와 법인세에 부가되는 세액합계에 당기 이연법인세 변동액을 가감하여 법인세비용을 산출한다. 다만 학교법인병원 · 국립대학교병원 · 서울대학교병원 ㅇ 외의 병원은 법인세부담액을 법인세비용으로 계상할 수 있다.

자산 · 부채의 평가

증여받은 자산의 평가

① 당해 자산의 취득을 위하여 통상적으로 소요되는 가액과 비교하여 현저하게 저렴한 가격으로 취득한 자산 또는 증여받은 자산은 취득하거나 증여받은 때의 시가로 평가한다.

② 증여받은 자산의 시가는 「부동산가격공시 및 감정평가에 관한 법률」에 의한 감정평가액을 원칙으로 한다. 토지의 경우 공시지가(토지의 공시지가가 없는 경우는 개별토지의 가격)에 의할 수 있다.

진료비청구액의 삭감

① 국민건강보험 등의 적용을 받아 진료비의 일부 또는 전부가 보험자단체에 의하여 지불되는 환자에 대하여 청구하는 진료비의 일부가 삭감되는 경우에는, 보험자단체의 심사가 완료되어 수납할 금액이 확정된 시점을 기준으로 하여 이미 계산된 의료미수금과 의료수익을 상계처리한다. 이 경우 의료수익 삭감액에 대한 세부내역을 주석으로 기재한다.

② 삭감된 진료비 중 보험자단체에 이의 신청하여 일부 또는 전부가 수납될 경우에는 수납된 시점에 의료수익이 수납액만큼 발생한 것으로 회계처리한다. 따라서 이의신청 시

는 회계처리하지 않으며 이의신청내역을 장부에 비망으로 기록한다.

국고보조금의 처리방법

① 국립대학교병원이나 지방공사의료원 등의 공공병원이 적자보전이나 운영비보조 등 다음과 같은 수익적 지출에 충당하기 위해 국고보조금을 받았다면 의료 외 수익 중 기부금수입으로 처리한다.

- 지방자치단체에서 지방공사의료원이 의료급여환자를 많이 진료하여 적자가 발생한 경우 건강보험수가와의 수가차액을 보조해주는 경우
- 공공병원이 차관 등의 이자를 지불할 능력이 충분하지 않을 경우, 지방자치단체에서 이자비용을 보조해주는 경우
- 기타 공공병원의 운영적자를 지방자치단체에서 보조해주는 경우

② 시설투자목적 등 자본적 지출에 충당할 목적으로 받은 국고보조금은 이를 취득자산에서 차감하는 형식으로 표시하고 당해 자산의 내용연수에 걸쳐 상각금액과 상계하며, 당해 자산을 처분하는 경우에는 그 잔액을 당해 자산의 처분손익에 차감 또는 부가한다.

기본금변동계산서

기본금변동계산서는 기본금, 자본잉여금, 기타포괄손익누계액, 이익잉여금(결손금), 이익잉여금처분액 및 차기이월이익잉여금(결손금)으로 구분한다.

현금흐름표

현금흐름표는 영업활동으로 인한 현금흐름, 투자활동으로 인한 현금흐름, 재무활동으로 인한 현금흐름, 현금의 증가, 기초의 현금 및 기말의 현금으로 구분한다.

다만, 의료기관의 개설자가 「사립학교법」에 따라 설립된 학교법인 또는 「지방공기업법」에 따라 설립된 지방공사인 경우에는 자금수지계산서로 이를 갈음할 수 있다.

주석

주석 작성기준

① 주석은 재무상태표, 손익계산서, 기본금변동계산서 및 현금흐름표에 표시된 개별 항목과 상호연결시켜 표시한다.

② 주석은 일반적으로 다음 순서로 표시한다.

- 의료기관 회계기준을 준수하였다는 사실
- 의료기관 회계기준 규칙 제3조에 따른 회계 구분 내역
- 재무상태표, 손익계산서, 기본금변동계산서 및 현금흐름표에 표시된 항목에 대한 보충 정보

결산

결산 시 작성해야 하는 서류는 다음과 같다.

(1) 재무상태표와 그 부속명세서

(2) 손익계산서와 그 부속명세서

(3) 기본금변동계산서(개인병원은 제외)

(4) 현금흐름표

(5) 주기와 주석

재무제표의 주요부속명세서

(1) 의료미수금명세서

(2) 재고자산명세서

(3) 유형자산명세서

(4) 감가상각누계액명세서

(5) 차입금명세서

(6) 진료과별 환자종류별 외래(입원)수익명세서

(7) 직종별 인건비명세서

(8) 진료과별 환자종류별 입원환자명세서

(9) 진료과별 환자종류별 외래환자명세서

재검토기한

이 고시는 「훈령, 예규 등의 발령 및 관리에 관한 규정」(대통령 훈령 제 334호)에 따라 이 고시에 대하여 2017년 1월 1일을 기준으로 매 3년이 되는 시점(매 3년째의 12월 31일까지를 말한다)마다 그 타당성을 검토하여 개선 등의 조치를 하여야 한다.

부칙〈제2016-206호, 2016.11.1.〉

이 고시는 발령한 날부터 시행한다.

06

재무상태표 · 손익계산서 과목분류 및 내용해설

병의원전문 김 세무사는 병원회계에 열공 중인 "Dr.김"을 위하여 재무제표 세부 작성방법에서 제시하고 있는 재무상태표 · 손익계산서상 분류되는 과목과 개념을 상세히 수록하였다.
[보건복지부고시 제2016-206호, 2016.11.1. 일부개정]

[별표 1]

재무상태표 과목분류 및 내용해설

자산과목

□ 유동자산	
(1) 당좌자산	현금과 비교적 단기간 내에 현금화할 수 있는 유동자산
1. 현금 및 현금성 자산	가. 현금 및 타인발행수표 등 통화대용증권과 당좌예금·보통예금 및 현금등가물을 포괄 나. 현금등가물은 큰 거래비용 없이 현금전환이 용이하고 이자율 변동에 따른 가치변동위험이 중요하지 않은 유가증권 및 단기금융상품으로서 취득당시 만기가 3월 내에 도래하는 것
2. 단기금융상품	금융기관이 취급하는 정기예금·정기적금·사용이 제한된 예금 및 기타 정형화된 상품 등으로 단기자금운용목적으로 소유 또는 기한이 1년 내 도래하는 것
3. 단기매매증권	시장성 있는 회사채·국공채 등과 같은 유가증권으로 단기자금운용목적으로 소유한 것
4. 의료미수금	가. 진료행위로 인하여 발생된 의료미수금, 받을 어음, 부도어음 등 나. 의료미수금은 입원 중 발생하여 계상되는 재원미수금, 퇴원환자진료비·외래환자진료비·기타의료수익 중 미회수금액(청구분 및 본인부담금) 다. 재원미수금, 퇴원미수금, 외래미수금은 환자종류에 따라 보험, 급여(보호), 자보, 산재, 일반, 건강진단 등으로 분류

5. 단기대여금	회수기간이 1년 이내 도래하는 대여금(임직원에게 대여한 1년 이내 회수가능한 채권 등)
6. 대손충당금	매출채권의 징수불능에 대비하여 설정한 평가성충당금
7. 미수금	의료미수금을 제외한 미수채권
8. 미수수익	이자, 임대료 등 당기에 속하는 수익 중 미수액
9. 선급금	의료장비 등의 발주를 위해 선급한 금액 ※ 병원을 둘 이상 운영하는 법인이 본원과 분원 간에 전도해준 전도금(선급금)은 결산 시 정산하여 해당금액으로 처리
10. 선급비용	선급된 비용 중 1년 내에 비용으로 되는 것으로서 선급보험료 · 선급이자 · 선급리스료 등
11. 선급제세	의료수익이나 이자수입 중 원천징수된 세금과 중간예납한 세금 등
12. 본지점	
13. 이연법인세 자산	자산 · 부채가 회수 · 상환되는 미래기간의 과세소득을 감소시키는 효과를 가지는 일시적 차이 등
14. 기타의 당좌자산	기타 다른 계정에 속하지 아니하는 당좌자산
15. 국고보조금	자산취득을 위한 국고보조금에 대한 예금(현금) 차감계정
(2) 재고자산	진료나 병원운영을 위해 보관 중인 유형의 자산
1. 약품	가. 진료목적으로 보유하고 있는 일반약품, 주사약품, 마취약품, 마약, 소독약품, 약국재료 등 나. 약품매입 시 또는 대금결제 시의 에누리 · 할인 · 할증 · 판매장려금 등은 약품매입액에서 차감하여 계상

□ 비유동부채	
1. 장기차입금	상환기일이 1년 이후에 도래하는 차입금
2. 외화장기 차입금	외화표시차입금으로서 상환기일이 1년 이후에 도래하는 차입금
3. 금융리스 미지급금	상환기일이 1년 이후에 도래하는 금융리스 미지급금
4. 장기성 매입채무	지급기일이 1년 이후에 도래하는 매입채무
5. 퇴직급여 충당금	임직원이 일시에 퇴직할 경우에 지급할 금액으로 국민연금 퇴직전환금, 퇴직보험 예치금을 차감하는 형식으로 기재
6. 이연법인세부채	자산·부채가 회수·상환되는 미래기간의 과세소득을 증가시키는 효과를 가지는 일시적 차이 등
7. 삭제	
8. 임대보증금	임대계약 등을 확실히 하기 위하여 1년 이상 보관하는 보증금
□ 고유목적사업준비금	법인의 고유목적사업 또는 기부금에 지출하기 위하여 설정한 준비금
□ 의료발전준비금	고유목적사업준비금의 사용

자본과목

□ 기본금(기본재산)	
1. 법인기본금	병원설립을 위하여 출연한 금액
2. 기타기본금	병원증축 등을 위해 출연한 금액 중 미등기금액 또는 이익잉여금의 기본금대체액(정부로부터 받는 출연금 포함)
□ 자본잉여금	
1. 자산재평가적립금	
2. 기타자본잉여금	자본보존 목적의 자본잉여금

□ 기타포괄손익누계액	
1. 재평가잉여금	재평가되는 유형자산의 공정가치와 장부금액과의 차이
2. 해외사업환산손익	해외사업소의 외화자산 및 부채의 환산과정에서 발생하는 환산손익
□ 이익잉여금(결손금)	
1. 차기이월 잉여금 (결손금)	차기로 이월될 잉여금(결손금)
2. 당기순이익(순손실)	

[별표 2]

손익계산서 과목분류 및 내용해설

수익과목

□ 의료수익	
1. 입원수익	① 입원환자 진료에 따른 제반 의료수익 ② 환자 종류별로 보험·급여·산재·일반·자보수익 등으로 구분 가능 ③ 사전에 정한 할인율에 따라 특정기관 및 개인에게 진료비를 에누리 또는 할인해 준 금액, 극빈환자 등을 위한 자선진료에 따른 무료 또는 감면액, 연구용 환자에 대한 진료비감면액을 차감하여 계상
2. 외래수익	① 외래환자진료에 따른 제반 의료수익 ② 환자종류별로 구분 가능 ③ 진료비의 에누리 등은 입원수익과 같은 방법으로 차감하여 계상
3. 기타의료수익 –건강진단수익	종합건강진단·신체검사·건강상담·예방접종 등에 따른 제반수익

-수탁검사수익	타 병원으로부터 검사·촬영 등을 의뢰받아 발생한 수익
-직원급식수익	병원의 주방시설을 이용하여 병원직원 및 내방객 등에게 식사를 제공하여 발생한 수익
-제 증명료수익	진단서 등의 발급에 따른 수익
-구급차 운영수익	환자에게 구급차를 제공하여 발생한 수익
-기타 수익	기타 다른 계정에 속하지 아니하는 의료수익(단, 금액적으로 중요한 경우 독립된 계정과목을 설정)
□ 의료 외 수익	
1. 의료부대수익	① 병원이 주된 의료사업 이외의 영안실·매점·슈퍼마켓 등의 부대사업을 직영하여 발생한 수익 ② 시설직영수익 금액이 큰 경우에는 독립과목으로 계상
2. 이자수익	제 예금·국공채 등의 이자 및 어음매입할인료 등의 수익
3. 배당금수익	투자한 회사로부터의 배당금수익
4. 임대료수익	병원건물 또는 시설(영안실, 식당 등)을 임대하여 발생한 수익
5. 단기매매증권처분이익	① 투자자산인 투자주식·투자사채의 처분에 따른 이익 ② 매매수수료를 비롯한 처분에 소요된 비용은 처분가액에서 공제하여 계상
6. 단기매매증권평가이익	투자자산인 투자주식·투자사채의 평가에 따른 이익
7. 연구수익 -연구중심병원 연구수익 -수탁연구수익 -임상시험수익	① 연구중심병원으로 지정된 기관의 총 연구수익 및 연구중심병원이 아닌 기관에서 수행한 수탁연구수익 ② 의약품 등의 안전성·유효성을 심의하기 위하여 병원에서 실시되는 임상시험 수익 등

-기타연구수익	③ 1년 이상 진행되는 연구의 경우 진행기준에 따라 연구수익을 인식하여야 함
8. 외환차익	외환의 매입 및 매각에 따라 발생하는 이익
9. 외화환산이익	연도 말에 외화자산 또는 외화부채를 결산일 현재의 환율로 평가하여 발생하는 이익
10. 투자자산 처분이익	투자자산의 처분 시 처분가액이 장부가액(취득원가-감가상각누계액)보다 많아서 발생한 이익
11. 유형자산 처분이익	유형자산의 처분 시 처분가액이 장부가액(취득원가-감가상각누계액)보다 많아서 발생한 이익
12. 대손충당금환입	초과설정된 대손충담금의 환입에 따른 이익
13. 기부금수익	① 병원이 재화 및 용역의 제공 없이 제3자로부터 무상으로 받은 수입 등 ② 공공병원이 정부 등으로부터 결손보전 또는 운영비보조목적으로 받은 보조금
14. 잡이익	기타 다른 계정에 속하지 아니하는 의료 외 수익
15. 자산수증이익	의료장비 등의 재산을 무상으로 증여 받은 경우 증여자산의 가액을 계상
16. 채무면제이익	채권자로부터 채무액을 변제받은 금액
17. 보험차익	보험에 든 재고자산과 유형자산의 멸실 등의 사고 시 수령한 보험금액이 자산가액보다 많은 경우의 이익

비용과목

□ 의료비용	
(1) 인건비	
1. 급여	① 본봉·직책수당 등 명칭에 관계없이 근로의 대가로 지급하는 비용 ② 의사급여·간호직급여·약무직급여·의료기사급여·영양직급여·사무직급여·기술직급여·기능직급여·보조직급여 등으로 나누어 계상 ③ 의사급여에는 전문의와 전공의급여, 간호직급여에는 간호사와 조산사, 간호조무사급여, 약무직급여에는 약사와 한약사급여, 의료기사직급여에는 의료기사 등의 급여, 영양직급여에는 영양사·조리사 등의 급여, 사무직급여에는 행정직원과 전산직원급여, 기술직급여에는 의공, 전기, 기계, 열관리, 환경관리 등 면허보유 기술자의 급여, 기능직급여에는 운전기사·교환원·경비원·목공·보일러공·미화원·세탁원 등의 급여, 보조직급여에는 기사 및 기능사 자격이 없는 일용인력, 보조인력, 배식인력 등의 급여를 계상 ④ 대학병원에서 의료 활동의 대가로 임상교원에게 지급하는 본봉·진료수당·선택진료성과금 등의 급여 ⑤ 대학병원의 경우 고유목적사업비(전출금)는 임상교원의 급여를 차감한 전액을 계상
2. 제 수당	급여 외 지급되는 각종 수당
3. 퇴직급여	보수규정에 의한 퇴직급여계상액 또는 지

	급액(사학연금 또는 공무원연금 부담액 포함)
(2) 재료비	
1. 약품비	① 환자의 진료를 위하여 실제로 소모된 약품비 포함 ② 약품종류에 따라 일반약품비 · 주사약품비 · 마취약비 · 마약비 · 소독약품비 · 약국재료비 등으로 분류
2. 진료재료비	① 환자의 진료를 위하여 실제로 소모된 진료재료비 ② 진료재료의 종류에 따라 방사선재료비 · 검사재료비 · 수술재료비 · 치과재료비 · 의료소모품비 · 혈액비 · 동위원소재료비 · 기타재료비 등으로 분류
3. 급식재료비	환자 · 환자보호자 · 병원직원 등을 위한 급식에 소모된 급식재료와 급식용구
(3) 관리운영비	
1. 복리후생비	① 직원복지후생을 위한 복지후생적인 비용 ② 복리후생비는 그 성질에 따라 직원의료비, 병원이 부담하는 3대보험료(건강보험부담금 · 고용보험부담금 · 산재보험료), 국민연금부담금, 단체활동비, 축조의금, 당숙직비, 직원피복비 등으로 구분
2. 여비교통비	출장여비규정에 의한 국내외 출장여비 · 업무활동을 위한 시내교통비 · 통근버스 임차료 · 의사 등의 부임여비 및 이와 유사한 성질의 교통비
3. 통신비	전신 · 전화 · Fax · 우편사서함 등 통신시설의 이용료 및 우편료
4. 전기수도료	전력료와 상 · 하수도료

5. 세금과공과	비용처리되는 재산세·종합토지세·주민세(균등할)·사업소세·공동시설세·도시계획세, 인지 및 증지비용, 대한병원협회 등 관련단체에 납부하는 회비 등의 공과금
6. 보험료	건물 및 의료장비에 대한 화재보험, 보증보험, 의료사고보험 등의 보험료(단, 차량보험은 제외)
7. 환경관리비	소독용역비, 오물수거비, 쓰레기종량제봉투비 등
8. 지급임차료	건물·시설·의료기기 등의 임차 및 리스비용
9. 지급수수료	법률 및 경영업무를 위한 자문수수료, 경영진단·회계감사·세무조정 등에 대한 수수료, 등기비용, 송금수수료, 기타 소송비
10. 수선비	① 유형자산의 수선유지를 위하여 외부 수선업체에 지불한 금액과 수선을 위하여 소모된 수선용품비(단, 차량수선비는 차량비에 계상) ② 유형자산의 종류에 따라 의료장비수선비·건물수선비 등으로 구분
11. 차량유지비	차량의 운영 및 유지에 드는 통행료·주차비·자동차세·차량면허세·책임 및 종합보험료·유류대·수선비 등
12. 교육훈련비	① 직원의 교육 및 훈련을 위한 각종 세미나 및 연수참가비·외부강사의 강사료·직원의 해외교육비용·예비군 및 민방위훈련비 등 ② 교육훈련비는 직종에 따라 의사교육훈련비·간호직원교육훈련비 등으로 구분

13. 도서인쇄비	연구용 도서를 포함한 도서 · 잡지 · 신문의 구입 및 구독비용, 복사비 및 제 규정 · 사내보 · 예산서 · 처방전 · 장표 등의 인쇄비용
14. 접대비	업무와 관련하여 거래와 관계 있는 자의 접대 및 사례비
15. 행사비	병원장 취임식, 체육대회 등 각종 행사에 소요된 비용
16. 연료비	보일러 및 냉난방시설을 위한 가솔린, 중유, 가스 등의 비용(단, 차량유류대는 제외)
17. 선교비	원목활동을 위한 비용(원목실 운영지원비 등)
18. 의료사회사업비	부인암검진사업, 방역사업 및 의료계몽과 관련하여 발생하는 재료비, 출장비 등의 제반비용, 무의촌진료비, 채헌혈비 등(단, 연구용 및 자선진료감액은 해당 의료수익에서 차감하여 계상)
19. 소모품비	장부, 제 용지, 볼펜, 제 서식 등의 사무용품비와 감가상각 대상은 아니나 1년 이상 사용하는 비품 중 금액이 적어 비용처리 되는 소모품비
20. 자체연구비	병원의 자체연구활동과 직접 관련이 있거나 합리적이고 일관성 있는 기준에 따라 그러한 활동에 배부될 수 있는 모든 지출(연구용 동물구입비 및 의국운영비 포함)
21. 감가상각비	① 유형자산에 대한 감가상각계산액 ② 유형자산종류에 따라 건물 · 구축물 · 기계장치 · 의료장비 · 차량운반구 · 공기구비품 등으로 구분

22. 무형자산상각비	창업비, 장기의 외화채권 또는 외화채무에서 발생한 임시거액의 평가차손(환율조정차)의 상각비 등
23. 임차자산 개량상각비	타인명의 자산에 가산된 자본적 지출에 대한 상각비
24. 광고선전비	직원채용, 입찰, 기타 홍보를 위한 비용
25. 대손상각비	의료미수금 등 채권에 대한 대손충당금전입금과 불량채권의 대손처리비용
26. 피복침구비	환자에 제공된 피복침구의 소모금액, 환자 및 직원피복침구의 세탁에 따른 비누, 소독제 등의 비용(외주로 처리 시는 외주용역비에 계상. 직원피복비는 복리후생비로 분류)
27. 외주용역비	외부전문업체에 청소·세탁·시설관리·임상검사 등을 위탁하고 그 대가로 지불하는 비용
28. 잡비	각종 회의를 위한 다과비용 및 기타 상기 관리운영비에 해당되지 아니하는 비용
29. 의료분쟁비용	의료사고 등 의료분쟁으로 인해 발생한 손해배상 또는 합의 비용 등의 금액
□ 의료 외 비용	
1. 의료부대비용	① 병원이 주된 의료사업 이외의 영안실·매점·슈퍼마켓 등의 부대사업을 직영하여 발생한 비용 ② 시설직영수익을 독립과목으로 계상한 경우에는 해당비용도 독립과목으로 계상
2. 이자비용	장단기차입금 및 기타 채무에 대하여 지급한 이자 및 어음할인료

3. 기타의 대손상각비	일반적 매출채권(의료미수금)외 채권의 대손발생액
4. 기부금	불우이웃돕기, 기타 외부기관에의 기부금 및 의연금 등
5. 단기매매증권 처분손실	유가증권 처분 시 취득가액이 처분가액보다 낮아서 발생한 손실
6. 단기매매증권 평가손실	시장성 있는 유가증권의 시가가 현저히 하락하여 시가로 평가 시 발생한 손실
7. 연구비용 -연구중심병원 연구비용 -수탁연구비 -임상시험비 -기타연구비	① 연구중심병원으로 지정된 기관의 총연구비용 및 연구중심병원이 아닌 기관에서 수행한 수탁연구비용 등 ② 의약품 등의 안전성·유효성을 심의하기 위하여 의료기관에서 실시되는 임상시험으로 인해 발생한 비용 ③ 연구비용은 1년 이상 진행되는 연구의 경우 진행기준에 따라 연구비용을 인식하여야 한다.
8. 외환차손	외환채권의 회수 또는 외화부채의 변제 시 환율변동에 따라 발생한 손실
9. 외화환산 손실	외화부채의 결산기말 원화환산액이 장부가액보다 많을 때의 차액
10. 투자자산 처분손실	투자자산의 처분 시 처분가액이 장부가액보다 낮아서 발생한 손실
11. 유형자산 처분손실	유형자산의 처분 시 처분가액이 장부가액보다 낮아서 발생한 손실
12. 재고자산 감모손	재고자산의 실사결과 실사된 재고량이 장부상 수량보다 부족하여 손실처리할 금액
13. 삭제	
14. 고유목적사업비	① 대학 및 학교법인의 고유목적사업을 위하여 전출한 금액

	② 대학병원의 경우 임상교원의 급여와 연구보조비를 차감한 잔액을 계상
15. 잡손실	기타 다른 계정에 속하지 아니하는 의료외비용
16. 재해손실	화재, 도난 등 우발적인 재해로 인한 손실
□ 법인세비용	
1. 법인세비용 (소득세 등)	법인세 등에 의거 당기과세소득에 대해 당기부담할 법인세 및 부가되는 세액합계에 당기이연법인세변동액을 가감·산출된 금액
□ 고유목적사업 준비금 전입액	법인의 고유목적사업인 연구용진료·건물증축·의료장비구입·대학운영 등을 위하여 준비금을 설정하여 결산서에 반영한 경우 준비금 전입액
□ 고유목적사업 준비금 환입액	고유목적사업준비금 미사용분 및 의료발전준비금환입액

Ⅵ

"Dr. 김" 일사천리 세무조사

01

세금이란, 조세란 무엇인가?

"Dr.김"은 일 년 동안 벌어들인 소득에 대해 꼬박꼬박 내야 하는 세금의 본질이 무척 궁금하다. 고생해서 번 돈의 상당액이 세금으로 줄어드는 5월만 되면 스트레스가 만만치 않다. 세금만 생각하면 가슴이 답답하다고 하소연하는 "Dr.김"에게 병의원전문 김 세무사가 세금이 무엇인지 그 본질에 대해 이야기하였다.

세금이란 국가나 지방 단체가 필요한 경비를 충당하기 위해서 국민으로부터 거두어들이는 돈이다. 결국 내가 벌어들인 소득의 상당액을 국가에 납부하게 되어, 다소 억울하게 느껴지는 부분이 없지 않다. 이는 세금이 지니고 있는 재산 침해의 고유한 성격과 경제활동이 통제되는 부분에 있어, 세금을 떠올리면 당연하게 느껴지기도 한다. 그러나 조세는 국민의 재정활등에 적극적으로 참여하는 기본권의 하나로서 그 누구도 회피할 수 없는 고유한 의무이다.

그래서 혹자는 살면서 절대 피할 수 없는 두 가지를 죽음과 세금이라 했던가.

죽고 나서도 내야 하는 것이 세금이라면, 세금이 형성되는 기본적인 원칙인 국세 부과의 원칙과 세법 적용의 원칙 그리고 세무조사의 흐름을 파악하여 합법적인 절세를 통해 병원경경에 만전을 기하는 것이 우선이다.

02

세무조사의 본질

전문직 종사자에 대한 특별세무조사의 기사를 보고 나니 "Dr.김"의 한숨이 깊어진다.
'야간진료와 주말진료까지, 온갖 노력을 다하여 벌어들인 소득이 세무조사로 왕창 다 빠져나가는 건 아닐까.'라며 "Dr.김"의 머릿속에 별의별 생각이 다 든다. 개원초기의 고생을 이제 겨우 넘긴 듯한데, 세무조사라는 살벌한 여정이 기다리고 있다고 생각하니 답답하다.
"Dr.김"은 병의원 세무조사가 두렵고 아리송하다. 밤잠을 설치는 "Dr.김"에게 병의원전문 김 세무사는 "김 원장님, 세무조사의 본질을 알면 무섭지 않습니다."란 메시지와 함께 세무조사의 본질에 대해 상담하였다. "Dr.김"이 궁금해 하는 세무조사는 과연 무엇일까?

개원초기에는 병원의 안정화와 고객확보에 많은 신경을 쓰게 된다. 자리를 잡고 병원매출이 증대하면서, 적정하게 세금을 내고 있는 것인지, 납부하는 세금은 합리적인지에 대해 관심을 쏟게 된다. 그리고 병원이 성장할수록 세무조사를 받지 않을까 하는 막연한 두려움이 다가오기도 한다. 이는 주변동료나 선배들로부터 끊임없이 들어온 세무조사에 대한 압박과, 세무조사의 본질에 대해 아는 바가 없기 때문에 갖게 되는 불안함이다.

세무조사라는 말만 들어도 뭔가 석연치 않고 개운하지 않는 것은 업종을 불문하고 세금을 내고 있는 납세자라면 같은 마음일 것이다.

전반적인 경기침체에도 국세청의 고소득 전문직 종사자를 대상으로 실시한 세무조사 건수는 해를 거듭할수록 늘어나고 있다. 고소득 전문직 종사자에 대한 세무조사는 2011년에 204명을 조사하여 974억 원을 징수하였고 이는 평균 1인당 4.8억 원에 해당하는 세액이다. 2012년에 230명을 조사하고 982억 원을 추징하여 1인당 평균 4.3억 원을 부과하였다. 2013년에는 288명을 조사하여 982억 원을 징수하고 1인당 평균 5억 원을 추징하였다. 2014년은 270명을 조사하여 평균 1인당 4.6억 원을 부과하고, 2015년에는 메르스 여파로 세무조사를 유예한 결과 209명을 조사하고 751억 원을 징수하였다.

이처럼 전반적으로 증가하는 고소득 전문직 세무조사의 추세는, 늘어나는 복지예산증가와 세수부족의 문제를 해결하고 숨은 세원을 양성화하여 실질과세를 하기 위함이다.

세무조사란 무엇일까?

세무조사는 각 세법에 규정된 질문조사권 또는 질문검사권에 근거하여 조사공무원이 납세자의 사업상 발생된 거래금액이나 수입시기, 비용처리, 소득금액 또는 재산가액 등이 세법에 근거하여 적정하게 이루어졌는지를 파악하기 위해, 조사계획에 의한 세무조사 사전통지를 실시한 후, 납세자 또는 납세자와 거래가 있다고 인정되는 자 등을 상대로 질문하고 장부와 서류 등을 검사하거나 조사 또는 확인하여 부과 처분하는 일체의 행위이다.

세무조사는 조사공무원이 세무조사를 실시하는 때에 납세자의 권익을 보호하고, 세무조사의 목적달성에 필요한 최소한의 범위에서 납세자의 재산권이 부당히 침해되지 않도록 신의에 따라 성실히 수행하여야 한다. 또한 세무조사는 납세자가 신고 및 납부한 사항에 오류나 탈루가 있는 경우 적법한 절차에 따라 과세당국이 신고한 내용의 적법성 여부를 확인하는 절차이다. 이는 국가의 조세채권을 확보하고 납세자의 실질소득에 적정과세를 하기 위한 수단이다.

세무조사가 더욱 강화되고 투명해짐으로써 사업을 하는 입장에서는 세무조사 자체가 상당한 부담으로 다가온다. 납세자는 세법규정에 맞는 적법한 회계처리와 세무처리를 근거로 신고납부를 해야 한다. 그리고 사전에 세무리스크에 대한 관리와 평소에 세금과 관련된 분야에 많은 관심을 기울여야 한다.

이처럼 세무조사는 병의원을 운영하는 데 직격탄이 될 수 있다.

그렇다고 세무조사를 두려워할 이유는 없다.

세무조사대상 선정요인과 세무조사가 진행되는 과정 및 납세자로서 보호받아야 되는 권리 등에 대해 구체적으로 알아간다면, 세무조사에 대한 막연한 두려움은 사라진다. 매사가 그렇듯 문제의 본질과 핵심을 파악한다면 이미 해결책의 절반은 찾은 것이다.

국세청은 원칙도 없이 납세자를 심문하고 들이닥쳐 조사하고 거액의 세금을 고지하여 추징하는 것일까? 결론부터 말하면 그렇지 않다. 기본적인 세무조사의 원칙과 더불어 납세자의 권리를 지키고 보호하는 일련의 과정을 통해 세무조사를 실시한다.

03

세무조사에서 적출되는 대표적인 유형

"Dr.김"은 세무조사에서 밝혀지는 유형들이 궁금하다. 국세청은 어디서 어떻게 수입금액을 찾아내고 어떤 이유로 비용을 인정하거나 불인정하는지 알고 싶다. 나아가 "Dr.김"이 벌어들인 돈의 사용처에 대해 국세청은 어디까지 알아내는지도 궁금하다. "Dr.김"은 병의원전문 김 세무사에게 국세청은 수입금액과 지출내역을 어떻게 분석하고 돈의 흐름을 어떻게 파악하는지 문의해보았다. 숨겨둔 내용을 찾아내는 것을 뜻하는 '적출한다'라는 전문용어까지 듣게 되니, "Dr.김"은 마음 한 편이 무겁다.

결국 세무조사는 실질적인 소득금액을 적출하는 것이다. 누락된 수입금액을 찾아내고 사업과 관련이 없는 비용을 발견하여, 세무서에 신고한 형식적인 소득금액이 아니라 벌어들인 실질적인 소득금액에 세금을 부과하는 것이다.

세무조사에서 적출되는 유형들

수입금액누락에서 적출되는 대표적인 사례

- 할인혜택으로 현금결제를 유도하여 비보험 현금수입금액을 누락하고 신고한 소득금액에 대비하여 호화생활을 영위하였다.

> 쁘띠(petit)성형 전문 피부과를 운영하는 ○○○병원장은 비보험 진료과목에 대해 할인혜택을 제시하고 현금결제를 유도하였다. 현금수입금액의 신고누락을 위하여 전산차트를 편집 및 관리하고 배우자와 지인명의의 차명계좌를 통해 돈을 받고 수입금액을 누락하였다.
> 이렇게 탈루한 소득으로 빈번한 해외여행과 배우자 명의의 고가 부동산, 고급 자동차 및 주식 등을 취득하고 호화생활을 영위하였다. 국세청은 탈루소득에 대해 소득세 및 증여세를 추징하고 현금영수증 미발급에 따른 과태료부과와 함께 조세범처벌법에 따라 처리하였다.

- 이중장부를 만들어 차명계좌를 개설하고 수입금액을 조정하여 검찰조사까지 받게 되었다.

> 강남의 유명한 성형외과 전문의인 ○○○병원장은 이중장부로 매출을 조정하였다. 상담 및 매출을 전담했던 실장은 외장용 디스크를 이용하여 실제매출과 신고매출을 별도 관리하고 수입금액을 누락하여 신고하였다. 누락되는 금액은 차명계좌를 통해 관리하였다. 국세청에 신고한 소득으로는 도저히 불가능한 호화스러운

스비지출과 함께 골프회원권을 취득하고 해외여행을 수시로 하였다. 세무조사결과 수십억 원의 세금을 추징하고 조세범처벌법에 따라 고발되어 검찰조사까지 받게 되었다.

- 전산차트를 조정하여 수기차트로 관리하고 현금수입금액을 누락한 결과 수억 원의 세금을 추징당하였다.

경기도 신도시에서 임플란트 전문 치과를 공동개원한 ○○○병원장. 급격히 증가하는 매출액 중 표면적으로 드러나는 신용카드와 현금영수증만을 비보험진료금액으로 신고하고 전산차트 자체를 조정하여 수기로 차트관리를 하였다. 이를 통해 현금수입금액을 누락하여 탈루한 소득으로 상가 등의 부동산을 취득하였다. 세무조사를 거쳐 탈루한 소득에 대해 수억 원의 소득세를 추징당하였다.

- 건강검진금액과 MRI촬영 등의 비보험수입금액을 축소신고하고 부동산 등을 취득하였다.

오피스가 많은 강남구 소재 내과전문의 ○○○병원장은 건강검진과 MRI촬영에 해당하는 금액이 매출액의 상당부분을 차지한다. 그러나 MRI와 건강검진 관련 비보험매출액을 조정하여 신고누락하였다. 탈루한 소득으로 대학생인 자녀 명의의 부동산을 취득하였고 이후 취득자금에 대한 소명을 요청받았다.
결국 병원 세무조사까지 이어져 수억 원의 세금추징과 자녀취득 부동산에 대한 증여세까지 추징당하였다.

- 성수기 기간의 수술기기에 남은 수술기록데이터를 근거로 누락된 수입금액을 적출하고 수억 원의 현금영수증과태료를 부담하였다.

네트워크병원에 가입한 ○○○안과. 네트워크병원의 공동마케팅 중 하나인 방학기간의 라식수술 이벤트를 통해 공격적인 마케팅을 펼쳤다. 그러나 방학기간 동안의 성수기임에도 신고한 금액은 매월 신고되는 금액과 큰 차이가 없었다. 세무조사를 통해 수술기기에 남아있는 수술기록데이터를 근거로 누락된 수술건수에 대한 수입금액을 적출하였다. 수억 원의 세금을 추징당함과 동시에 수억 원의 현금영수증 미발급에 대한 과태료를 부담하였다.

- 병원 라운지의 커피숍과 각종 자판기 등의 수입금액누락분을 찾아내고 실질매출에 포함시켰다.

강남에서 산부인과를 운영하는 ○○○의원은 병원라운지에 커피숍을 임차해주었다. 타인명의의 사업자등록을 내어 커피숍을 오픈하였으나, 실질적인 운영은 산부인과 ○○○의원이 하고 있었다. 자판기에서 벌어들이는 금액도 실제 산부인과 ○○○의원에 귀속되었으나 매출에 전혀 포함되지 않았다. 세무조사 시 이러한 사항들이 적출되어 병원에 귀속되는 실질적인 수입금액에 모두 포함되었다.

비용처리부분에서 적출되는 대표적인 사례

- 실제 근무하지 않은 가족들의 인건비를 허위 신고하였다.
  신고 막판에 병원의 매출액에 비해 비용이 부족하여 일하지도 않은 가족들을 병원에서 일한 것처럼 허위로 신고한 경우
- 일용근로자의 인건비를 과다계상하였다.
  병원에서 아르바이트를 하는 직원들의 급여를 실제 지급하는 금액보다 과다하게 신고하는 경우
- 페이닥터의 인건비를 실제와 다르게 신고하였다.
  비용부족으로 페이닥터에게 실제 지급하는 급여보다 훨씬 더

많은 금액을 신고하고 4대보험 및 소득세 등을 대납하는 경우

- 개인적 경비와 집에서 사용하는 가사용 경비를 병원비용으로 처리하였다.
  국세청에 사업용 카드로 등록하였으나 실제 사용은 가족이 사용하거나 개인적 비용으로 사용하고, 복리후생비 등으로 경비처리하는 경우

- 의료기기, 비품 등의 취득가액을 높게 책정하고 감가상각비를 과대계상하였다.
  병원에서 사용하는 의료기기나 비품 등의 취득가액을 실제보다 높게 책정하고 이에 해당하는 감가상각비를 실질과 다르게 과대처리한 경우

- 매출에 대비한 의료매출원가를 조정하였다.
  신고되는 수입금액에 맞추어 실질과 다른 의료품재고를 조정하여 의료매출원가를 조정하는 경우

- 광고선전비, 소모품비 등의 필요경비를 과다계상하였다.
  실제 지출한 광고선전비 등의 금액보다 과다하게 계상하거나 중복으로 비용처리한 경우

- 소득금액 분산을 위하여 허위의 공동사업자등록을 하였다.
  세 부담을 줄이기 위하여 고용의사 등을 공동사업자로 등록하고 세 부담을 회피하는 경우

위의 사례들을 보면 병원의 인지도나 근무하는 의사들의 인건비에 대비하여 수입금액이 적거나, 같은 병과의 병원에 비해 소득률이 상대적으로 낮은 경우이다. 또한 신고한 소득에 비하여 호화로운 생활을 하거나 부동산 등을 취득하는 경우에도 충분히 세무서의 관심을 끌게 된다. 다양한 형태의 적출유형을 발견할 수 있으나, 결국 수입금액을 누락하거나 비용을 과다하게

산정하여 소득금액을 실제와 다르게 신고한 경우 세무조사의 대상이 되는 것이다.

세무조사 적출유형의 공통점

- 차명계좌와 수기차트관리 등을 통해 현금을 분산시키고 수입금액을 누락시켰다.
- 신고한 소득금액보다 해외여행 등의 과다한 지출과 골프회원권, 주식, 부동산 등의 재산을 증식시켰다.
- 지출되는 비용의 사업 관련성이 문제가 되었다. 즉 병원사업과 관련 없는 가사용 경비나 개인적 용도로 사용한 금액을 비용 처리하였다.
- 수입금액에 대비한 주요경비 간의 구성비율을 분석하고 주요하게 지출된 의약품비, 광고선전비 등의 지출이 다른 병원에 비해 과다하게 초과되었다.
- 신고한 평균신고소득률이 다른 병원에 비해 낮게 신고되었다.
- 병원장의 사업용 계좌뿐 아니라 조세포탈(租稅逋脫)이 의심되는 경우 다른 관계자들의 금융거래까지도 들여다볼 수 있었다.

04

고소득전문직의 현금영수증 미발급에 따른 과태료

개원한 동기들로부터 세무조사보다 더 무서운 것이 현금영수증 과태료란 말을 듣게 된 "Dr.김". 병원을 운영하면서 세무조사 이상의 큰 부담으로 다가오는 현금영수증 제도가 무엇인지 "Dr.김"은 궁금하다. 병의원전문 김 세무사에게 현금영수증 발급이 무엇이기에 이런 이야기들을 하는지 문의해보았다.

현금영수증 미발급에 대한 제재는 상상을 초월한다.

세무조사로 인한 세금추징도 있지만 세무조사 이상의 큰 부담으로 다가오는 것이 바로 현금영수증 미발급에 따른 과태료이다. 진료건당 10만 원 이상인 수입금액에서(보험공단 청구금액은 제외) 병원이 직접 수납하는 진료비에 대해서는, 소비자의 요청에 관계없이 무조건 현금영수증을 발급해야 한다. 즉 건당 10만 원 이상인 진료비를 현금으로 수령하는 경우 거래상대방이 현금영수증을 요구하지 않더라도 병원은 발급해야 할 의무가 있는 것이다. 또한 「소득세법」에서는 현금영수증 발급에 대해 20% 가산세를 부과하고 있다. 그리고 발급의무 위반 가산세를 적용받는 경우에는 현금영수증 불성실 가산세는 적용하지 아니한다. 이는 2019년 세법개정을 통해 현금영수증 미발급에 따른 과태료를 가산세로 전환하고, 발급위무 위반에 따른 제재수준을 합리적으로 조정한 결과이다. 그리고 사실과 다른 현금영수증을 발급하는 등의 불성실 발급을 하는 경우 위장·가공영주증으로 보아 발급금액 5%의 가산세를 부과하고 있다.

예컨대 100만원의 진료비를 현금으로 받고 소비자가 현금영수증발급을 요청하지 않아 미발급한 경우 병원에서 부담하는 가산세는 얼마일까? 100만원의 20%인 20만원을 가산세로 납부해야 한다. 그러므로 소비자가 현금영수증 발급을 원하지 않더라도 국세청이 제공한 번호를 사용하여 발급하여야 하는 것이다. 다만 해당 거래가 국민건강보호법에 따른 보험급여의 대상인 경우는 그러하지 아니한다.

현금영수증 관련 가산세

현금영수증 미가맹 가산세

현금영수증가맹점 가입대상업종* 수입금액 × 1%

* 보건업, 소매업, 숙박 및 음식점업, 운전학원 등 교육서비스업
* 단, 다음의 금액은 가산세 대상 수입금액에서 제외한다.
  - 세금계산서 발급금액
  - 매입자발행 세금계산서 발급금액
  - 계산서 발급금액 등

현금영수증 불성실 가산세

현금영수증을 발급거부하거나 사실과 다르게 발급한 금액 × 5%

현금영수증 미발급 가산세

현금영수증 미발급 거래대금 × 20%

05

국세청은 세무조사 대상자를 어떻게 선별하는 것일까?

세무조사 대상자의 선정기준이 궁금한 “Dr.김”. 국세청은 어떤 시스템을 이용하여 수많은 납세자 중 조사대상자를 선정하는 것일까? 특히 “내가 쓰는 돈과 내가 구입하는 부동산 등에 대해 국세청이 어느 정도까지 파악하고 있는 것일까.”라는 의문점이 많이 드는 “Dr.김”. 아리송한 세무문제를 명쾌한 상담으로 해결해주는 병의원 전문 김 세무사로부터 세무조사 선정에 대해 상세한 답변을 듣게 되었다.

국세청은 종전까지 수동으로 자료를 분석하여 세원을 관리하였다. 그리하여 세원 간의 연계가 이루어지지 못하고 평면적인 관리만 가능할 뿐이었다. 그러나 1997년부터 시작된 국세행정의 전산화시스템에 의해 국세청 과세인프라가 구축되고 총체적인 입장에서의 세원관리가 가능해졌다.

신고 자료와 세원관리가 모두 전산화되어 세원 간의 연계가 가능해짐으로써 입체적인 관점에서 납세자의 신고내역과 각종의 세무자료를 들여다 볼 수 있게 된 것이다. 따라서 국세행정 전산화를 통해 다각도의 세원자료 분석과 특이항목의 추출이 용이해졌다.

예를 들면 같은 병과에 속한 병원사업자 간의 신고내역에 대한 비율분석이 가능하다. 즉 비보험신고비율, 현금수입신고비율, 신용카드신고비율 등에 대해 국세청 과세인프라를 근간으로 병원 간의 비교분석을 할 수 있게 된 것이다. 또한 지금까지 신고한 추세를 분석하고 신고한 소득금액과 소비지출한 금액 및 증가한 부동산의 내역을 검토할 수 있다. 모든 자료를 전산화하여 관리하는 국세청 과세인프라를 통해 종합적인 세원관리와 성실도 분석이 가능해진 것이다.

소득 – 지출 분석 시스템(PCI 분석 시스템 : Property, Consumption and Income Analysis System)

재산증가액+소비지출액－신고소득금액＝?

신고한 소득금액을 초과하여 해외여행 등의 과도한 소비지출과 주식 및 부동산 그리고 골프회원권 등을 취득하는 경우 그 초과분에 대해 의구심을 가진다.

탈루한 소득이 결국에는 소비와 자산의 취득으로 이어진다는 점에 포인트를 두어 소득-지출 분석 시스템을 개발하여 획기적인 성과를 내고 있다.

또한 자력으로는 취득하기 어려운 부동산·주식 등이 자녀의 명의로 거래되는 경우 자금출처에 대한 소명까지 이루어져 조사가 확대되고 있다.

국세청은 신고한 소득금액을 초과한 소비지출과 재산증가가 있는 사업자를 우선적으로 주시하고 있다.

국세통합시스템(TIS : Tax Interrated System)

1997년에 개통된 TIS는 사업자등록번호나 개인의 주민등록번호만 조회하여도 기업과 개인의 모든 소득과 자산내역을 한눈에 알 수 있는 전산시스템이다. 행정력의 부족으로 누락되거나 찾아내지 못했던 과세자료가 전산시스템을 통해 자동집계됨으로써 보다 효율적이고 체계적인 세원관리가 가능해졌다.

과세정보관리체계(TIMS : Tax Information Management System)

2003년에 만들어진 TIMS는 TIS에서 축적된 세원정보를 이용하여 여러 가지 다양한 형태의 검색이 가능하다. 이를 토대로 정보 간의 유기적인 상호 연관성을 분석하여 보다 입체적인 측면에서 세금탈루자와 세무조사대상자의 선정이 가능해졌다. 가장 기본이 되는 세원정보의 자료가 축적되는 데이터베이스라 볼 수 있다.

신고성실도 전산평가 시스템(CAF : Compliance Analysis Function)

TIS에서 구축된 각종 세금신고 내용과 과세정보를 토대로 신고성실도를 분석하는 시스템이다. TIS 분석결과 신고성실도가 낮게 평가된 사업자를 조사대상으로 선정할 수 있으며 정기조사대상자를 선정할 때 많이 이용되고 있다. 특히 고소득 전문직을 조사대상자로 선정할 때 적극 활용되고 있다.

동종 업종의 매출내역과 신고소득률 및 각종 비용계정과 매입자료 등에 대한 평균자료를 근간으로 신고성실도를 파악하여 성실신고 안내문 등을 발송하는 데 큰 역할을 하고 있다.

금융정보 분석원(FIU : Financial Intelligence Unit)

금융기관은 동일인 명의로 이루어지는 계좌이체 중에서 의심거래보고제도(STR : Suspicious Transaction Report)와 하루 동안 누적되는 거래금액이 2천만 원 이상의 고액현금거래에 대해 반드시 금융정보 분석원에 보고하여야 한다. 이러한 보고를 받은 FIU는 금융정보의 흐름에 탈세 등의 비정상적인 징후가 감지되는 경우 검찰청과 국세청 등에 자료를 통보하고 있다. 이렇게 누적된 금융거래 내역 등의 자료들이 향후 세무조사가 이루어질 때 중요한 자료로 활용되고 있다.

06

세무조사에 대한 편견을 버리자!

개원한 동기모임에서 세무조사의 무용담을 자주 듣게 되는 "Dr.김"은 불안하다.
'한번 세게 맞으면 몇 년 동안은 세무조사가 없어.', '상장주식투자는 소액주주가 눈에 잘 띄지 않아 투자에 문제없어.', '관(官)출신 관계자만 있으면 세무조사는 걱정 없어.' 등의 다양한 '카더라'소식통을 접하게 된다. "Dr.김"은 이러한 이야기들을 어느 정도 신뢰하여야 할까? "Dr.김"의 '카더라'이야기를 들은 병의원전문 김 세무사의 답변을 들어보자.

"때린 사람 또 때리진 않겠지."라는 생각은 세무조사의 경우에 해당되지 않는다

"올해 세무조사를 받아 그간의 세금을 한꺼번에 내었으니, 내년 소득은 좀 낮게 신고해도 되지 않을까."하고 매출을 축소하는 것은 아주 위험한 일이다. 앞에서 살펴 본 바와 같이 모든 세원관리는 전산화시스템을 통한다. 다른 병원에 비하여 신고소득률이 상대적으로 낮은 경우에는 집중관리대상에 포함된다. 오히려 세무조사가 있는 다음 해에는 소득률 관리를 더욱 잘하여야 한다.

소액주주에 해당되는 상장주식 투자는 문제가 되지 않는다

"상장사의 소액주주인데, 무슨 관리대상이 될까."란 생각은 접어두어야 한다. 소액주주이지만 투자에 대한 배당소득이 발생하고 일정금액 이상인 경우 금융소득종합과세대상이 된다. 역산하면 투자금액을 알 수 있고 신고한 소득에 대비하여 투자금액이 많으면 문제가 발생한다. 투자한 돈이 소득금액에서 누락된 금액이거나 누군가로부터 눈먼 돈을 증여받은 경우에 투자자금에 대한 소명을 요구받게 된다.

매출을 있는 그대로 신고하였기 때문에 세무조사는 남의 나라 이야기이다

진료비 전액을 수입금액으로 전액 다 신고하여도 세법상 인식하는 매출액과의 차이가 발생할 수 있다. 또한 경비처리의 경우어도 매입세금계산서 수령분과 신용카드결제분이 비용처리 되어 중복 처리되는 경우도 발생할 수 있다. 따라서 의도하거나 고의적이지 않더라도 착오나 우발적인 사건이 발생될 수 있기 때문에 세무조사가 없음을 속단하기는 쉽지 않다.

관출신의 담당자만 있으면 세무조사는 걱정 없다

과거와는 달리 신고하는 납세자의 모든 세무자료가 전산화되고 세원관리가 전산시스템에 의해 움직인다. 그리고 세무조사 대상의 추출도 전산화된 인프라를 근간으로 하고 있다. 특히 납세자가 직면하는 환경과 상황들이 급변하기에 이러한 이야기들은 과거의 이야기가 되었다. 이름만 내건 담당자보다는, 병원의 실질적인 관리와 절세방안을 고민하는 담당자가 "Dr.김"의 재산을 관리하고 세무조사를 방어해준다.

준비보다는 닥쳐서 해결하자

"세무조사는 복불복으로 이루어지는 것이니 준비가 의미 없다."는 생각은 소낙비에 우산도 미리 챙기지 못하는 것과 같다. 세무조사에서 발생되는 리스크 관리를 사전에 한다면, 실제 세무조사에서 적극적인 방어를 할 수 있다. 또한 매출액의 민감한 사안인 비보험대상의 수입금액, 의료장비 이용실태분석 등에 대해 미리 체크하고 내부기록을 점검해나간다면 병원경영에도 만전을 기할 수 있다.

07

국세부과의 원칙과 세법적용의 원칙

"Dr.김"이 일 년 동안 열심히 일해서 벌어들인 소득이 매년 5월이 되면 어김없이 세금으로 납부된다. 국민의 재산이 세금이라는 명목으로 빠져나가는 것이 그리 즐겁지만은 않다.
그렇다고 국가에서 아무런 원칙도 없이 세금을 막 거둬들이지는 않을 것이다. "Dr.김"은 세금을 내는 이유와 근거가 무엇인지 문의하였고 세금이 부과되는 원칙과 세법이 적용되는 기준에 대해 병의원전문 김 세무사에게서 들어보았다.

병원을 운영하면서 납부하는 세금은 그냥 성립되는 것이 아니다. 세금을 부과하는 데는 기본적으로 지켜지는 원칙이 있다. 국세기본법에서는 국세부과의 원칙에 대해 규정해 놓았다.

국세의 부과란 이미 성립한 납세의무를 확정하는 과정이다. 국세부과의 원칙은 납세의무를 확정하는 과정에서 지켜야 하는 원칙이다. 이러한 기본적인 사항을 통해 세금부과는 물론이고 세금을 신고 납부하는 것이다. 즉 납세자뿐 아니라 과세관청도 국세를 확정하는 과정에서 지켜야 하는 원칙으로 개별세법에 특례규정을 둘 수 있다.

국세부과의 원칙

실질과세 원칙

실질과세 원칙은 조세평등주의를 구체화한 원칙의 하나로 소득이 있는 곳에 세 부담이 있음을 의미한다. 법적인 형식이나 명칭에 관계없이 그야말로 실질에 따라 세법을 해석하고 과세요건사실을 적용해야 한다는 원칙이다. 이는 실질과 괴리된 법형식을 통해 조세부담을 회피하는 행위를 방지하고 부담능력에 따른 과세를 실현하려는 조세부담공평의 원칙인 것이다.

귀속에 관한 실질주의

과세대상이 되는 소득이나 수익, 재산, 행위 또는 거래의 귀속이 명의일 뿐이고, 사실상 귀속되는 자가 따로 있는 경우에는 사실상 귀속되는 자를 납세의무자로 하여 세법을 적용한다.

의사 명의만 빌려 병원사업자등록을 내고 병원소득의 귀속과 실질적 권리행사는 명의자가 아닌 다른 병원장이 하는 경우에는, 세법의 적용은 명의상의 의사가 아니고 실질귀속자인 병원장에게 적용된다.

거래내용에 관한 실질주의

과세표준의 계산에 관한 규정은 소득, 수익, 재산, 행위 또는 거래의 명칭이나 형식에 관계없이 그 실질 내용에 따라 세법을 적용한다.

병원의 비용 중 '복리후생비'로 처리한 경우 그 비용의 성격은 거래명칭이나 계정과목에 관계없이 그 실질적인 내용에 따라 세법을 적용하고 판단한다.

병원장의 가정에서 사용한 영수증 등은 직원들의 후생이나 거래처의 접대비 성격으로 볼 수 없으므로 비용으로 인정받지 못하는 경우가 있다.

경제적 실질주의

제3자를 통한 간접적인 방법이나 둘 이상의 행위 또는 거래를 거치는 방법으로 세법의 혜택을 부당하게 받기 위한 것으로 인정되는 경우에는, 그 경제적 실질내용에 따라 당사자가 직접 거래를 한 것으로 보거나, 연속 된 하나의 행위 또는 거래를 한 것으로 보아 세법을 적용한다.

예컨대 부부가 의사인 경우로서(공동사업자가 특수관계자인 경우) 조세회피를 위해 지분율을 나누고 세율 구간을 낮게 적용하여 공동사업자로 등록하는 경우, 그 경제적 실질을 판단하여 부부의 소득을 지분율이 높은 쪽으로 합산하여 과세한다(특수관계자의 소득금액은 주된 공동사업자의 소득금액으로 본다).

신의성실의 원칙

납세자가 세금을 신고하거나 납부하는 등의 의무를 이행할 때에는 세법에 근거하여 신의에 따라 성실하게 이행하여야 한다. 세금을 줄일 목적으로 세법과 맞지 않는 부당한 방법 등을 이용하여 신고하지 아니하여야 함을 말한다.

이와 더불어 세무공무원 역시 납세자와 같이 국세 직무를 수행할 때에도 신의에 따라 성실하게 부과하여야 한다. 이것을 '신의성실의 원칙' 또는 '신의칙'이라 하며 모든 법 분야의 근본적인 원리로 인정되고 있다.

근거과세의 원칙

세금을 부과하는 경우에는 장부와 증빙 등 사업과 관련된 직접적인 자료에 의해 납세의무를 확정하여야 한다는 원칙이다. 이는 근거가 불충분한 과세를 방지하고 납세자의 재산권이 부당하게 침해되는 것을 예방하기 위함이다.

세법에 따라 장부를 작성하고 기록하는 경우 국세 과세표준의 조사와 결정은 기록된 장부와 관련 증거 자료에 의하여야 한다. 국세를 조사하거나 결정할 때 장부의 기록 내용이 사실과 다르거나 장부의 기록에 누락된 것이 있을 때에는 '그 부분에 대해서만' 과세관청이 조사한 사실에 따라 결정할 수 있다. 이에 따른 조사 사실과 결정의 근거를 결정서에 적어야 한다.

그리고 납세자 또는 그 대리인이 세금결정서에 대해 열람하거나 복사할 수 있으며 세무공무원은 이를 요구한 납세자의 서명 등을 요구할 수 있다.

조세감면의 사후관리

국세를 감면한 경우, 그 감면의 취지를 성취하거나 국가정책을 수행하기 위하여 필요하다고 인정하면 세법에서 정하는 바에 따라 감면세액 상당액의 운용범위를 정할 수 있다. 또한 그 운용범위를 벗어난 자금 등의 감면세액에 대해 감면을 취소하고 세액을 징수할 수 있다.

병의원에서 감면받을 수 있는 사항은 크게 두 가지이다.

> 의료법에 의한 의료기관을 운영하는 사업자(의원, 치과의원, 한의원 제외)가 소유권을 가지는 금융리스나 의료장비를 직접 구입하여 (금융리스 포함, 운용리스 제외, 중고품 제외) 일정한 요건을 충족하는 경우에는 투자세액공제가 가능하다.
>
> 조세특례제한법 제5조 : 중소기업 등 투자세액공제
>
> 대통령령으로 정하는 중소기업을 경영하는 내국인이 2018년 12월 31일까지 의료기기 등 사업용 자산 등에 대하여 투자(금융리스 포함, 운용리스 제외, 중고품 제외)하는 경우 투자액의 3%에 상당하는 금액을 투자가 이루어지는 각 사업연도의 소득세 또는 법인세에서 공제한다.
>
> 그리고 중소기업투자세액공제를 받고자 하는 경우, 투자완료일이 속하는 사업연도(또는 투자가 이루어지는 해당 사업연도)의 과세표준신고와 함께 투자세액공제신청서를 납세지 관할 세무서장에게 제출하여야 한다.

조세특례제한법 제26조 : 고용창출투자세액공제

내국인이 2017년 12월 31일까지 의료기기 등 사업용 자산 등에 대하여 투자(금융리스포함, 운용리스 제외, 중고품 제외)하는 경우로서, 해당 사업연도의 상시근로자 수가 직전 사업연도의 상시 근로자 수보다 감소하지 아니한 경우에는 해당 투자금액의 일정액을 투자가 이루어지는 각 사업연도의 소득세 또는 법인세에서 공제한다.

그리고 고용창출투자세액공제를 받고자 하는 경우에는 당해 투자가 이루어지는 각 사업연도의 과세표준신고와 함께 투자세액공제신청서를 납세지 관할세무서장에게 제출하여야 한다.

① 기본공제금액 : 의료기기 등 사업용 자산 등의 3%에 상당하는 금액(고용인원이 감소하지 않는 경우 기본공제)
② 추가공제금액 : 의료기기 등 사업용 자산 등의 5% 또는 6%에 상당하는 금액(고용인원이 증가하는 경우 추가공제)

세법적용의 원칙

'세법의 적용'이란 세법상 납세의무를 발생시키기 위하여 세법규정의 의미를 명확히 해석하고 해당되는 구체적 사실이 세법규정에 해당되는지 여부를 확인하여 법률효과를 발생하게 하는 과정이다. 국세기본법상 '세법적용의 원칙'이란 과세권행사를 위하여 세법의 해석과 적용에 있어서 지켜야 할 기본적 지침을 말하는 것이다.

이는 과세의 공정성과 국민의 재산권부당침해를 방지하기 위함이다.

위에서 살펴 본 국세부과의 원칙은 과세관청과 납세자 도두가 지켜야 할 기준인 반면, 세법적용의 원칙은 과세관청에게만 요구되는 사항이다.

재산권 부당침해금지의 원칙

세법을 해석하고 적용할 때 과세의 형평과 해당 조항의 합목적성에 비추어 납세자의 재산권이 부당하게 침해되지 않도록 하여야 한다. 국민의 재산권 침해를 최소화하고 조세평등주의를 동시에 실현하는 것이 조세법의 가장 기본적인 의의이다.

소급과세금지의 원칙

납세자의 법적인 안정성과 예측가능성을 보장하기 위하여 국세를 납부할 의무가 성립한 소득, 수익, 재산, 행위 또는 거래에 대해서는 그 소득 등이 성립된 후의 새로운 세법에 따라 소급하여 과세하지 않는다.

또한 세법의 해석이나 국세행정의 관행이 일반적으로 납세자에게 받아들여진 후에는, 그 신뢰의 이익을 보호하기 위하여 그 해석이나 관행에 의한 행위나 계산은 정당한 것으로 본다. 그리고 새로운 해석이나 관행에 의하여 소급하여 과세되지 않는다.

세무공무원 재량의 한계

조세법률주의 관점에서는 조세와 관련된 모든 사항은 법률로써 완벽하게 구현하여 과세관청에 재량권을 일절 부여하지 않는 것이 맞을 것이다. 그러나 이는 현실적으로 거의 불가능하다.

따라서 세무공무원이 재량으로 직무를 수행하게 되는 상황에서는, 과세의 형평과 해당 세법의 목적에 비추어 일반적으로 적당하다고 인정되는 한계를 엄수하여야 한다.

기업회계의 존중

과세표준의 결정을 위한 조사 및 결정의 모든 내용을 세법에서 규정하는 것은 쉽지 않다. 이러한 점을 고려하여 세법에 특별한 규정이 없는 사항에 대해서는 공정 · 타당한 기업회계 기준이나 관행을 존중하여 반영하도록 한다.

세무공무원이 국세의 과세표준을 조사 · 결정할 때에는, 납세의무자가 계속하여 적용하고 있는 기업회계의 기준 또는 관행으로서 일반적으로 공정 · 타당하다고 인정되는 것은 존중하여야 한다. 다만 세법에 특별한 규정이 있는 경우에는 그렇지 아니한다.

08

세무조사의 종류

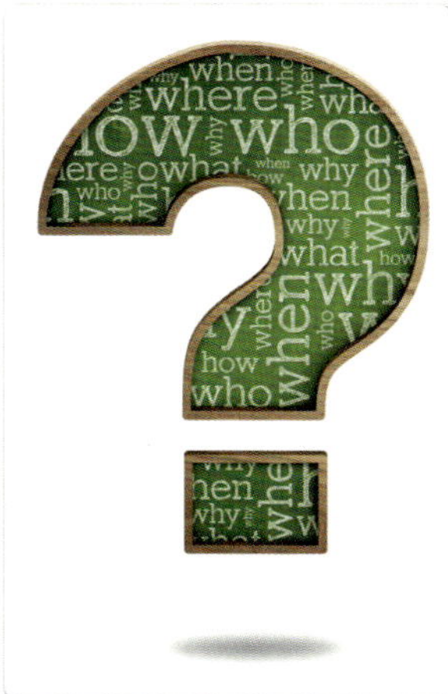

병원이 안정기에 접어든 "Dr.김"은 병원확장을 위해 병원인수를 알아보고 있다.
그런데 어느 날, 세무서로부터 '세무조사 사전통지'라는 안내문을 받았다. 나름대로 성실하게 신고했다고 생각하는 "Dr.김"은 당황스럽기만 하다. 사전통지를 받은 즉시, 병의원전문 김 세무사에게 전화하였다. 왜 세무조사 대상자가 되었는지, 선정기준은 무엇인지 궁금하다.

과세관청은 크게 정기선정대상자와 수시선정대상자로 세무조사대상자를 나누고 과세표준 확정을 위한 결정조사대상자를 두고 있다. 또한 업종별 신고 성실도와 계층별·유형별·지역별 세 부담의 형평 등과 구조적인 문제점을 감안하여 적정조사 비율을 산정할 수 있다.

국세청장은 세무조사의 공평성·실효성 확보 및 국민의 알 권리 보호 등을 종합적으로 감안하여 합리적인 수준에서 세무조사 운용방향과 조사대상자 선정기준을 공개하여야 한다.

세무조사의 종류

세무조사의 일반적인 선정대상자는 다음과 같다.

정기선정

CAF(Compliance Analysis Function)라고 불리는 신고성실도 전산평가시스템에 의해 사업을 운영하는 기간 동안의 세원정보를 분석하고 이러한 전산분석내역을 기준으로 정기대상자를 선정한다. 또한 신고성실도 평가에 따른 조사 대상자를 선정할 경우, 회계성실도 자료 등을 고려한다. 이때 과세자료, 세무정보 및 외부감사 실시내용 등 회계성실도 자료 등을 명시한다. 이러한 전산시스템으로 신고성실도를 평가할 때에는 과학적이고 객관적인 방법으로 평가요소 및 가중치를 정한다. 그리고 세무조사를 하지 아니한 기간(4년 이상 장기 미조사) 등을 고려하여 신고 내용의 적정성을 평가하기 위하여 정기조사 대상자를 선정한다.

과세관청은 신고한 내용의 정확성 검증 등을 위하여 다음의 경우에 해당하는 대상을 선정(定期選定)하여 최소한의 범위 안에서 세무조사를 할 수 있다. 이 때 과세관청은 객관적 기준에 따라 공정하게 그 대상을 선정하여야 한다.

- 국세청장이 납세자의 신고 내용에 대하여 정기적으로 성실도를 분석한 결과 불성실 혐의가 있다고 인정되는 경우
- 최근 4과세기간 이상 동일세목의 세무조사를 받지 아니한 납세자 중 업종·규모를 감안하여 국세청장이 정하는 기준에 의해 신고내용의 적정성여부를 검증할 필요가 있는 경우 (장기 미조사의 경우)
- 컴퓨터를 통한 일정규모 이상의 납세자를 대상으로 무작위 추출방식에 위한 표본조사로 추출하는 경우

소규모 성실사업자에 대해서는 이러한 정기선정에 따른 세무조사를 하지 않을 수 있다. 다만 객관적인 증거자료에 의하여 과소 신고한 것이 명백한 경우에는 그렇지 아니한다.

수시선정에 의한 조사

수시대상자는 구체적인 탈세제보가 있는 사업자, 세금탈루에 의심이 가는 사업자, 납세협력의무를 태만하게 하는 사업자, 경제 질서를 교란하는 사업자 등에 대해 공평과세와 세법질서의 확립을 위하여 과세관청이 정한 기준에 따라 선정된다.

과세관청은 정기선정에 의한 조사 외에 다음 중 어느 하나에 해당하는 경우에는 세무조사를 할 수 있다.

- 납세자가 세법이 정하는 신고, 성실신고확인서의 제출, 세금계산서 또는 계산서의 작성·교부·제출, 지급조서의 작성·제출 등의 납세협력의무를 이행하지 아니한 경우

- 무자료거래, 위장·가공거래 등 거래내용이 사실과 다른 혐의가 있는 경우
- 납세자에 대한 구체적인 탈세제보가 있는 경우
- 신고내용에 탈루나 오류의 혐의를 인정할 만한 명백한 자료가 있는 경우
- 납세자가 세무공무원에게 직무와 관련하여 금품을 제공하거나 금품제공을 알선한 경우

결정을 위한 조사

과세관청의 조사결정에 의해 과세표준과 세액이 확정되는 세목인 상속세 및 증여세에 대해 과세표준과 세액을 결정하기 위하여 세무조사를 할 수 있다.

조세범칙 성격이 있는지 여부에 따라 조세범칙조사와 일반조사로 구분된다.

조세범칙조사

조세범처벌법에 따라 형벌을 적용시킬 목적으로 조세범처벌절차법에 근거하여 범칙혐의 사실을 조사하고, 범칙자와 범칙사실을 확정하기 위해서 행하는 세무공무원의 조사활동을 말한다.

일반세무조사

특정납세자의 과세표준 또는 세액의 결정 또는 경정을 목적으로 조사대상 세목에 대한 과세요건 또는 신고사항의 적정여부를 검증하는 통상적인 세무조사를 말한다.

세무조사의 목적에 따라 기획조사와 긴급조사가 있다.

기획조사

소득종류별・계층별・업종별・지역별・거래유형별 세 부담의 불균형이나 구조적인 문제점을 시정하기 위하여 과세관청이 별도의 계획에 따라 실시하는 세무조사를 말한다.

긴급조사

각 세법에서 규정하고 있는 수시부과사유 즉 사업부진 등으로 장기간 휴업하거나 폐업상태에 있는 경우로서, 세금을 포탈할 우려가 있거나 조세포탈 우려가 있는 사유가 발생하였거나, 회사정리개시 신청 등으로 조세채권의 조기 확보가 필요한 납세자에 대하여 당해 사유가 발생하는 즉시 실시하는 세무조사를 말한다.

특정세목만을 조사하는지 여부에 따라 통합조사와 세목별조사로 나누어진다.

통합조사

세무조사를 실시함에 있어 납세자의 편의와 조사의 효율성을 제고하기 위하여 조사대상으로 선정된 과세기간에 대하여 당해 납세자의 사업과 관련하여 신고・납부 의무가 있는 세목을 함께 조사하는 것을 말한다.

세목별조사

세원관리상 긴급한 필요가 있거나 부가가치세, 개별소비세 주세, 재산제세, 원천징수 대상세목 등 세목의 특성을 감안하여 특정 세목만을 대상으로 실시하는 조사를 말한다.

또한 특정 항목에 대해서만 조사하는지 여부에 따라 전부조사와 부분조사로 나누어진다.

전부조사

조사대상 과세기간의 신고사항에 대한 적정 여부를 전반적으로 검증하는 세무조사를 말한다.

부분조사

특정 항목·부분 또는 거래 일부의 적정 여부를 검증하는 세무조사를 말한다.

그리고 동시조사라 하여 세무조사를 진행하는 동안 조사효율성과 납세자의 편의 등을 감안하여, 조사대상자로 선정된 납세자와 특수관계에 있는 자(법인을 포함한다) 등 관련인을 함께 조사하는 세무조사도 있다.

세무조사대상자 선정에 사용되는 국세청 전산시스템

국세청 전산시스템의 급격한 발전으로 자동화를 통한 체계적이고 효율적인 세원관리가 이루어지고 있다. 이로써 보다 정교하게 탈세혐의자를 추출하고 세무조사 대상자를 선정하는 것이 가능해졌다. 국세청 전산 인프라는 앞에서 설명한 바와 같이 크게 5가지 정도로 볼 수 있다.

① 소득-지출 분석 시스템(PCI 분석 시스템 : Property, Consumption and Income Analysis System)

② 국세통합시스템(TIS : Tax Interrated System)

③ 과세정보관리체계(TIMS : Tax Information Management System)

④ 신고성실도 전산평가 시스템(CAF : Compliance Analysis Function)

⑤ 금융정보 분석원(FIU : Financial Intelligence Unit)

09

세무조사 PROCESS

"Dr.김"은 세무조사가 어떻게 시작되고 진행되며 종결되는지 세무조사의 전체적인 과정이 궁금하다. 세무조사를 받은 동료 의사들에게 물어보아도 중구난방의 답만 얻을 뿐이다. 일목요연하게 한눈에 알 수 있는 세무조사 프로세스는 없을까? 명쾌한 답변으로 힘이 되는 병의원전문 김 세무사에게 자문을 구해 보았다.

• 세무조사 BEFORE
납세자의 권리보호와 세무조사에 대한 사전준비

① 조사개시 15일 전까지 [세무조사 사전통지]
② 조사개시 전 [세무조사 오리엔테이션] 실시
③ 조사연기 및 조사장소 변경, 조사 유예신청
④ 납세자보호담당관에게 상담요청

↓

• 세무조사 START & 세무조사 ING
납세자의 권익은 최대한 보호하고 납세자의 불편은 최소화

① 납세자권리헌장의 설명과 청렴서약서 작성
② 세무대리인의 조력
③ 세무조사실시
④ 납세자권리의 부당 침해 시 납세자보호담당관에게 권리보호요청

↓

• 세무조사 CLOSING
자금압박해소를 위한 징수유예운영

① 조사 종료 20일 이내에 [세무조사 결과통지]
② 과세예고 통지의무 & 납부할 세금과 절차 안내
③ 징수유예신청

↓

• 세무조사 AFTER
납세고지서 받기 전 사전권리구제제도 & 납세고지서 받은 후 사후권리구제제도

① 세무조사 결과통지에 대한 이의가 있는 경우(사전권리구제제도)
[과세전적부심사청구]
② 납세고지서 받은 후 이의가 있는 경우(사후권리구제제도)
[이의신청]
[심사청구, 심판청구]
[감사원심사청구]
[행정소송]

10

세무조사의 일반적 원칙

세금이 부과되는 원칙이 있듯이 "세무조사가 진행되는 과정에도 원칙과 기준이 적용되지 않을까."란 생각을 하게 된 "Dr.김". 특히 과거와 달리 납세자의 입장을 보호하는 다양한 제도가 시행되고 있음을 언론을 통해 보게 되었다. "Dr.김"의 생각대로 세무조사가 진행되는 동안 지켜져야 하는 원칙은 무엇일까? 병의원전문 김 세무사는 납세자가 보호받을 수 있는 권익에 대해 설명해주었다.

세무조사를 떠올리면 뉴스의 한 장면처럼 한창 업무 중인 사업장에 세무공무원들이 들이닥쳐 사업과 관련된 모든 서류를 몰수해 가는 건 아닌가? 하는 막연한 생각이 든다. 세무조사에 대한 아무런 입장도 밝히지 못한 채 고유한 재산권을 침해받는 건 아닐까?란 불안감이 앞서는 것도 사실이다.

조세포탈 등의 아주 특별한 사항(사전 통보 없는 특별조사)을 제외하고는 세무조사는 원칙적으로 사전통지를 받게 된다. 또한 세무조사가 진행되는 동안 납세자로서의 권익을 보호받을 수 있는 원칙이 준수되고 있다. 납세자가 피조사자임을 생각할 때 조사권자인 세무공무원이 준수해야 할 기본적인 사항들을 알고 있다면 한결 가벼운 마음으로 세무조사에 적극 임할 수 있을 것이다.

납세자의 권익보호

과세관청은 세무조사가 이루어지는 동안 법률이 정한 납세자의 권리와 편익을 최대한 보장하며, 납세자가 기본적으로 보호받게 되는 권리에 대해 납세자권리헌장을 교부한다.

납세자권리헌장 교부

국세청장은 납세자의 권리보호에 관한 사항에 대해 납세자권리헌장을 제정하여 고시하여야 한다. 이는 헌법과 법률이 정하는 바에 의하여 납세자의 권리가 존중되고 보장되어야 하는 것이다. 이를 위해 국세공무원은 납세자가 신성한 납세의무를 신의에 따라 성실하게 이행할 수 있도록 필요한 정보와 편익을 최대한 제공해야 하며, 납세자의 권리가 보호되고 실현될 수 있도록 최선을 다하여 협력하여야 할 의무가 있다.

국세공무원은 세무조사 및 사업자등록증 발급 등의 경우, 납세자권리헌장을 교부하며 이는 납세자가 보장받을 수 있는 권리가 무엇인지 구체적으로 알 수 있게 하기 위함이다.

납세자권리헌장

국세청 고시 제2018-01호

납세자권리헌장 고시 개정

국세기본법 제81조의2(납세자권리헌장의 제정 및 교부) 제1항의 규정에 따라 납세자권리헌장을 다음과 같이 개정하여 고시합니다.

2018년 2월 1일

국세청장

납세자는 신고 등의 협력의무를 이행하지 않았거나 구체적인 조세탈루 혐의가 없는 한 성실하다고 추정되고 법령에 의해서만 세무조사 대상으로 선정되며, 공정한 과세에 필요한 최소한의 기간과 범위에서 조사받을 권리가 있습니다.

납세자는 증거인멸의 우려 등이 없는 한 세무조사 기간과 사유를 사전에 통지받으며, 사업의 어려움으로 불가피한 때에는 조사의 연기를 요구하여 그 결과를 통지받을 권리가 있습니다.

납세자는 세무대리인의 조력을 받을 수 있고 명백한 조세탈루 혐의 등이 없는 한 중복조사를 받지 아니하며, 장부 · 서류는 탈루혐의가 있는 경우로서 납세자의 동의가 있어야 세무관서에 일시 보관될 수 있습니다.

납세자는 세무조사 기간이 연장 또는 중지되거나 조사범위가 확대될 때, 그리고 조사가 끝났을 때 그 사유와 결과를 서면으로 통지받을 권리가 있습니다.

납세자는 위법·부당한 처분 또는 절차로 권익을 침해당하거나 침해당할 우려가 있을 때 그 처분의 적법성에 대하여 불복을 제기하여 구제받을 수 있으며, 납세자보호담당관과 보호위원회를 통하여 정당한 권익을 보호받을 수 있습니다.

납세자는 자신의 과세정보에 대해 비밀을 보호받고 권리행사에 필요한 정보를 신속하게 제공받을 수 있으며, 국세공무원으로부터 언제나 공정한 대우를 받을 권리가 있습니다.

① (시행일) 이 고시는 2018년 2월 1일부터 시행한다.

② (이전 고시의 폐지) 이 고시의 시행과 함께 국세청 고시 제2007-6호(2007. 3. 2.)는 폐지한다.

국세청장

납세자권리보호요청제도 시행

조사공무원의 다음과 같은 행위로 권리를 침해당한 경우에는 조사관서의 납세자보호담당관에게 권리보호를 요청할 수 있다.

- 세법·동 시행령·동 시행규칙에 명백히 위반하여 조사하는 행위
- 조세탈루의 혐의를 인정할 만한 명백한 자료가 없는 등 법령이 정하는 구체적 사유 없이 같은 세목 및 같은 과세기간에 대해 재조사하는 행위
- 세무조사 기간연장에 대한 중소규모 납세자의 세무조사(일시)중지요청 행위
- 적법한 절차를 거치지 아니하고 조사대상 과세기간, 세목 등 조사범위를 벗어나 조사하거나 조사기간을 임의로 연장하는 행위

- 납세자 또는 권한 있는 자로부터 동의를 받지 않거나 적법한 절차를 거치지 아니하고 임의로 장부, 서류 및 증명서류를 열람, 복사하거나 일시 보관하는 행위
- 납세자 또는 세무대리인에게 금품, 향응 또는 업무집행과 직접 관련 없는 사적편의제공을 요구하는 행위
- 납세자가 제출한 자료나 업무상 취득한 자료를 관련 법령에 의하지 아니하고 타인에게 제공 또는 누설하거나 사적인 용도로 사용하는 행위
- 위 1～7호에 준하는 사유로 납세자 권리가 부당하게 침해되고 있거나 침해가 현저히 예상되는 경우

국세청 납세자보호위원회

납세자보호위원회는 납세자의 권익을 보장하고 국민의 재산권을 보호하기 위함이다.

이러한 납세자보호위원회는 전국 6개 지방국세청과 121개 세무서에 설치되어 있다. 세무관서로부터 독립성을 유지하기 위하여, 내부위원보다 외부위원을 더 많이 위촉하고 있다. 또한 위원회의 공정성을 위하여, 법률 또는 회계분야의 지식이 풍부한 세무사 등 전문가를 구성원으로 한다.

다음의 안건을 심의할 때 납세자보호위원회의 심의를 거친다.

- 중소규모납세자(연간 수입금액 또는 양도가액 100억원 미만 등) 외의 세무조사 기간연장(조세범칙조사는 제외)
- 중소규모납세자 이외의 납세자에 대한 세무조사 범위 확대

- 관할 세무서장의 세무조사 기간연장에 대한 중소규모납세자의 세무조사 일시중지 및 중지 요청
- 위법·부당한 세무조사에 대한 납세자의 세무조사 일시중지 및 중지 요청
- 세무서장 및 지방국세청장이 심의를 요구하는 안건
- 그 밖에 납세자보호담당관이 심의가 필요하다고 인정하는 안건

신의성실

조사공무원은 세무조사를 수행할 때 납세자에 대한 신의를 존중하고 성실하게 세무조사를 수행한다.

실질과세

명칭이나 형식에 불구하고 사업의 실질내용과 소득 등의 사실상의 귀속자를 파악하여 실질과세 원칙에 따라 과세한다.

근거과세

원칙적으로 납세자가 비치, 기장한 장부와 증빙자료에 의해 조사하며, 조사내용이 납세자가 기장한 내용과 다른 경우에는 객관적인 자료에 의해 납세자에게 설명하고 열람할 수 있게 한다.

조사의 비례

세무조사의 목적달성에 필요한 최소한의 범위 안에서 세무조사를 실시한다.

조사권 남용의 금지

세무조사의 기본적인 목적 중 하나인 실질에 따른 공평과세를 위해 이에 맞는 최소한의 범위 안에서 행하여야 하며 다른 목적 등을 위한 조사권을 남용하여서는 아니 된다.

재산권 부당 침해금지

세무조사 과정 중에 세법을 해석하고 적용을 할 때 납세자의 재산권이 부당히 침해되지 않도록 해야 하며 조세평등주의와 조세법률주의에 따라 세무조사를 진행해나간다.

소급과세금지

국세를 납부할 의무가 이미 성립한 소득이나 수익 등에 대해 그 의무가 성립한 이후에는 새로운 세법에 의한 소급과세를 금지함으로써 납세자의 예측가능성과 법적 안정성을 보장한다.

세법의 해석이나 국세행정의 관행이 일반적으로 납세자에게 수용된 이후에는 새로운 해석 및 관행에 따라 소급과세를 금지하여 납세자의 이익을 보호하는 것이다.

세무공무원 재량의 한계 엄수

세무조사를 실시하는 동안 조사공무원의 재량권 행사는 과세의 형평과 세법의 목적에 일반적으로 적당하다고 인정되는 한계를 엄수한다.

납세자 특성별 구분관리

세무조사는 신고성실도, 세무지식, 납세이력 및 사업규모 등 납세자 유형별 특성에 따라 구분하여 실시하여야 한다.

세무조사를 통한 과세처분의 부실과세방지

객관적이고 확실한 세법적 근거를 통해 적법하고 공정하게 과세하며 납세자가 이를 수긍할 수 있도록 최선을 다하여 과세처분이 부실하게 처분되지 않도록 주의해야 한다.

11

세무조사 From A To Z 알아보기

특별한 경우를 제외하고는 세무조사가 시작되어도 사전통지 없이 조사공무원이 병원에 들이닥쳐서 납세자를 궁지로 몰아넣는 것이 아니라는 것을 "Dr.김"은 알게 되었다. 그렇다면 어떤 과정을 거쳐 세무조사가 진행되고 마무리가 되는 것일까? 세무조사 결과를 인정할 수 없을 때, "Dr.김"의 입장을 세무서에 어떻게 전달할 수 있는지도 궁금하다. 병의원전문 김 세무사의 일사천리 세무조사 과정에 대해 들어보았다.

세무조사 사전통지

조사공무원은 세무조사(「조세범 처벌절차법」에 따른 조세범칙조사는 제외)를 하는 경우에는 조사받을 납세자(납세자가 납세관리인을 정하여 관할세무서장에게 신고하는 경우에는 납세관리인을 말한다)에게 조사개시 15일 전에 세무조사 사전통지를 보낸다. 세무조사 사전통지에는 조사대상 세목, 조사대상 과세기간, 조사기간, 조사사유, 조사제외 대상과 부분세무조사의 경우 부분세무조사의 범위 등이 기재되어 있다. 다만 범칙사건을 조사하거나 사전 통지를 하는 경우 증거인멸 등으로 조사목적을 달성할 수 없다고 안정되는 경우에는 사전조사사실을 통지하지 않는다. 그리고 폐업, 납세관리인 없이 국내에 주소 등을 두지 않는 경우, 세무조사통지서 수령을 회피하거나 거부하는 경우에는 세무조사 통지서교부를 생략할 수 있다. 다만 사전통지 생략 후 세무조사를 착수하는 경우, 세무조사 사전통지 항목 및 사전통지 생략사유를 기재한 세무조사 통지서를 교부해야 한다.

조사대상자 선정방법

과세관청은 크게 정기선정대상자와 수시선정대상자로 세무조사대상자를 나누고 과세표준 확정을 위한 결정조사대상자를 두고 있다. 업종별 신고 성실도와 계층별, 유형별, 지역별 세부담 형평 등과 구조적인 문제점을 감안하여 적정조사비율을 산정할 수 있다.

세무조사 오리엔테이션

사전통지를 받은 날부터 조사개시 전날까지 조사관서에 전화, 팩스 등으로 세무조사 오리엔테이션을 신청할 수 있다.

조사대상 선정사유, 조사진행 절차, 납세자의 권리, 사전에 준비하여야 할 사항에 대한 안내를 받을 수 있다. 그리고 세무조사와 관련하여 궁금한 사항에 대해 설명을 요청할 수 있다.

세무조사의 연기신청

세무조사 사전통지를 받은 납세자는 조사개시 예정일 2일 전까지 다음의 사유로 인해서 조사를 받기 곤란한 경우에는 세무조사연기신청서를 제출할 수 있다.

- 천재지변, 화재 기타 재해로 사업상 심한 어려움이 있을 때
- 납세자 또는 납세관리인의 질병, 장기출장 등으로 세무조사가 곤란하다고 판단될 때
- 권한이 있는 기관에 장부, 증빙서류가 압수 영치된 때
- 기타의 사유에 준하는 때

이러한 세무조사의 연기신청을 받은 조사공무원은 연기신청 승인여부를 결정하고 그 결과를 세무조사개시 전까지 통지하여야 한다.

세무조사 장소 변경

세무조사는 원칙적으로 사업장에서 실시되어야 하지만 사업장에서 세무조사를 받지 못하는 부득이한 사유가 발생하는 경

우 조사관서 사무실, 조사에 적합한 그 밖의 장소에서 조사를 받을 수 있다.

조사개시 예정일 2일전까지 [사업장 이외의 세무조사 장소 신청서]를 조사관서로 제출하면 조사장소 변경여부를 조사개시 전까지 결정하여 통보한다.

세무조사 유예신청(일자리 창출 중소기업)

세무조사 사전통지를 받은 기업으로 다음의 요건에 해당하는 중소기업은 세무조사 개시 3일전까지 조사관서에 [세무조사 유예신청서]를 작성하여 제출하면 조사개시 전까지 유예 여부를 결정하여 통지한다.

- 해당기업 : 일자리 창출 중소기업(17.12.31.까지/지방소재 18.12.31.까지)

  15년 대비 16년 상시근로자가 2%(최소 1명) 이상 증가했거나 증가시킬 계획이 있는 중소기업

다만 다음의 경우는 유예대상에서 제외될 수 있다.

- 국세부과 제척기간 만료가 임박한 경우
- 조세채권 확보가 시급한 경우
- 탈세제보 등 구체적인 탈루혐의가 있는 경우
- 고용증대 실현 가능성이 낮은 경우 등

세무조사 유예기간 중이라도 가산세 부담 등의 사유로 먼저 조사받기를 원하는 경우에는 조사유예 철회를 신청하면 즉시 조사받을 수 있다.

조사공무원의 신분증 확인 및 납세자권리헌장과 청렴서약서 · 납세자보호위원회 고지

조사가 시작되면 조사공무원의 조사원증과 공무원증을 반드시 제시하도록 요구하여 신분을 확인한다. 조사공무원이 낭독하는 납세자권리헌장에 대해 상세한 설명을 경청한다. 그리고 공정하고 청렴한 세무조사 환경을 위하여 조사공무원과 함께 청렴서약서를 작성한다. 또한 납세자의 권익보호를 위한 납세자보호위원회가 있음을 설명하고 위원회에 청구할 수 있는 사항과 절차를 고지한다.

납세자의 성실성 추정

조사공무원은 다음의 경우(수시선정에 따른 조사사유)를 제외하고는, 납세자가 성실하며 납세자가 제출한 신고서 등이 진실한 것으로 추정하여야 한다.

- 납세자가 세법이 정하는 신고, 성실신고확인서의 제출, 세금계산서의 작성교부, 지급조서의 작성, 제출 등의 납세협력의무를 이행하지 아니한 경우
- 무자료거래, 위장가공거래 등 거래내용이 사실과 다른 혐의가 있는 경우
- 납세자에 대한 구체적인 탈세제보가 있는 경우
- 신고내용에 탈루나 오류의 혐의를 인정할 만한 명백한 자료가 있는 경우
- 성실도 분석결과 불성실 혐의가 있다고 인정되는 경우

위의 사항에 해당하는 경우에는 우선적으로 세무조사대상으로 선정할 수 있으며, 위의 사항에 대해 제출한 신고서들에 대해 세무조사를 할 수 있다.

납세자의 성실협력

납세자는 조사공무원의 적법한 질문, 조사, 자료제출 명령에 대하여 성실하게 협력해야 한다.

또한 조사공무원의 질문, 조사, 또는 장부, 서류 등의 제출 요구에 거짓으로 진술하거나 거부 또는 기피하는 경우 2천만 원 이하의 과태료가 부과될 수 있다.

세무조사권 남용 금지 및 중복조사 금지

조사공무원은 적정하고 공평한 과세의 실현을 위해 필요한 최소한의 범위 안에서 세무조사를 해야 하며, 다른 목적들을 위해 조사권을 남용해서는 아니 된다.

또한 누구든지 조사공무원으로 하여금 법령을 위반하게 하거나 지위 또는 권한을 남용하게 하는 등 공정한 세무조사를 저해하는 행위를 하여서는 아니 된다.

같은 세목 및 같은 과세기간에 대해 조사 착수한 후에도 중복조사 사실이 확인되는 경우에는 즉시 조사 철회 및 조사반 철수 등 필요한 조치를 해야 한다. 같은 세목 및 같은 과세기간에 대해 재조사를 할 수 없는 것을 '중복조사의 금지' 또는 '1회 조사의 원칙'이라고 한다.

다음의 경우를 제외하고 같은 세목 및 같은 과세기간에 대해 경정 또는 재조사를 할 수 없다.

- 부분조사 후 부분조사에 포함되지 않은 부분에 대한 조사가 있는 경우
- 조세탈루 혐의를 인정할 만한 명백한 자료가 있는 경우
- 거래상대방에 대한 조사가 필요한 경우
- 2 이상의 과세기간과 관련하여 잘못이 있는 경우
- 불복청구의 인용결정 중 필요한 처분의 결정에 따라 조사를 하는 경우, 과세전적부심사 청구의 대상이 되는 통지 내용의 적법성에 관하여 재조사하여, 그 결과에 따라 당초 통지 내용을 수정하거나 유지하는 등의 통지를 하도록 하는 재조사 결정에 따라 조사를 하는 경우
- 납세자가 세무공무원에게 직무와 관련하여 금품을 제공하거나 금품제공을 알선한 경우
- 부동산 투기, 무자료거래 등 경제 질서 교란 등을 통한 탈세혐의가 있는 자에 대해 일제조사를 하는 경우
- 각종 과세자료의 처리를 위한 재조사나 국세 환급금의 결정을 위한 확인조사 등을 하는 경우
- 「조세범 처벌절차법(제2조)」에 따른 조세범칙행위의 혐의를 인정할 만한 명백한 자료가 있는 경우

중복조사의 금지원칙은 적법한 방법이 아닌 조사편의를 위해 조사권이 남용되는 경우가 없도록 해야 한다는 것이다. 이는 세

무조사의 합리화를 도모하고 세무조사의 최소화를 통하여 과세관청의 신뢰성을 마련하기 위함이다. 그리고 과세관청은 조사공무원의 조사권 남용방지를 위해 조사관리 및 감독에 관한 책임자를 명확히 규정하고 있으며, 관리감독을 소홀히 하는 관리자에 대해 합리적인 조치를 취하고 있다.

조사권이 남용되는 사례를 보면

- 일반조사를 하면서 임의로 조사관련 장부 및 서류 등을 압수수색하는 경우
- 승인절차 없이 임의로 조사기간 연장을 하는 경우
- 임의로 조사대상 과세기간의 확대 또는 거래처를 현지 확인하는 경우
- 거래처 등에 대한 조사를 실시하면서 조사대상자 선정
- 전산입력, 조사통지 등 제반 조사절차를 준수하지 아니하고 조사를 실시하는 경우
- 세무조사를 실시하면서 납세자의 권리를 부당하게 침해하는 경우 등

또한 세무조사의 중복조사 방지를 위하여 조사관서장은 세무조사의 이력과 조사대상자 선정내역 등을 전산에 입력하여 관리하고 있다. 그리고 부분조사를 실시한 납세자에 대해 전부조사를 실시하는 경우는 부분조사를 받은 부분에 대해 이미 조사한 것으로 본다.

이러한 규정을 통해 조사관서장은 세무조사라는 국민의 재산권침해에 대한 성격을 고려하고, 납세자의 권익을 최대한 보장

하기 위하여 중복조사에 대해 엄격히 제한하며 관리하고 있다.

세무조사에서 조력을 받을 권리

납세자의 범칙사건조사, 소득세 등 결정 또는 경정을 위한 조사, 상속세 및 증여세 조사 등의 부과처분을 위한 실질조사를 받는 경우에는, 세무사 등의 세무대리인으로 하여금 조사에 입회하거나 의견을 진술하게 할 수 있다. 이 경우 납세자를 배제한 채 세무대리인이 세무조사를 포괄적으로 대신 받는 것까지 허용하는 것은 아니다. 따라서 납세자의 진술 없이 세무대리인의 진술만으로 부과처분 등을 할 경우 세무대리인 진술의 증거능력에 문제가 발생할 소지가 있다.

특히 조세범칙조사의 경우 조세법 위반자인 납세자의 진술을 받지 아니하고 세무대리인의 진술만으로 납세자를 처벌할 수 없다.

장부 및 증명 서류의 최소화

세무조사는 각 세법에서 규정하고 있는 질문조사권에 의해 실시하며 조사공무원의 질문조사권은 조사에 필요한 범위 안에서만 행사하고 있다. 그리고 조사목적과 관련 없는 질문이나 조사는 하지 않으며, 세무조사와 직접 관련 없는 자료(조사대상 세목, 과세기간의 과세표준세액・세액의 계산과 관련이 없는 자료)의 제출요구를 금지한다. 또한 자료제출 요구사항의 목록을 작성 및 보관하고 동일한 자료를 중복해서 요구하지 않는다. 다만 법령에 의해 작성 및 보관 의무가 있는 회계장부와 관련 증명서류(전산자료 포함)는 구두로 제출을 요구할 수 있다.

장부 및 서류 일시보관

납세자의 동의하에 세무조사기간 동안 세무조사 목적으로 납세자의 장부 및 서류 등을 일시 보관할 수 있다. 이때 장부보관과 관련하여 납세자에게 납세자의 권리보호와 관련된 사항을 사전고지하여야 한다. 또한 납세자에게 [일시보관 서류 등의 목록]과 [일시보관증]을 교부한다. 그러나 납세자의 동의 없이 조사편의를 위하여 장부 및 서류 등을 세무관서에 임의로 보관할 수 없다. 다만 납세자의 성실성 추정이 배제되는 사유, 즉 무신고 등 납세협력의무를 불이행한 경우, 신고내용에 탈루・오류의 혐의를 인정할 만한 명백한 자료가 존재하는 경우 등은 장부 등을 일시보관할 수 있다. 또한 납세자가 임의로 제출한 장부・서류의 경우에도 보관할 수 있다.

그리고 조사에 지장이 없는 한 일시 보관하는 서류에 대해 납세자가 서류반환을 요청하는 경우에는 [장부 및 서류 등 반환요청서]를 제출한다. 또한 납세자 요청일로부터 14일 이내에 반드시 반환하여야 한다. 납세자의 반환요청에 대하여 조사공무원이 반환을 하는 경우 장부 등의 사본을 보관할 수 있고 사본이 원본과 다름없다는 사실에 대해 납세자에게 서명을 요구할 수 있다. 그리고 세무조사 종결시에는 납세자에게 모든 장부 등을 반환해야 한다.

증명서류의 수취보관

납세자는 사업과 관련된 모든 거래에 관한 증명서류를 작성 또는 수취하여 신고기한이 경과한 날부터 5년간 보관하여야 한다. 그리고 자금의 입출금 거래는 금융기관을 이용하여 송금 또는 계좌이체하는 방법을 통해 투명하게 처리하도록 한다. 이를 통하여 세무조사가 실시되는 동안 거래사실에 대한 입증을 보다 적극적으로 할 수 있다.

납세자의 해명기회

조사공무원은 세무조사 진행 과정에서 납세자에게 충분한 해명기회를 부여한다.

[조사과장 면담 제도]를 통해 조사관리자와 직접 소통할 수 있는 기회를 부여하고 있다. 이를 통해 조사과정에서 의문이나 애르사항이 있는 경우 담당 과장에게 면담을 신청하여 조사에 따른 어려움을 해소할 수 있다. 그리고 과세상의 쟁점에 대해 조사팀과 견해가 다른 부분이 있는 경우, 납세자의 견해가 타당한 부분은 과세처분에 반영되도록 과장이나 팀장에게 서면으로 [납세자 소명서]를 제출할 수 있다.

세무조사 범위 확대의 제한

세무조사는 필요한 최소한의 범위안에서 실시하고 있다. 세무조사의 범위와 과세기간 등은 [세무조사 사전통지]에 기재하여 사전에 통지하고 있으며 조사범위의 확대는 엄격히 통제하고 있다. 그리고 특정한 경우의 조사범위 확대는 외부 민간위원 중심으로 구성된 「납세자보호위원회」 또는 「납세자보호담당관」 등의 승인을 거쳐야 하므로 조사공무원의 조사재량권을 제한하고 있다. 또한 세무조사의 범위를 확대하는 경우에는 그 사유와 범위에 대해 납세자에게 [조사범위확대(유형전환)통지]의 문서를 전달해야 한다.

다음과 같은 사유에 해당되는 경우에는 조사범위를 확대할 수 있다.

- 다른 과세기간, 세목 또는 항목에 대한 구체적인 세금탈루 증거자료가 확인되어 다른 과세기간, 세목 또는 항목에 대한 조사가 필요한 경우
- 조사과정에서 조세범칙조사로 전환하는 경우 등
- 명백한 세금탈루 혐의 또는 세법 적용의 착오 등이 있는 조사대상 과세기간의 특정항목이 다른 과세기간에도 있어 다른 과세기간의 조사가 필요한 경우
- 그 밖에 구체적인 세금탈루혐의가 있어 세무조사의 범위를 확대할 필요가 있는 경우

세무조사기간

조사관서장은 조사기간을 정함에 있어 조사대상 세목, 조사대상 업종규모 및 조사의 난이도 등을 감안하여 조사에 필요한 최소한의 기간으로 정해야 한다. 그리고 조사기간은 [세무조사 사전통지]에 기재하여 미리 통지한다. 또한 조사기간 만료 전이라도 성실신고가 확인되는 경우에 조사를 조기에 종결할 수 있다.

세무조사는 납세자의 생활에 불편함이 없도록 납세자의 일과시간에 진행되며, 납세자가 원하거나 동의하는 경우 일과시간 이외에도 조사할 수 있다. 다만 야간업소 또는 공휴일과 토요일에 영업을 하는 납세자의 경우에는 야간, 공휴일, 토요일에 세무조사가 가능하다.

세무조사 기간을 정할 경우 조사대상 과세기간 중 연간 수입금액이 가장 큰 과세기간의 연간 수입금액이 100억 미만인 납세자의 조사기간은 20일 이내로 한다.

조사기간 연장은 엄격히 제한되고 있으며, 조사기간 연장은 외부 민간위원 중심으로 구성된 「납세자보호위원회」 또는 「납세자보호담당관」 등의 승인을 거쳐야 하므로 행정편의적인 조사기간 연장을 제한하고 있다.

다음의 경우에는 세무조사기간을 연장할 수 있다. 세무조사기간을 연장하는 경우에는 최초의 연장은 관할 세무서장의 승인을 받고, 2회 이후 연장하는 경우에는 관할 상급 세무관서장의 승인을 받아 각각 20일 이내에서 연장할 수 있다.

세무조사기간 연장사유

- 납세자가 장부, 서류 등을 은닉하거나 제출을 지연하거나 거부하는 등의 조사기피 행위가 명백한 경우
- 거래처 조사 또는 거래처 현지 확인 및 금융거래 현지 확인이 필요한 경우
- 세금탈루 혐의가 포착되거나 조사 과정에서 조사유형이 「조세범 처벌절차법」에 따른 조세범칙조사로 전환되는 경우
- 천재지변이나 노동쟁의로 조사 중단되는 경우
- 납세자보호관 또는 담당관이 세금탈루혐의와 관련하여 추가적인 사실이 필요하다고 인정되는 경우
- 세금탈루혐의에 대한 해명 등을 위하여 조사대상자가 세무조사 기간의 연장을 신청한 경우로 납세자보호관 등이 이를 인정하는 경우

위의 사항에 해당되어 조사기간이 연장되는 경우에는 연장사유와 연장기간을 납세자에게 문서로 통지해야 한다.

세무조사기간의 무제한

다만 다음의 경우에는 세무조사기간의 제한 및 세무조사 연장기간의 제한을 받지 아니한다.

- 무자료거래, 위장가공거래 등 신고내용이 사실과 다른 혐의가 있어 실제 거래 내용에 대한 조사가 필요한 경우
- 「국제조세조정에 관한 법률」에 따른 국제거래를 이용하여 세금을 탈루하거나 국내 탈루소득을 해외로 변칙 유출한

혐의로 조사하는 경우

- 명의위장, 이중장부의 작성, 차명계좌의 이용, 현금거래의 누락 등의 방법을 통하여 세금을 탈루한 혐의로 조사하는 경우
- 거짓계약서 작성, 미등기양도 등을 이용한 부동산 투기 등을 통해 세금을 탈루한 혐의로 조사하는 경우
- 상속세증여세 조사, 주식변동조사, 범칙사건조사 및 출자거래관계에 있는 관련자에 대한 동시조사를 하는 경우

세무조사의 중지

조사관서장은 다음에 해당하는 경우에 세무조사를 진행하기 어렵다고 판단될 때 세무조사를 중지할 수 있다. 이 경우 그 중지기간은 세무조사 기간 및 세무조사 연장기간에 산입하지 않는다. 이처럼 세무조사를 중지한 경우에는 그 중지사유가 소멸하게 되면 즉시 조사를 재개하여야 한다. 다만 조세채권의 확보 등 긴급히 조사를 재개하여야 할 필요가 있는 경우에는 세무조사를 재개할 수 있다.

- 세무조사 연기신청 사유에 해당하는 사유가 있어 납세자가 조사중지를 신청한 경우
- 국외 자료의 수집, 제출 또는 상호합의절차 개시에 따라 외국기관과의 협의가 필요한 경우
- 납세자의 소재불명, 해외출국, 납세자가 장부, 서류 등을 은닉하거나 제출을 지연 또는 거부하는 등으로 인하여 세무조사를 정상적으로 진행하기 어려운 경우

- 노동쟁의 등이 발생하여 세무조사를 정상적으로 진행하기 어려운 경우
- 납세자보호관 등이 세무조사의 일시중지를 요청하는 경우

조사관서장은 위의 사항에 해당되어 세무조사를 중지하거나 재개하는 경우에는 그 사유를 문서로 통지하여야 한다. 또한 세무조사 중지기간 중에는 자료제출요구를 금지한다.

조사기간의 단축

조사공무원은 세무조사 기간을 단축하기 위하여 최대한 노력하여야 하며, 기장 및 회계처리의 투명성 등 납세성실도를 검토하여 더 이상 조사할 필요가 없는 경우에는 조사기간 종료 전이라도 조사를 조기에 종료할 수 있다.

또한 외국과세당국의 확인요청 등 외국과의 정보교환 및 조사과정에서 과세기준자문 등을 신청하거나 조사를 전부 종결하는 데 장기간이 소요될 것으로 판단되는 통합조사 등의 경우에는, 조사가 완료된 부분 등에 대하여 조사를 종결하고 나머지 사항이 종결되는 시점에 조사를 종결할 수 있다.

통합조사실시

통합조사라 함은 세무조사를 실시함에 있어 납세자의 편의와 조사의 효율성을 제고하기 위하여 조사 대상으로 선정된 과세기간의 당해 납세자의 사업과 관련하여 신고, 납부의무가 있는 세목을 함께 조사하는 것을 말한다.

세무조사는 특정한 세목만을 조사할 필요가 있는 경우를 제외하고는 납세자의 사업과 관련하여 세법에 따라 신고, 납부의무가 있는 세목을 통합하여 세무조사를 실시하는 것을 원칙으로 한다.

그러나 다음과 같은 사유가 있는 경우는 부분세무조사를 할 수 있다. 국세환급금의 결정 또는 경정청구 처리를 위한 조사, 불복 등의 재조사 결정에 따른 사실관계 확인을 위한 조사, 거래상대방에 대한 전부조사 중에 거래 일부의 확인을 위한 조사, 구체적인 탈세 제보시 해당 탈세혐의 확인을 위한 조사, 명의위장·차명계좌를 이용한 탈루혐의 확인을 위한 조사, 법인이 주식변동 등을 통해 특수관계인에게 이익을 분여한 구체적인 혐의를 확인하기 위한 조사, 무자료·위장·가공거래 등 거래 내용이 사실과 다른 경우로서 조세채권 확보 등을 위한 긴급조사 등의 경우 부분세무조사가 가능하다. 다만 동일세목·과세기간에 대한 부분조사는 위의 국세환급금 조사와 불복조사를 제외하고 2회 이내로 실시해야 한다.

납세자권리보호요청제도 시행

조사공무원의 다음과 같은 행위로 권리를 침해당한 경우에는 조사관서의 납세자보호담당관에게 권리보호를 요청할 수 있다.

- 세법, 동 시행령 및 동 시행규칙에 명백히 위반하여 조사하는 행위
- 조세탈루의 혐의를 인정할 만한 명백한 자료가 없는 등 법

령이 정하는 구체적 사유 없이 같은 세목 및 같은 과세기간에 대해 재조사하는 행위

- 세무조사 기간연장에 대한 중소규모 납세자의 세무조사(일시)중지요청 행위
- 적법한 절차를 거치지 아니하고 조사대상 과세기간, 세목 등 조사범위를 벗어나 조사하거나 조사기간을 임의로 연장하는 행위
- 납세자 또는 권한 있는 자로부터 동의를 받지 않거나 적법한 절차를 거치지 아니하고 임의로 장부, 서류 및 증명서류를 열람, 복사하거나 일시 보관하는 행위
- 납세자 또는 세무대리인에게 금품, 향응 또는 업무집행과 직접 관련 없는 사적편의제공을 요구하는 행위
- 납세자가 제출한 자료나 업무상 취득한 자료를 관련 법령에 의하지 아니하고 타인에게 제공 또는 누설하거나 사적인 용도로 사용하는 행위
- 위의 사항에 준하는 사유로 납세자 권리가 부당하게 침해되고 있거나 침해가 현저히 예상되는 경우

공정한 대우를 받을 권리

납세자는 조사공무원으로부터 언제나 공정한 대우를 받을 권리가 있다. 조사공무원은 공정한 자세와 예의바른 언행으로 성의를 다하여 납세자의 권리를 보호하도록 하고 있다.

정보제공

납세자가 권리의 행사에 필요한 정보를 요구하는 경우 신속하게 제공해야 한다.

이 경우 정보제공을 요구할 수 있는 자는 당해 납세자와 당해 납세자의 대리인으로 선임된 자에 한하며, 정보제공 요구는 서면 또는 구두로 할 수 있다.

과세정보에 대한 비밀유지

납세자가 세법이 정한 납세의무를 이행하기 위해 제출한 자료나 국세부과 또는 징수를 목적으로 업무상 취득한 자료 등을 타인에게 누설하거나 목적 외의 용도로 이용하여서는 아니 된다.

다만 다음의 경우는 그 사용목적 범위 안에서 과세정보를 제공할 수 있다.

- 지방자치단체 등이 조세부과징수목적 등에 사용하기 위해
- 국가기관이 조세쟁송 또는 조세범의 소추목적을 위해
- 법원의 제출명령 또는 법관이 발부한 영장에 의해 과세정보를 요구하는 경우
- 세무공무원 상호간에 국세부과 징수 질문검사상의 필요에 따라 과세정보를 요구하는 경우
- 통계청장이 국가통계작성 목적으로 과세정보를 요구하는 경우
- 사회보장기본법에 따른 사회보험의 운영을 목적으로 설립된 기관이 관계 법률에 따른 소관업무를 수행하기 위하여 과세정보를 요구하는 경우

• 국가행정기관, 지방자치단체 또는 「공공기관의 운영에 관한 법률」에 따른 공고기관이 급부 · 지원 등을 위한 자격의 조사 · 심사 등에 필요한 과세정보를 당사자의 동의를 받아 요구하는 경우
• 「국정감사 및 조사에 관한 법률」에 따른 조사위원회가 조사위원회의 의결로 비공개회의에 요구하는 경우
• 다른 법률의 규정에 따라 과세정보를 요구하는 경우

세무조사의 결과 통지

조사공무원은 세무조사 결과를 납세자에게 설명할 의무가 있다. 또한 조사가 종료된 후 20일 이내(소재 불분명으로 공시송달하는 경우 40일) 조사내용, 조사대상 세목 · 과세기간, 결정 · 경정할 과세표준 · 세액 및 산출 근거, 결정 · 경정사유, 수정신고 및 과세전적부심사 청구 정보 등을 통지하여야 한다.

과세불확실성을 조기에 해소하기 위하여 외국 과세기관과 협의 중인 경우로서 세무공무원이 세무조사 결과를 통지기한까지 통지할 수 없는 부분이 있는 경우, 납세자가 동의하는 때에는 통지불가 부분을 제외한 나머지 부분에 대해 조사결과를 통지한다. 해당 사유가 해소되는 때 20일 내에 해당부분의 조사결과를 통지한다.

다만, 납세관리인이 없이 국내에 주소 등을 두지 않는 경우, 불복 재조사 결정에 의한 조사를 종결한 경우, 세무조사 결과통지의 수령을 회피하거나 거부하는 경우는 결과통지를 생략할 수 있다.

그리고 납세자는 조사결과통지에 대해 이의가 있는 경우에 통지를 받은 날부터 20일 내에 과세전적부심사를 청구할 수 있다.

과세예고 통지의무 명문화

납세자의 절차적 권리를 보장하고 강화하기 위하여 세무조사 결과에 따른 과세예고 통지를 의무화 하였다. 이는 과세예고 통지를 생략한 과세처분이 중대한 절차상의 하자로서 위법하다는 대법원의 판례를 존중하고, 납세자의 절차상의 권리보호를 명문화한 규정이다.

- 세무조사 결과에 따라 부족세액을 과세하는 경우
- 세무서장, 지방국세청장에 대한 지방국세청장 또는 국세청장의 업무감사결과(현지 시정 조치 포함)에 따라 과세하는 경우
- 세무조사에서 확인된 해당 납세자 외의 자에 대한 과세자료를 처리하여 과세하는 경우
- 납세고지하려는 세액이 1백만 원 이상인 경우 (다만, 감사원 시정요구에 따라 과세하는 경우로서 소명안내를 받은 경우는 제외)

적법하고 신속하게 구제받을 권리

납세자는 위법 또는 부당한 처분을 받거나 필요한 처분을 받지 못함으로써 권리 또는 이익을 침해당한 경우에 적법하고 신속하게 구제받을 권리가 있다. 이에 따라 납세자는 고지결정 전 세무조사결과통지에 따른 과세전적부심사청구제도와, 고지결정 후 이의가 있는 경우 이의신청, 심사청구, 행정소송을 제기할 수 있다.

12

납세자권리구제 : 세무조사결과에 이의를 제기하고 싶을 때

세무조사의 결과를 서면으로 받은 "Dr.김"은 너무 속상하다. 수입금액은 모두 드러나고 비용으로는 상당부분을 인정받지 못하여 세금이 추가로 많이 나왔기 때문이다. 실제 병원비용으로 지출하였으나 신고 시 비용으로 넣지 않은 금액도 상당하다. "Dr.김"이 세무조사결과에 대해 억울한 부분을 구제받을 수 있는 방법은 무엇일까? 답답한 문제를 속 시원하게 풀어주는 병의원전문 김 세무사에게 해결책을 문의하였다.

세무조사결과에 억울함이 있는 경우 세무조사에 따른 납세고지서를 받기 전까지는 사전 권리구제제도를 적극 이용하여 이의를 제기할 수 있다.

납세고지를 받기 전 권리구제 : 과세전적부심사

조사결과에 따른 납세고지(세무조사 결과의 확정)를 받기 전에 세무조사 결과에 대해 서면통지를 받거나 그 밖에 과세예고통지를 받은 경우에는, 통지를 받은 날로부터 30일 이내에 통지내용에 대한 '과세전적부심사'를 청구할 수 있다.

다만 조세범처벌법에 의한 고발이 있는 경우나 세무조사결과통지를 하는 날로부터 국세부과제척기간의 만료일까지의 기간이 3개월 이하인 경우 등 특별한 사항에 대해서는 배제된다.

과세전적부심사청구를 받은 과세관청은 그 청구부분에 대하여 과세전적부심사에 대한 결정이 있을 때까지 과세표준 및 세액의 결정이나 경정결정을 유보하여야 한다.

청구를 받은 날로부터 30일 이내에 청구내용을 다음과 같이 결정하고 통지해야 한다.

- 심사거부 : 형식적 요건의 결격(예컨대 청구기간이 경과 등)사유로 심사자체를 하지 않는다는 결정
- 불채택 : 청구사항에 이유가 없으며 청구내용을 채택하지 않는다는 결정
- 채택 : 청구사항이 이유가 있으며 그 청구내용을 채택하는 결정(일부가 인정되는 경우에는 일부 채택 결정)

납세고지를 받은 후 권리구제 : 이의신청, 심사청구, 심판청구

이의신청

납세고지서를 받은 날로부터 90일 이내에 고지내용에 이의가 있는 경우 세무서(또는 관할지방국세청)에 이의신청서를 제출하고 이의신청을 받은 과세관청은 접수 후 30일 이내에 결정을 통지한다.

심사청구, 심판청구

- 이의신청의 결정통지를 받은 날부터 90일 이내에 청구할 수 있으며, 심사청구는 국세청장에게 심판청구는 조세심판원장에게 이의를 제기하는 절차이다.
- 다만 결정기간 내에 결정통지를 받기 전이라도 결정기간이 지난 날부터 심사청구, 심판청구를 할 수 있다.
- 고지서내용에 이의가 있는 경우 이의신청 없이 바로 심사청구, 심판청구를 할 수 있으며, 동일한 처분에 대해 심사청구와 심판청구를 중복하여 제기할 수 없다.
- 결정내용은 접수 후 90일 이내에 결정하여 통지한다.

감사원 심사청구

- 감사원 심사청구는 이의신청, 심사청구, 심판청구를 거치지 않고 신청할 수 있으며, 감사원장에게 이의를 제기하는 절차이다.
- 납세고지서를 받은 날부터 90일 이내에 감사원에 청구서를 제출하고, 접수를 받은 감사원은 3개월 이내에 결정하여 통지한다.

행정소송

- 심사청구, 심판청구 또는 감사원 심사청구의 전심절차를 거쳐 그 결정에 대해 이의가 있는 경우 법원의 판단을 구하는 절차이다.
- 행정소송은 심사청구, 심판청구나 감사원심사청구 중 하나를 반드시 거쳐야만 제기할 수 있다.
- 결정통지를 받은 날부터 90일 이내에 행정소송을 제기해야 한다.

〈 사전불복제도 : 과세전적부심사제도 〉

〈 사후불복제도 : 이의 신청 , 심사청구 · 심판청구, 감사원심사청구, 행정소송 〉

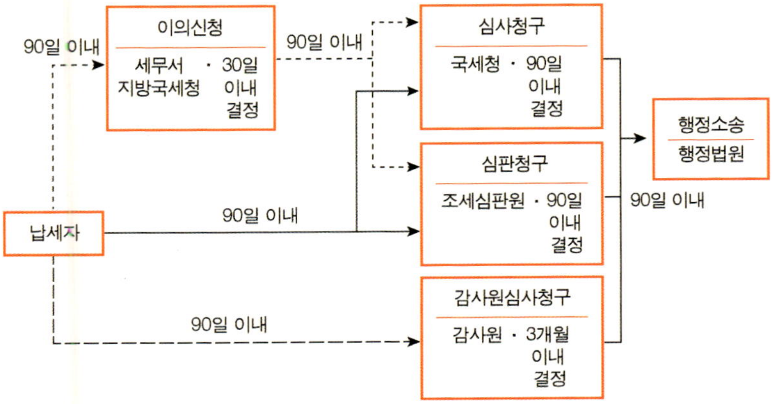

13

고액 세금체납자와 상습적인 체납자의 명단공개

"Dr.김"은 세금과 관련한 납세자의 인적 사항은 비공개된다고 알고 있다. 그러나 최근 지인이 고액세금 체납자 명단에 있는 것을 보고 깜짝 놀랐다. 어떤 경우에 세금을 체납하면 신상이 공개되는 것일까? 체납자의 명단공개에 대하여 병의원전문 김 세무사의 깨알 같은 설명을 들어보자.

원칙적으로는 납세자의 비밀유지를 위해 인적사항과 세금관련 사항에 대해 공개하지 않는 것이 원칙이다. 그러나 고액의 세금을 체납하거나 상습적으로 세금을 납부하지 않는 자에 대하여는 다음의 정보를 공개할 수 있다.

공개대상자

납세자의 비밀유지 규정에 불구하고 다음에 해당되는 경우 납세자의 인적사항 및 체납액과 국세추징명세 등을 공개할 수 있다.

- 체납발생일로부터 1년이 지난 국세가 2억 원 이상인 체납자
- 불성실기부금수령단체
- 조세포탈범

단, 다음에 해당하는 경우에는 명단공개를 하지 않는다.

- 체납된 국세가 이의신청이나 심사청구 등 불복청구 중에 있는 경우
- 체납액의 30% 이상을 납부한 경우
- 「채무자 회생 및 파산에 관한 법률」에 따른 회생계획인가의 결정에 따라 체납된 세금의 징수를 유예받고 그 유예기간 중에 있거나 체납된 세금을 회생계획의 납부일정에 따라 납부하고 있는 경우
- 재산상황이나 미성년자 해당 여부 및 그 밖의 사정 등을 고려할 때 국세정보공개심의위원회가 공개할 실익이 없거나 공개하는 것이 부적절하다고 인정하는 경우

명단공개의 절차

공개대상자 선정

국세청장은 국세정보심의위원회의 심의를 거친 공개대상자에게 체납자 또는 불성실기부금수령단체의 명단공개 대상자임을 통지하여 소명할 기회를 주어야 한다. 그리고 통지일부터 6개월이 지난 후 국세정보심의위원회에서 체납액의 납부이행 또는 기부금영수증 발급명세서의 작성, 보관의무 이행 등을 고려하여 체납자 또는 불성실기부금수령단체 명단공개 여부를 재심의하게 한 후 공개대상자를 선정한다.

공개방법

고액체납자와 상급체납자 또는 불성실기부금수령단체의 명단공개는 관보에 게재하거나 국세정보통신망 또는 관할세무서 게시판에 게시하는 방법으로 한다. 체납자의 명단 공개 시 공개할 사항은 체납자의 성명, 상호, 연령, 직업, 주소, 체납액의 세목, 납기 및 체납요지 등으로 한다. 한편 조세포탈범의 명단을 공개할 때 공개할 사항은 조세포탈범의 성명, 상호, 나이, 직업, 주소. 포탈세액의 범칙행위가 「조세범 처벌법」에 해당하는 경우에는 해당 개인의 성명, 상호, 주소를 함께 공개한다.

고액 · 상습체납자 감치제도

국세를 3회 이상 체납하고 체납된 국세의 합계가 2억 원 이상인 경우로서 체납된 국세의 납부능력이 있음에도 불구하고 정당한 사유없이 체납된 자에 대하여 검사에게 30일의 범위에서 감치를 신청하고 법원의 결정에 따라 감치하는 제도를 도입하였다.

14

세무조사 관련 서식

병의원전문 김세무사는 세무조사가 발생하는 경우 "Dr.김"이 세무서로부터 받게 되는 다양한 조사관련 서류와 납세자의 권리를 행사하기 위한 각종 신청서를 수록하였다.

〈세무조사 관련 서식〉

- 세무조사사전통지
- 세무조사연기신청서
- 청렴서약서
- 권리보호요청서
- 세무조사결과통지
- 과세전적부심사청구서
- 이의신청서
- 심사청구서
- 심판청구서
- 징수유예 · 체납처분유예신청서

【조사사무처리규정 별지 제1호 서식】

NTS

기 관 명

수신자

제　목 **세무조사 사전 통지**

귀하(귀사)에 대한 세무조사를 실시하기에 앞서 아래와 같이 알려 드립니다.

납 세 자	상 호 (성 명)		사업자등록번호 (생 년 월 일)	
	사업장 (주 소)			
조사대상 세목				
조사대상 과세기간		20 . . . ~ 20 . . .		
조 사 기 간		201 . . . ~ 201 . . .		
조 사 사 유				
조사제외 대상		세목 :	과세기간 :	범위 :

만약 귀하(귀사)가 「국세기본법 시행령」 제63조의 7 제1항에 해당하는 사유가 있으면 세무조사의 연기를 신청할 수 있습니다.

※ 「국세기본법 시행령」 제63조의 7 제1항에 해당하는 사유

1. 화재 그 밖의 재해로 사업상 심각한 어려움이 있을 때
2. 납세자 또는 납세관리인의 질병, 장기 출장 등으로 세무조사가 곤란하다고 판단될 때
3. 권한 있는 기관에 장부, 증거서류가 압수되거나 영치되었을 때
4. 제1호부터 제3호까지의 규정에 준하는 사유가 있을 때

기 관 장 직인

이 통지에 대한 문의 사항 또는 조사 시작 전 세무조사 연기신청 등에 관한 궁금한 사항은 ○○○과 담당자 ○○○(전화 :)에게 연락하시기 바라며 조사 시작 이후 세무조사와 관련하여 불편·애로 사항이 있을 때에는 납세자보호담당관 ○○○(전화 :)에게 연락하시면 친절하게 상담해 드리겠습니다.

기안자(직위/직급) 서명 검토자(직위/직급) 서명 결재자(직위/직급) 서명
협조자(직위/직급) 서명
시행 처리과명 - 일련번호(시행일자) 접수 처리과명 - 일련번호(접수일자)
우 주소 /홈페이지 주소
전화( ) , 전송( ) /공무원의 공식 전자우편주소 /공개구분

210㎜×297㎜(신문용지 54g/㎡)

(조사사무처리규정 별지 제6호 서식)

기 관 명

<table>
<tr><td colspan="5" align="center">세무조사 연기신청서</td></tr>
<tr><td rowspan="3">신
청
인</td><td>① 상 호
(법 인 명)</td><td></td><td>② 주민(법인) 등록번호</td><td></td></tr>
<tr><td>③ 성 명
(대 표 자)</td><td></td><td>④ 사 업 자 등 록 번 호</td><td></td></tr>
<tr><td>⑤ 주소(사업장)</td><td colspan="3"></td></tr>
<tr><td colspan="5" align="center">신 청 내 용</td></tr>
<tr><td colspan="2">⑥ 당 초 조 사 기 간</td><td colspan="3">년 월 일 ~ 년 월 일</td></tr>
<tr><td colspan="2">⑦ 연기받고자 하는 사유</td><td colspan="3">「국세기본법 시행령」 제63조의 7 제1항 제 호</td></tr>
<tr><td colspan="2">⑧ 연기를 원하는 기간</td><td colspan="3">년 월 일 ~ 년 월 일</td></tr>
<tr><td colspan="5">국세기본법 제81조의 7 제2항 및 같은 법 시행령 제63조의 7 제2항의 규정에 따라 위와 같이 신청합니다.

년 월 일

신청인 (서명 또는 인)

귀하</td></tr>
<tr><td colspan="5">구비서류 : 사유를 증명하는 자료</td></tr>
</table>

【별지 제10호 서식】(2016. 9. 1. 신설)

청 렴 서 약 서

□ **성 명** :

□ **소 속** :

□ **직 위** :

위 본인은 . . .부터 . . .까지 국세청 조세법률고문으로서 **국세청과 이행충돌이 발생하거나 사적 이해관계 개입** 시 **사전신고와 직무회피 의무를 준수**하며,

부패 또는 이행충돌을 유발할 수 있는 아래와 같은 **금지 행위를 위반하지 않을 것을 서약**합니다.

－ 아 래 －

○ 위촉기관을 당사자로 한 법률자문 사건의 상대방 소송수임 · 법률자문 등

○ 부당한 금품수수 · 알선 · 청탁

○ 이권개입 등 직무의 부당이용

○ 미공개 정보이용, 공공기관의 공익에 반하는 활동

○ 위촉기관과 이해관계가 상충되는 직무수행

동의인 : ____________ (서명)

(조사사무처리규정 별지 제4호 서식)

청 렴 서 약 서

□ 조사받는 납세자 인적사항

대 표 자 성 명		주민등록번호	
상 호(법 인 명)		사업자등록번호	
주소 또는 영업소			

위 조사받는 납세자와 그 세무대리인은 201 . . 부터 201 . . 까지 실시하는 ( )세무조사와 관련하여 조사착수에서부터 종결까지는 물론 조사종결 후에도 금품·향응 또는 공무수행 목적 외의 사적편의를 제공·알선하지 않을 것이며, 조사공무원으로부터 부당한 요구가 있을 경우에는 단호히 거절할 것입니다.

이를 위반한 경우에는 관계 법령 또는 규정에 따라 형사처벌, 세무조사 실시 및 세정상 각종 혜택배제, 징계 등 어떠한 처벌이나 불이익도 감수할 것임을 서약하고 이를 ( )지방국세청장(세무서장)에게 제출합니다.

201 년 월 일

위 서약자 납 세 자 성명 (인)

세무대리인 성명 (인)

우리 조사공무원은 위 납세자에 대한 세무조사와 관련하여 청탁이나 부정·불의와 타협하지 않고 금품 및 향응 등 부당한 편의를 제공받지 않을 것이며,

이를 위반한 경우에는 관계 법령 또는 규정에 따라 인사처분 및 형사처벌 등 응분의 책임을 감수할 것임을 서약하고, 이를 ( )지방국세청장(세무서장)에게 제출합니다.

201 년 월 일

위 서약자 소속 직급 성명 (인)

직급 성명 (인)

직급 성명 (인)

직급 성명 (인)

직급 성명 (인)

직급 성명 (인)

지방국세청장(세무서장) 귀하

【납세자보호사무처리규정 별지 제31호 서식】

권 리 보 호 요 청 서

<table>
<tr><td rowspan="3">납
세
자</td><td>주 소
(사 업 장)</td><td colspan="2"></td><td>전화번호
(휴대전화)</td><td></td></tr>
<tr><td>상 호</td><td></td><td colspan="2">사 업 자 등 록 번 호</td><td></td></tr>
<tr><td>성 명</td><td></td><td colspan="2">주 민 등 록 번 호</td><td></td></tr>
<tr><td colspan="2">권리보호
대상세목</td><td></td><td>권리보호 요청
대상 과세연도</td><td colspan="2"></td></tr>
<tr><td colspan="2">권리요청 분야</td><td colspan="4">□ 세무조사　　　　□ 일반 국세행정</td></tr>
<tr><td colspan="2">권리보호 요청
내 용</td><td colspan="4">※ 내용이 많을 경우 별지작성할 수 있음</td></tr>
</table>

위와 같이 권리보호를 요청하오니 처리하여 주시기 바랍니다. 또한, 아래와 같이 「개인정보보호법」에 따른 개인정보와 고유식별정보의 수집・이용에 동의하지 않는 경우 불이익(민원서류 접수 및 처리 불가)이 있을 수 있음을 확인하였습니다.

첨부서류 :

년　　월　　일

신 청 인 :　　　　　(인)
(작성자)

■ 동의를 거부할 권리가 있으며, 동의 거부에 따라 불이익(민원서류 접수 및 처리 불가)이 있을 수 있으며, 「개인정보보호법」 제15조 및 제24조의 개인정보는 아래와 같이 수집・이용됨을 알려드립니다.

○ 수집・이용 목적 (민원처리와 사후관리 등 이와 관련된 일련의 업무처리)
○ 수집 대상 개인정보 (본 서식 및 구비서류의 각 항목별 개인정보)
○ 보유・이용 기간 (5년)

※ 「개인정보보호법」 제15조에 의한 개인정보의 수집・이용에 동의 여부를 선택합니다.
☞ **상기 내용에 대해 동의함 □ 동의하지 않음 □**

※ 또한, 동법 제24조에 의한 고유식별정보(주민등록번호, 여권번호, 외국인등록번호)의 수집・이용에 동의 여부를 선택합니다.
☞ **상기 내용에 대해 동의함 □ 동의하지 않음 □**

○○지방국세청(세무서) 납세자보호담당관 귀하

[별지 제32호 서식] 〈개정 2005.3.19., 2006.2.14.〉

<table>
<tr><td colspan="4" rowspan="2">이의신청서</td><td>처리기간</td><td>수수료</td></tr>
<tr><td>30일</td><td>없음</td></tr>
<tr><td rowspan="3">신청인</td><td>① 성명</td><td></td><td>② 주민등록번호
(사업자등록번호)</td><td colspan="2"></td></tr>
<tr><td>③ 상호</td><td></td><td>④ 전화번호
(휴대전화번호)</td><td colspan="2"></td></tr>
<tr><td>⑤ 주소 또는 사업장 소재지</td><td colspan="4">(㊌ -)
전자우편(e-mail) :</td></tr>
<tr><td colspan="2">⑥ 처분청</td><td></td><td>⑦ 조사기관</td><td colspan="2"></td></tr>
<tr><td colspan="6">⑧ 처분통지를 받은 날(또는 처분이 있은 것을 처음으로 안 날) : 년 월 일</td></tr>
<tr><td colspan="6">⑨ 통지된 사항 또는 처분의 내용(과세처분인 경우에는 연도, 기분, 세목 및 세액 등을 기재합니다)
※________년도________기분__________세__________원 부과처분</td></tr>
<tr><td colspan="6">⑩ 불복의 이유(내용이 많은 경우에는 별지에 기재하여 주십시오)</td></tr>
<tr><td colspan="6">「국세기본법」 제66조 및 동법 시행령 제54조의 규정에 의하여 위와 같이 이의신청합니다.
년 월 일
신청인 (서명 또는 인)
세무서장
귀하
지방국세청장</td></tr>
<tr><td colspan="6">첨부서류
1. 불복이유서(불복의 이유를 별지로 작성한 경우입니다)
2. 불복이유에 대한 증거서류(첨부서류가 많은 경우 목록을 별도로 첨부하여 주십시오)</td></tr>
</table>

<table>
<tr><td rowspan="4">위임장</td><td colspan="6">「국세기본법」 제59조 제1항의 규정에 의하여 아래 사람에게 위 이의신청에 관한 사항을 위임합니다(다만, 심사청구의 취하는 별도의 위임을 받은 경우에 한합니다).</td></tr>
<tr><td rowspan="2">위임자
(신청인)</td><td colspan="5">대리인</td></tr>
<tr><td>구분</td><td>성명</td><td>사업장 소재지</td><td>사업자등록번호
(전자우편)</td><td>전화번호
(휴대전화번호)</td></tr>
<tr><td>(서명 또는 인)</td><td>세무사
공인회계사
변호사</td><td>(서명 또는 인)</td><td>(㊌ -)</td><td></td><td></td></tr>
</table>

<table>
<tr><td colspan="3">이의신청서접수증</td><td>(접수번호 호)</td></tr>
<tr><td>성명</td><td></td><td>주소</td><td></td></tr>
<tr><td colspan="2" rowspan="2">첨부서류
1. 불복이유서( )
2. 불복이유에 대한 증거서류( )</td><td>접수자</td><td></td></tr>
<tr><td>접수일자인</td><td></td></tr>
<tr><td colspan="4">귀하의 이의신청 진행상황은 국세청 홈페이지(www.nts.go.kr)에서 조회가 가능합니다.</td></tr>
</table>

210㎜×297㎜(일반용지 60g/㎡(재활용품))

[별지 제29호 서식] 〈개정 2005.3.19., 2006.2.14.〉

심사청구서				처리기간	수수료
				90일	없음
청구인	① 성명		② 주민등록번호 (사업자등록번호)		
	③ 상호		④ 전화번호 (휴대전화번호)		
	⑤ 주소 또는 사업장소재지	(㊐ -) 전자우편(e-mail) :			
⑥ 처분청			⑦ 조사기관		

⑧ 처분통지를 받은 날(또는 처분이 있은 것을 처음으로 안 날) : 년 월 일

⑨ 통지된 사항 또는 처분의 내용(과세처분인 경우에도 연도, 기분, 세목 및 세액 등을 기재합니다)

※ ―――――― 년도 ―――――― 기분 ―――――― 세 ―――――― 원 부과처분

⑩ 이의신청을 한 날	년 월 일	⑪ 이의신청 결정통지를 받은 날 (또는 결정기간이 경과한 날)	년 월 일

⑫ 불복의 이유(내용이 많은 경우에는 별지에 기재하여 주십시오)

「국세기본법」 제62조 및 동법 시행령 제50조의 규정에 의하여 위와 같이 심사청구를 합니다.

년 월 일

청구인 (서명 또는 인)

국세청장 귀하

첨부서류 : 1. 불복이유서(불복의 이유를 별지로 작성한 경우입니다)

2. 불복이유에 대한 증거서류를(첨부서류가 많은 경우 목록을 별도로 첨부하여 주십시오)

위임장

「국세기본법」 제59조 제1항의 규정에 의하여 아래 사람에게 위 심사청구에 관한 사항을 위임합니다(다만, 심사청구의 취하는 별도의 위임을 받은 경우에 한합니다).

위임자 (청구인)	대리인				
	구분	성명	사업장 소재지	사업자등록번호 (전자우편)	전화번호 (휴대전화 번호)
(서명 또는 인)	세무사 공인회계사 변호사	(서명 또는 인)	(㊐ -)		

....

심사청구서접수증			(접수번호 호)
청구인		주소	
첨부서류 1. 불복이유서( ) 2. 불복이유에 대한 증거서류( )		접수자	
		접수일자인	
귀하의 심사청구 진행상황은 국세청 홈페이지(www.nts.go.kr)에서 조회가 가능합니다.			

210㎜×297㎜(일반용지 60g/㎡(재활용품))

[별지 제35호 서식] 〈개정 2008.3.20.〉

심판청구서	처리기간	수수료
	90일	없음

청구인				
청구인	① 성명		② 주민등록번호 (사업자등록번호)	
	③ 상호		④ 전화번호 (휴대전화번호)	
	⑤ 주소 또는 사업장 소재지	(㊊ -) 전자우편(e-mail) :		
⑥ 처분청			⑦ 조사기관	

⑧ 처분통지를 받은 날(또는 처분이 있은 것을 처음으로 안 날) : 년 월 일

⑨ 통지된 사항 또는 처분의 내용(과세처분인 경우에는 연도, 기분, 세목 및 세액 등을 기재합니다)
※________년도________기분__________세__________원 부과처분

⑩ 이의신청을 한 날	년 월 일	⑪ 이의신청의 결정통지를 받은 날 (결정통지를 받지 못한 경우에는 결정기간이 경과한 날)	년 월 일

⑫ 불복의 이유(내용이 많은 경우에는 별지에 기재하여 주십시오)

「국세기본법」 제69조 및 동법 시행령 제55조의 규정에 의하여 위와 같이 심판청구를 합니다.

년 월 일

청구인 (서명 또는 인)

조세심판원장 귀하

첨부서류
1. 불복이유서(불복의 이유를 별지로 작성한 경우입니다)
2. 불복이유에 대한 증거서류(첨부서류가 많은 경우 목록을 별도로 첨부하여 주십시오)

위임장

「국세기본법」 제59조 제1항의 규정에 의하여 아래 사람에게 위 심판청구에 관한 사항을 위임합니다(다만, 심판청구의 취하는 별도의 위임을 받은 경우에 한합니다).

위임자 (청구인)	대리인				
	구분	성명	사업장 소재지	사업자등록번호 (전자우편)	전화번호 (휴대전화번호)
(서명 또는 인)	세무사 공인회계사 변호사	(서명 또는 인)	(㊊ -)		

[별지 제14호 서식] 〈개정 2010.4.8.〉 (앞 쪽)

☐ 징 수 유 예 ☐ 체납처분유예 신청서	처리기간 3일

납세자	성명		주민등록번호		사업자등록번호	
	주소 또는 거소				전화번호	
	사업장 소재지					
	상호 또는 명칭					
	사업의 종류	업		종목		

납부할 국세 · 체납액의 내용					징수(체납처분)유예를 받으려는 금액		
세목	연도 · 기분	납부기한 (독촉기한)	국세	가산금	계	국세	가산금

징수(체납처분)유예를 받으려는 이유	
징수(체납처분)유예를 받으려는 기간	년 월 일 부터 년 월 일 까지

분납금액 및 납부기한						
횟수	납부기한	분납금액	세목	연도 · 기분	국세	가산금
1회						
2회						
3회						

「국세징수법 시행령」 제23조 및 제82조의 2에 따라 징수유예(체납처분유예)를 받기 위하여 위와 같이 신청합니다.

년 월 일

신청인 (서명 또는 인)

세무서장 귀하

구비서류	1. 징수유예(체납처분유예)를 받으려는 이유를 증명하는 자료 2. 담보제공서(「국세기본법 시행규칙」 별지 제10호 서식)	수수료 없음

※ 이 용지는 무료로 배부합니다.

210㎜×297㎜(신문용지 54g/㎡(재활용품))

Ⅶ

"Dr. 김" 그 동안 몰랐던 세무 용어

"Dr.김" 그 동안 몰랐던 세무 용어

"Dr.김"은 세무서에서 보내오는 안내문이나 세무신고와 관련하여 듣게 되는 전문 용어가 너무 낯설다. 전문용어에 대한 기본적인 개념을 알고 나면 병원세무의 전반적인 흐름을 이해하는 데 도움이 될 것 같다. 병의원전문 김 세무사는 "Dr.김"이 병원을 운영하면서 자주 접하게 되는 세무관련 용어를 정리해서 알려주었다.

- 국세 : 국가가 경비로 쓰기 위하여 국민들로부터 거두어들이는 세금
- 과세관청 : 국가의 세금관련 사무를 맡아보는 기관. 국세청, 지방국세청, 세무서 등이 있다.
- 국세청 : 내국세(內國稅)의 부과 · 감면 · 징수와 국유 재산의 관리에 관한 사무를 관장하게 하기 위하여 기획재정부장관 소속하에 설치한 중앙행정기관이다.

- 지방국세청 : 국세청 소속하의 지방 관서로서 국세청장의 지휘, 감독 아래 내국세에 관한 사무를 관장한다. 전국적으로 서울, 중부, 대전, 광주, 대구, 부산 등 6개 지방 국세청이 있다.
- 세무서 : 국세청의 하부기관으로서 내국세에 관한 부과 및 징수를 담당하고 있는 제일선의 세무행정기관이다.
- 세무조사 : 세무공무원이 국세에 관한 조사를 위하여 장부 장해·서류 기타 물건을 조사하는 것을 말한다.
- 절세 : 법률이 허용하는 범위 안에서 되도록 세금을 적게 내는 것
- 탈세 : 부정한 방법으로 세금을 줄이거나 납부하지 않는 것
- 과태료 : 공법상의 의무 이행을 태만히 한 사람에게 물게 하는 돈. 벌금과 달리 형벌의 성질을 가지지 않는 법령 위반에 대하여 부과한다.
- 적출 : 감추어져 있던 것을 들추어냄.
- 원천징수 : 소득이나 수익을 지급하는 쪽에서 세금의 일부를 거두어들이는 방법
- 종합소득세제 : 당해 연도에 발생하는 소득세법상 열거된 소득을 모두 종합하여 누진과세하는 것을 말한다. 즉 이자소득·배당소득·사업소득(부동산임대)·근로소득·연금소득·기타소득을 종합하여 합산과세한다.
- 분류소득세제 : 소득을 몇 개의 발생원천별로 구분하고 각 소득원천에 따라 세율을 적용하여 과세하는 것. 퇴직소득, 양도소득이 해당된다.

- 분리과세 : 특정한 소득을 지급받을 때 일정률의 원천징수를 하고 나면 종합소득 신고 시 이를 합산하지 않는 것을 말한다. 즉 소득을 지급할 때 원천징수로 납세의무가 종결된다. 분리과세이자, 배당, 연금, 기타 소득이 이에 해당된다.
- 당기순이익 : 손익계산서의 총이익에서 총비용을 빼고 남은 이익
- 과세표준 : 세금을 매기는 기준이 되는 과세대상의 금액 등으로 세율을 적용할 때의 기준금액
- 세율 : 세액을 결정하기 위하여 과세표준(과세물건의 수량 또는 가액)에 곱하는 비율 즉 과세표준×세율=세액이다.
- 누진세율 : 과세표준금액이 커짐에 따라 적용되는 세율이 높아지는 세율구조를 말한다. 소득세, 법인세, 상속세, 증여세 등이 해당된다.
- 가산세 : 세법에 규정하는 의무의 성실한 이행을 확보할 목적으로 그 의무를 위반한 경우에 당해 세법에 의하여 산출한 세액(本稅)에 가산하여 징수하는 금액. 본래의 세액에 일정 비율로 덧붙여지는 세금
- 가산금 : 세금이나 공공요금을 납부 기한 내에 내지 않은 경우, 본래의 금액에 일정한 비율로 덧붙여 매겨지는 금액으로 일종의 연체금
- 사업자등록 : 납세의무자에 해당하는 사업자를 세무관서의 대장에 수록하는 것을 말한다. 신규로 사업을 개시하는 자는 사업장마다 사업개시일부터 20일 내에 일정한 서류를 첨부한 사업자등록신청서를 사업장관할세무서장에게 제출

해야 한다. 다만, 신규로 사업을 개시하고자 하는 자는 사업개시일 전이라도 등록할 수 있다.

- 소득세 : 소득세법에 따라 개인의 1년간의 소득액을 표준으로 하여 부과하는 국세. 개인의 소득을 과세표준으로 하여 부과하는 인세(人稅)
- 부가가치세 : 재화나 용역이 생산되거나 유통되는 모든 거래단계에서 생기는 부가가치를 과세대상으로 하여 과세하는 간접세(間接稅)이다. 실제담세자는 최종소비자이며 사업자가 조세의 징수를 대행한다.
- 주민세 : 지방자치단체가 걷는 지방세의 하나이며 그 지역에서 거주하는 개인과 그 지역에 사업소득 등을 둔 법인 또는 그들의 소득에 대하여 부과되는 세금이다.
- 소득 공제 : 과세대상이 되는 소득 중 일정금액을 공제하는 것으로 소득공제를 통하여 세 부담을 덜어준다. 소득 공제의 대상에는 기초 공제, 배우자 공제, 부양가족 공제 등의 인적공제가 있고, 건강보험료 공제, 국민연금 보험료공제, 신용카드 사용 등의 물적공제가 있다.
- 세액 공제 : 과세소득에서 세율을 적용하여 산출된 세액에서 특정목적에 의해 세법에서 규정한 금액만큼 공제하는 것을 말한다. 근로소득세액 공제, 의료비세액 공제, 기부금세액 공제 등이 있다.
- 급여 : 명칭에 관계없이 병원 근로자 등의 근로대가를 지급한 금액과 병원에서 근무하는 의사에게 지급된 금액
- 상여 : 병원 근로자 등에게 지급하는 상여 성격의 금액

- 퇴직급여 : 병원 근로자가 퇴사 시 지급하는 퇴직금 상당액
- 잡급 : 아르바이트나 일용직에 대해 지급하는 금액
- 사업소득 : 고용관계가 없는 인적용역을 제공한 자에게 용역을 제공받고 3.3% 원천징수 후 지급한 금액
- 복리후생비 : 병원에 근무하는 직원 등의 후생(피복비, 간식비, 회식비 등)을 위하여 지급된 비용과 4대보험의 건강보험관련 병원부담분 등의 지출비용
- 여비교통비 : 업무와 관련하여 발생되는 출장비, 택시비, 교통비 등으로 지출한 비용
- 접대비 : 병원과 관련된 거래처 등에 식사와 선물 등을 제공하는 비용과 각종의 경조사비
- 통신비 : 전화사용료, 단체문자발송비용(SMS), FAX, 각종 통신관련비용
- 수도광열비 : 수도사용비용, 상하수도 관련 각종 비용
- 전력비 : 전기사용비용
- 세금과공과금 : 병원과 관련하여 비용처리되는 각종 면허세, 주민세, 재산세 등과 4대보험의 국민연금관련 병원부담금으로 지출한 비용
- 감가상각비 : 병원에서 사용하는 의료장비, 시설장치 등을 일정기간 동안 배분하여 상각한 비용
- 지급임차료 : 매월 발생하는 병원사업장의 임차료
- 보험료 : 병원과 관련하여 가입된 화재보험료, 의료사고보험료 등의 보험료, 4대보험의 고용산재보험료 중 병원부담금으로 지출한 비용

- 차량유지비 : 병원 업무와 관련된 차량을 유지 및 관리하는 데 지출된 비용
- 운반비 : 병원 업무와 관련하여 물품배송을 위한 퀵서비스, 택배비, 운송 관련된 비용
- 교육훈련비 : 병원직무와 관련(직무보수교육, 고객만족교육, CS교육 등)하여 지출된 교육비
- 도서인쇄비 : 병원진료관련 전문도서구입, 병원대기실에 비치하는 잡지책 등의 구입, 처방전 등의 인쇄를 위한 비용
- 소모품비 : 병원행정업무나 병원운영 등에 필요한 각종의 소모품 등(복사용지, 필기류, 토너 등)을 구입한 금액
- 지급수수료 : 진료비의 카드 결제 시 발생하는 카드수수료, 세무사 지급비용 등 수수료성격의 지출비용
- 광고선전비 : 병원광고를 위한 온라인마케팅, 지하철 광고, 버스 광고 등 병원 홍보를 위해 지출한 비용
- 수선비 : 병원에서 사용하는 의료장비에서 발생되는 각종 수선비용
- 리스료 : 병원진료를 위한 의료장비 등의 렌털료 등 지출비용
- 기공료 : 치과병원에서 계산서 등을 수취하고 받은 기공료
- 의료소모품비 : 병원진료와 관련하여 발생하는 의료소모품으로, 반드시 일반 소모품과 구분하여 계상한 비용
- 이자비용 : 병원사업과 관련하여 대출받은 차입금에 대한 이자금
- 기부금 : 공익적 성격을 지닌 각종의 법정기부금, 지정기부금

| 저 | 자 | 소 | 개 |

■ 김연주(金均注) 세무사

제38회 세무사시험에 합격한 후 BCS Asset Consulting 대표세무사로 있다.

서울지방국세청 국세심사위원, 경희대학교 경영대학원 의료경영 MBA 교수, 강남세무서 납세자지원단, 강남구 상공회의소 이사, 강남구 지방세감면위원, 한국세무사회 상담 및 감리 및 홍보위원과 중소기업청 경영자문위원, 중소기업이업종 서울연합회 위원, 민주 평화통일자문위원 등을 역임하였다. 현재 많은 병의원의 세무 상담과 컨설팅을 통해 병원의 성공적인 세무경영을 지원하고 있다. 서울시 마을세무사, 세종문화회관 후원회, 아름지기 재단 후원회, 삼일인포마인 칼럼위원, 한국중견기업연합회 회원사, 강남구 치과의사회 병원칼럼을 연재 중이다.

「조세전문가가 알려주는 양도 · 상속 · 증여 절세 컨설팅」, 「스마트한 사장은 상속을 준비한다」, 「1세대 2주택자 부동산 세금에서 살아남기」, 「상속 · 증여 · 양도세 이야기」, 「여성 세무사들과 함께 하는 세금가이드」를 출간하고 「사장의 현금관리법」을 감수하였다.

■ 임준찬(林埈鑽) 세무사

제38회 세무사시험에 합격한 후 BCS Asset Consulting 대표세무사로 있다.

건국대학교 건축디벨로퍼과정 교수, 한국세무사회 상담위원, 감리위원, 상임위원 및 성북세무서 성실납세자문위원과 납세자지원단, 중소기업청 경영자문위원을 역임하였다.

현재 중소기업융합서울연합회 회원사, 성북구 세무상담위원, 성북구 상공회의소 감사, 중소기업이업종 서울연합회 융복합특별위원으로 활동 중이다.

건국대 토지개발 및 재개발 · 재건축 강의, 스피드뱅크 재개발 · 재건축 강의, 케이블 TV Dream City 조세상담, 상공회의소 세법 실무 강의 등 다양한 매체를 통해 양도 · 상속 · 증여의 절세전략을 제시하고 있다. 더불어 많은 병의원의 세무상담과 병원개원자금, 병원경영, 병원투자컨설팅을 통해 아낌없는 병원성장을 지원하고 있다.

「조세전문가가 알려주는 양도 · 상속 · 증여 절세 컨설팅」, 「스마트한 사장은 상속을 준비한다」, 「1세대 2주택자 부동산 세금에서 살아남기」 저서와 「사장의 현금관리법」을 감수하고 [Women Times] 세무칼럼을 연재하였다.

homepage : www.bcs-tax.com
mobile : 010-4426-2838